JN144464

倉持史朗

監獄のなかの子どもたち

児童福祉史としての
特別幼年監、感化教育、そして「携帯乳児」

六花出版

監獄のなかの子どもたち

児童福祉史としての特別幼年監、感化教育、そして「携帯乳児」

目次

第三章　帝国議会における監獄費国庫支弁問題

第四章　感化法制定と犯罪予防の論理

序章

1 非行・問題行動を伴う児童への視点──「被害経験」と「加害性」

近年、社会福祉専門職、とくに社会福祉士の「職域」拡大が主張されるなかで、刑務所に社会福祉士を配置するという法務省の方針（二〇〇九年三月）以来、司法領域における社会福祉専門職の活躍が期待されている。

ただし、司法領域（矯正教育や更生保護など）と社会福祉との関係性は歴史的にみれば古くて新しい問題ともいえる。一九世紀の後半、同志社に学ぶ留岡幸助が「監獄」問題を当時の「三大暗黒」のひとつと看破して以来、犯罪者（児）・囚人・刑余者、非行児や「携帯乳児」等に関する問題は、近代日本の社会問題の一つとして慈善事業・社会事業家らの関心を呼び、監獄事業の近代化（監獄改良）とその過程の中で出獄人保護事業、感化教育（事業）など多くの事業を生んだ。

非行・犯罪児童に限定すれば、現代の「少年保護」は明治期の監獄における懲治場（懲治教育）にその源流を持つとされる。坂東知之によれば、「少年保護」とは「少年非行に対する諸施策の総体」を意味し、「社会福祉と教育、刑事政策の接点領域に成立する三重の構造をもつ活動としてとらえることができる」という（板東 1994：59）。三重構造の一翼を担う社会福祉領域に関して言及すれば、現代の児童自立支援施設は先述の感化教育（事業）を継承する児童福祉サービスとして今日にいたっている。(1)

筆者は、坂東の「三重構造」論に一定の理解をしつつも、その三者がどのような関係性で構造化されているかという点において、現代社会においても議論が十分に尽くされていない状況にあると考える。一例をあげれば、近年の少年法改正によるあからさまな厳罰化、処罰対象の低年齢化への動きを挙げることができる。この改正によって、従来は児童福祉の領域（教護院・児童自立支援施設）で対応していた刑事責任未成年者（一四歳未満）に対しても少年院による矯正教育が浸食しつつある。つまり、三重構造の内実は調和された関係ではなく、緊張・きっ抗関係にあるといえよう。他方、児童福祉の実践として長い歴史を有する教護・児童自立支援の側においても、社会福祉固有の価値・理念に裏打ちされた社会福祉実践としてのアイデンティティを確立し、それらを表明するにいたっていない現状にある。[2] 誤解を恐れずに私見を述べれば、非行・問題行動を伴う児童への対応は、もはや司法領域に委ねてしまうがごとく社会福祉領域では関心が払われていない気がしてならない。[3] 上記のように社会福祉が、非行・問題行動を伴う児童と正面から対峙できない背景には、犯罪児童をどのように捉えるか、理解するかという問いに対して社会福祉関係者のコンセンサス（合意形成）が得られないという現実が横たわっている。さらに、近年の調査によって矯正教育や児童自立支援の対象となる児童らの多くが被虐待経験を有することが明らかにされているが、この「被害経験」と「加害性」を同時に抱える存在（児童）は、さらに社会福祉関係者の議論を複雑なものにさせよう。しかし、このような複雑な問いは、ずっと以前からわれわれ児童福祉に携わる者に投げかけられているのである。

近代日本において上記のようなきわめて「現代的」な問いを立て、その解決に挑んだのは明治期（一八六八―一九一二年）の監獄関係者たちであろう。当初彼らは、社会防衛・治安の維持という観点から、監獄という場で「加害性」を有する児童らと日々対峙した。当時、犯罪者数の急増という国家的な危機状況の中で、予備軍としての非行・犯罪児童への対応に力を注ぐことが犯罪者数の急増を防ぐ有効な手段として注目されたためである。しかし、監獄関係者らが向き合ったのは自身の「加害性」を有する児童だけではなく、後述するような肉親（母親）の犯罪ゆえに監獄に収監される乳幼児（「携帯乳児」）の存在もあったことを忘れてはならない。

2　明治期における監獄のなかの児童問題

では、本書での議論に入る前段として、明治期における児童の処遇を中心とした刑事政策の展開について概観しておきたい。

(一) 監獄則と懲治場教育

日本における非行・犯罪児童の処遇に関する最初の法規は、「監獄則」(一八七二年 太政官達第三七八号)である。この規程は原則として二〇歳以下で刑期の満了をむかえた者と「平民其子弟ノ不良ヲ憂フルモノ」で「父兄」等の願い出のあった児童を「懲治監」という監獄内の施設に入れることを定めていた(興造一一条第一〇条)。ついで旧刑法(一八八〇年 太政官布告第三六号)が公布され、犯罪の絶対的責任無能力の上限が一二歳未満となり、一二歳以上一六歳未満の犯罪児童は、個人の弁別の有無を基準とする相対的責任無能力者とされた。そして、翌年の改正監獄則(太政官達第八一号)では懲治監は「懲治場《ちょうじば》」へと名称変更し、懲治場は「懲治人ヲ懲治スルノ所」(第一条)と規定され、旧刑法で規定された「不論罪」にあたる者(責任能力のない者)と「情願懲治」となった(家族から願い出のあった)二〇歳以下の者が「懲治人」として留置された。

この改正によって具体的な懲治人教育についても規定がなされ、「懲治人ニハ毎日三四時間読書習字算術度量図画等ノ科目中ニ就キ之ヲ教フヘキモノトス」(第九四条)、「懲治人ニハ教誨ニ充ル為メ服役時間表ニ準シ七時ニ過キサル時間（休憩時間ヲ除）農業若クハ工芸ヲ教ヘ力作セシムヘシ」（第四七条）という「矯正帰善」のための労作と学科の二本立ての方向性が定められた。

その後の改正（一八八九年　勅令第九三号）では懲治人を八歳以上一六歳未満、一六歳以上二〇未満、二〇歳以上の者に分房する規定がなされ（第一二条）、「情願懲治」は廃止された。また、懲治人への教育については、「懲治人ニハ毎日五時以内農業若クハ工芸ヲ教ヘ力作セシムヘシ」（第二〇条）、「囚人十六才未満ノ者及懲治人ニハ毎日四時以内読書習字算術ヲ教フヘシ」（第三一条）と変更を受けている。さらに一八九九年の監獄則改正（勅令第九三号）では、その施行細則において幼年囚・懲治人の教育は「小学校程度」の学科教育を行うことが定められた。

ところが、監獄はそのような児童らを処遇する場所としては不適切であることがしだいに明らかになる。そして、諸外国との不平等条約撤廃を企図した監獄改良運動の進展とともに、成人犯罪者との分離処遇や、特別な教育・配慮などの必要性が認識されるにいたった。監獄内での懲治教育に代わる監獄外での「感化教育」の必要性が叫ばれるようになったのだ。

(二)　感化教育の展開

上記のような監獄則制定により始まる懲治場（監）制度に対する批判を背景にして、感化院設置を求める動きが始まる。

感化院設置に関する日本で最初の論評は、小崎弘道が一八八〇（明治一三）年に『六合雑誌』に発表した「懲矯院ヲ設ケザル可ラザルノ議」であるとされるが、ここでは、懲治監において懲治人と「老賊宿囚」とが雑居することから、ますます悪習感染が広がるだけで反省の機会を得ることがないとして、懲治監制度を批判し、この者たちの救済のために「懲矯院」の設立の必要性を説いた。また、同時に欧米各国の感化院の処遇をも紹介している。また彼は、一八八一年五月に坂部寔らとともに築地盲育院内に「懲矯院設立委員会」を設けた。そして、同年九月に坂部と加藤九郎によって「感化院」(懲矯院を改称)設立の願書が、東京府知事松田道之と警視総監樺山資紀に提出されたが、設立は実現しなかった(社会局 1930：5-7)。

しかし、その後の一八八四年、大阪に池上雪枝の「神道祈禱所」、翌年の高瀬真卿による「予備感化院」、一八八六年の千葉県仏教名宗寺院による「千葉感化院」、千輪性海の「岡山感化院」(一八八八年)、小野勝彬らによる「京都感化保護院」(一八八九年)等の民間の感化院がつぎつぎと設置され、一九〇〇年の感化法制定までに九院が設立されていた(社会局 1930：7-10)。

他方、本論でみていくように、監獄事業に従事する人々による監獄制度の近代化への動き(監獄改良)の中から感化教育を推進していこうとする動きも存在した。そこでは、懲治場のような事後的対応ではなく、犯罪を未然に防ぐという側面から感化教育を推進していくという議論などがみられた。さらには監獄改良の一環として進められた監獄費国庫支弁が実現するに及んで、感化法制定も実現し、感化教育推進の動きは一段落を迎える(一九〇〇年)。しかし、監獄事業の司法省移管や感化法附則一四条の存在[4]などによって、公立感化院の整備は実際には期待されたほど進んだわけではなかった。

(三) 特別幼年監の設置

内務省及び司法省官制の改正(一九〇〇年四月)によって懲治場を含む監獄の管轄は内務省から司法省へ移管され、同年一〇月にはそれまで府県が負担していた監獄費・監獄建築修繕費の全額が国庫支弁となる。監獄事務の司法省への移管に伴い、先述の感化法制定に大きな役割を果たしながら実際の感化教育行政に関わりをもたなくなった小河滋次郎ら監獄官僚のエネルギーは、懲治人・幼年囚への特別教育を行う「特別幼年監」の設置へと向けられていくこととなった。

一九〇三年の監獄官制発布により全国の監獄が司法省直轄となるのに前後して、それまで不徹底であった囚人等の分類拘禁制度が本格化していった。このことを受け、旧刑法上責任能力がないとされ不論罪となった八歳以上一六歳未満の懲治人と一二歳以上一六歳未満の実刑を言いわたされた幼年囚を収容する受け皿として地方の小規模監獄（分監）が「特別幼年監」に指定された。特別幼年監は一九〇二年一二月に埼玉県監獄署川越支署（一九〇三年四月浦和監獄川越分監に改称）が指定を受けたことを皮切りに、金沢監獄七尾分監・佐賀監獄唐津分監（一九〇三年）、浦和監獄熊谷分監・静岡監獄沼津分監（一九〇四年）、新潟監獄長岡分監・福島監獄中村分監（一九〇五年）、神戸監獄洲本分監・横浜監獄小田原分監（一九〇六年）等とあいついで設置された。

特別幼年監は小学校令に則った学科教育と実科教育等が行われ、実態は学校的、家庭的、感化院的なものであり、その名称も「川越児童保護学校」（川越分監）、中村少年学校（中村分監）、洲本育成学舎（洲本分監）、小田原幼年学校（小田原分監）等とし、関係者も監獄的色彩を極力払拭するように努め、徹底した教育的処遇を試みた。しかし、この特別幼年監における試みも長くは続かなかった。一九〇八年に監獄法（法律第二八号）、「一四歳ニ満タサル者ノ行為ハ之ヲ罰セス」と規定した新刑法（一九〇七年 法律第四六号）が施行となり懲治場は廃止され、懲治処分の少年はすべて感化院へ入院することとなった。いっぽうで特別幼年監における急進的な改革は司法省関係からも批判が起き、画期的な教育的処遇は終焉に向かい、特別幼年監はもっぱら一八歳未満の少年受刑者を収容する少年監獄（後の少年刑務所）へと姿を変えた。

(四)「携帯乳児」問題

ここまで述べたように、明治期においては非行・犯罪児童に対する関心が高まりをみせ、それらに対応する形で感化法制定や特別幼年監の設置などが進められていった。いっぽうで、自身の「加害性」ではなく、母親の「加害性」ゆえに監獄に収監された児童も存在した。「携帯乳児」の問題である。(5)

「携帯乳児」とは、監獄に収監された母親に連れられてくる乳幼児、もしくは女性受刑者が獄内で出産し監獄内で養育する乳幼児の呼称である。一八九〇年から九八年にかけてほぼ毎年，年間二〇〇〇人以上の乳幼児が収監されていたこともあったが、しだいに制限が加えられ、一九〇〇年に監獄が司法省に移管されて以降は、監獄と慈善・社会事業との連携が弱まるなかで携帯乳児問題に関する議論もほとんどみられなくなっていった。そのような時間的な経過の中で、これら乳幼児の問題は、これまで社会福祉学分野はおろか矯正・行刑分野などの研究領域においてもほとんど触れられなかった。しかし、本書において詳述するように、この「携帯乳児」に関する規定が置かれたのは非行・犯罪児童に対する処遇と同様、「監獄則」(一八七二年太政官達第三七八号)であり、それ以後たびかさなる法制度の改正を経て二〇一六年現在の現行法制下でも「生き」続けている。

すなわち、これら乳幼児の問題は非行・犯罪児童などと同様に明治期から今日につづくきわめて「現代的」な問題であり、「監獄のなかの子ども」という研究テーマを掲げる本書においてその実態や問題性について検討することは重要である。

3 本書の研究目的と方法

上記のような状況において、監獄を中心にした児童の問題を検討するにあたり、①監獄内部での児童に対する教育的処遇（懲治場・懲治処分）、②監獄からの児童の分離と福祉的・教育的処遇（感化教育）、そして③監獄で生活する乳幼児（携帯乳児）の取扱い、という三つの論点を筆者は提示したい。そして、三つの論点を軸に、監獄関係者などが「加害性」（「被害経験」も）を有する児童、また肉親の「加害性」ゆえに監獄に収容される児童をどのように捉え、処遇しようとしたのかという問いを解き明かしていくことを目的としたい。また、非行・犯罪児童に関していえば、従来の見解のように上記②の監獄から分離した感化教育のみを社会福祉実践の前史として捉えるのではなく、①の監獄における懲治教育もその文脈で捉えるべきであることを示していきたい。

以上をふまえて、本論における具体的な課題と構成を述べていきたい。

第一に、明治期において監獄改良をはじめ、非行・犯罪児童の処遇に関する議論の舞台となった二つの専門誌、『大日本監獄協会雑誌』と『監獄雑誌』及びその発行団体である大日本監獄協会と警察監獄学会について検討していきたい（第一章・第二章）。両団体とも主に監獄官僚（吏）によって構成されているが、彼らがどのような意図で団体を結成し、監獄改良や感化教育等に関する議論を巻き起こしたのかという点について理解しておくことは必要である。社会福祉学領域に関して言及すれば、少年行刑や更生保護、感化教育などの児童・司法福祉に関する先行の史的研究が両雑誌の論稿等から多くの示唆を受けているにもかかわらず、発行母体である両団体の検証や両雑誌の書誌的研究などについては近年ほとんど成果をみていないことを指摘しておきたい。[6] とくに「携帯乳児」については小河滋次郎らの監獄に関する著書にはほとんど関係する記述が存在せず、両雑誌上の記事が重要な手がかりになり得る（図0―1は両雑誌の成立と関係図）。

また、先に述べたように非行・犯罪児童への処遇改善、成人とは異なる特別な教育や配慮等といった問題が、監獄改良（運動）の過程で議論されてきたという経緯についてはいくつかの先行研究により示唆されている。そこで第二の課題として、日本における監獄改良（運動）の展開、とくにその「クライマックス」といわれた監獄費国庫支弁の実現とそこに向かう議論について検討してきたい（第一章・第三章）。筆者は本書において、一九〇〇年の監獄費国庫支弁の実現なしに感化法の法制化や二〇世紀初頭の懲治場改革（特別幼年監の設置）はなし得なかったという点を主張していくが、従来の研究ではこの点について言及されることがほとんどなかったためである。さらに、監獄費国庫支弁と同時に実施された監獄事業の司法省移管についても論じていくつもりである。この出来事により、司法省が意図する司法行政の統一と監獄事業からの司法官・司獄官以外の締め出し、立法（現行法制）に対する批判の封じ込めが、その後の監獄における児童の処遇の方向性を決定づける役割を担うことになろう。

つづく第三の課題として、監獄改良と同時に展開される感化教育論と感化法の制定について検討していきたい（第二章・第四章）。そこでは、従来の監獄における懲治場処遇の不備とそれに対する批判が展開され、非行・犯罪児童に対して、監獄ではなく「感化院」という場で、刑罰によってではなく福祉・教育的な援助実践によって彼らを更生・自立させることを目的とした感化教育（事業）が提唱されるにいたった。自分というひとりの人間の中に「加害性」と「被害性」を同時に有する「引き裂かれた存在」としての児童の状態を、小河滋次郎などは「道義的遺棄状態」と捉え、感化教育を行う必要性を主張したのだった（小河 1989）。

これらの議論を経て、監獄費国庫支弁の直後に法制化する感化教育であったが、先の司法省移管や法案審議における附則の追加によって、府県立感化院の整備は遅れ、幼少年犯罪者などを監獄の外部で処遇する構想はいきなりの蹉跌をきたすことになった（監獄からの分離の失敗）。

したがって、感化法制定前後までの感化教育思想や理論の成果が、その後どのように活かされ、継承されたのかという点が、新たに第四の課題として浮かび上がる（第五章・第六章）。司法省に移籍した監獄官僚らのエネルギーは、監獄の一部である懲治場の改革に注がれ、特別幼年監という独立して設置された懲治場を誕生させた。これらは、それまでの感化教育に関する議論（理論）の成果を、児童への処遇という実際的な形で示した事例として大きな意義を有する。これらは感化法起草者・小河滋次郎の学究的な成果を基盤にした試みであり、そのような点から小河の当時における感化教育論の到達点を確認しておくことも必要であろう。ただし、これらの特別幼年監における「感化教育」の試みについて、川越分監（川越児童保護学校）以外の施設の実践について検討した先行研究はほとんど存在しない。そのような意味において、本論で検討する洲本分監、中村分監、横浜監獄での感化教育の実践が、一九〇〇年の感化法制定から一九〇八年の第一次同法改正までの「感化教育睡眠時代」（菊池 1940：102）における貴重な記録として評価されるべきことが理解されるだろう。

最後に、第五の課題として、非行・犯罪児童とは異なる「もうひとつ」の児童問題、監獄における「携帯乳児」の問題について検証したい（第七章）。今より一〇〇年以上前から、すでに乳幼児が監獄に生まれ育つという事態と、その深刻な問題性が指摘されていたにもかかわらず、二〇〇五年の監獄法の大改正によって成立した「刑事収容施設及び被収容者等の処遇に関する法律」にも携帯乳児の規定は残され、近年にいたってもなお刑務所で生活する乳幼児は現実に存在する。つまり、この携帯乳児の問題も長い歴史的経緯をもつ

監獄協会雑誌
（1899年7月　明治32年1号～）
※1899年5月に監獄雑誌との合併を決定

刑政（1922年35巻11号～）
月刊刑政（1942年55巻1号～）

現在へ

1899（明治32）年10月7日：日本監獄協会へ改称
1900（明治33）年4月1日：監獄協会へ改称
1922（大正11）年11月1日：刑務協会へ改称
1957（昭和32）年5月15日：矯正協会へ改称

※読書者数、読書者層の参考

○1900年8月第6回万国監獄会議への報告書（同年1月1日現在）
- 典獄（所長）56名／書記官595名／看守長343名／看守8345名／監獄医275名／教誨200名／女監取締442名／授業手444名／傭員653名＝**職員合計11,353名**

○1908年7月現在，**監獄協会会員数10,488名**（監獄協会記事）

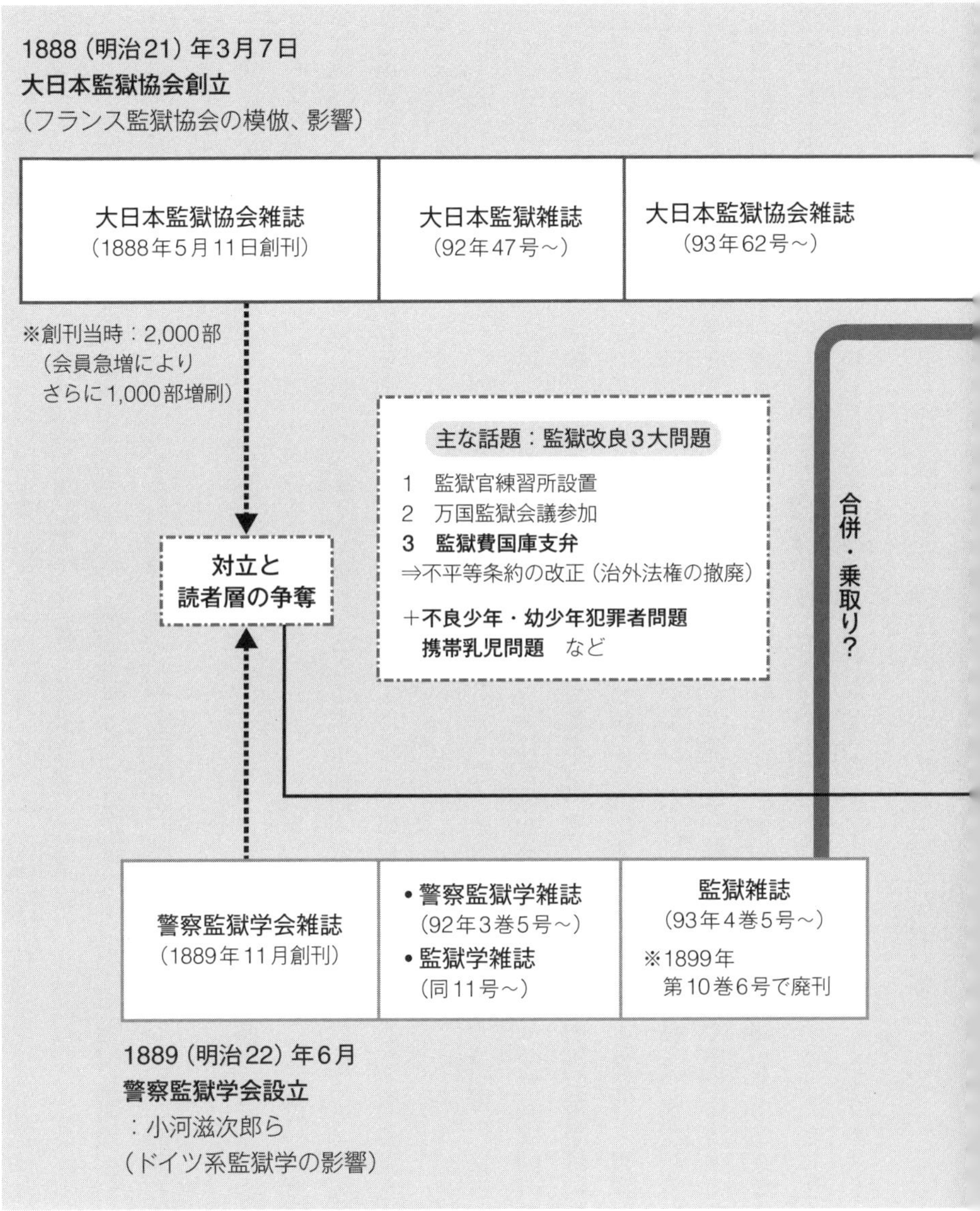

図0-1 |『大日本監獄協会雑誌』と『監獄雑誌』の関係図

きわめて「現代的」な問題でもあること、同時にこれまでの社会福祉や行刑領域などの歴史研究において見過ごされてきた、監獄における重大な児童問題であることを強調しておきたい。

また、第四の課題と第五の課題の検証を通じて、感化教育から少年教護へとつづく児童福祉領域と少年行刑が分断されていく事態について、さらには携帯乳児の問題が今なお根本的な解決にいたらない背景の一端を示すことができると考えている。

本書の目的と個別的な課題についてはここまで述べてきたとおりである。そこで、本書では先述のような『大日本監獄協会雑誌』等の専門誌における監獄関係者の論稿、小河滋次郎・留岡幸助などの著述、帝国議会議事録や官公庁における統計資料などの公文書類、そして近年公開された特別幼年監（懲治場）の報告書等の史資料を対象とし、それらを詳細に分析・検討することによって研究目的の達成をめざす。引用もしくは文中で言及した史資料・文献については巻末に明示している。

以上のように本書は主として国内の議論に焦点をあて、監獄制度や感化教育などをめぐる国家的議論を詳らかにしていくアプローチを採る。ただし、近代化への扉をあけたばかりのわが国にあって欧米諸国の諸制度などに関する海外情報の影響は看過することはできないであろう。それは本書で扱う監獄制度や感化教育などについても同様のことがいえよう。このことから各国の状況を分析することで、日本の非行・犯罪児童処遇の成立事情の一端を摑むことはできよう。次節でもふれるが、日米の児童法・少年法の比較史研究を行った森田明の著作がその代表的業績である（森田 1999：2005）。森田は「個人であれ文化であれ法秩序であれ、我々が自らの自己理解を語り得るのは、我々が他者との対話と比較を通して自らの像を浮かびあがらせ得る場合であるが、日本近代法史のジャンルにおいて少年法ほどこの種の対話性に富んだ分野もまた他に少ないように思われる」（森田 2005：1）とし、欧米諸国の動向とわが国の歩みを比較検討していくアプローチの意義を指摘する。

いっぽうで、本論でも後述していくように日本の幼少年犯罪者等の処遇は、特定の国や地域のシステムをそのまま移植してきたという単純な理解の仕方は正確ではない。むしろ様々な海外情報や外圧なども時には向き合いながらそれらを取捨選択して、法制度を整備し施設処遇として実践していく日本側の主体的な議論にも焦点をあてることが必要である。先行研究の動向についての詳細は次節に譲るが、とくに筆者が先に示した五つの研究課題に関して日本の監獄関係者による議論を詳細に分析・検討した研究は非常に少なく、このことが本研究の射程を後者に置いた筆者なりの根拠である。(7)

4 先行研究の整理と本研究の意義

序章の最後として、本節では本研究に関連する先行研究の動向と課題について整理しておきたい。先行研究の領域を①『大日本監獄協会雑誌』と『監獄雑誌』、②明治期の監獄改良、③明治期の少年行刑・懲治場処遇（教育）、④感化教育、⑤携帯乳児の五つに分類して整理した上で、本研究と従来研究の相違点や本研究の意義について確認しておくこととする。

（一）『大日本監獄協会雑誌』と『監獄雑誌』について

まず、大日本監獄協会及び『大日本監獄協会雑誌』についての先行研究を概観したい。本協会の設立や活動について著述した研究に岡（1938）や若林（1959）の論稿がある。坪井（1937a：1937b）による回想も初期の協会の活動と『監獄雑誌』との合併の経緯を知る上で貴重な資料である。また小野義秀では、「民間における監獄改良運動」という項を設け、大日本監獄協会の発会式にふれているが、協会自体については「こうして生まれた大日本監獄協会は、これ以後監獄改良という課題に立ち向かう行刑当局の強力な援護部隊、補助機関として役割を果たすことになり、我が国における行刑の発展にとって欠かすことができない存在となっていった」と言及している（2009：63-64）。

大日本監獄協会の後継団体である矯正協会も『月刊刑政目次総覧』（矯正図書館 1970）で『大日本監獄協会雑誌』第一号から『月刊刑政』九二六号までの目次索引を作成・発表している。さらに『刑政』一〇〇巻記念号（1989）は特集記事を組んでおり、翌年には『矯正協会百周年記念論文集』の別巻として『財団法人矯正協会百年年譜資料』（矯正協会 1990）を発行し、機関誌に関わる重要事項（記事）や本協会の活動の事跡に関する年表などを掲載している。本書の執筆にあたっても矯正協会の一連の研究成果をふまえているのはいうまでもない。『大日本監獄協会雑誌』及びその後継誌については近年まで復刻版も存在していなかったが、二〇一三年より財団法人矯正協会・矯正図書館のホームページから閲覧が可能になっている。

しかし、『監獄雑誌』及びそれを発行した警察監獄学会については、管見ではその先行研究をほとんどみることができない。矯正図書館（1970）の附録として通巻一一五号（ただし一〇巻五号は欠号とされている）の目次が掲載されているほかは、坪井（1937a：1937b）や岡（1938）、矯正協会（1990）上で関連する記述を拾うことができる程度である。おそらく同学会の組織体制や機関誌の発行経緯などについて言及するのは筆者の研究（倉持 2008）が最初であったと思われるが、このような経緯によってこれまで両雑誌と両団体の関係性が正確に理解されることがなく、矯正協会の一連の研究も「学会」と『監獄雑誌』の存在を重視していない。しかし、本研究の過程で機関誌の発行規模や合併後の役員体制をみても学会側が有力な組織であったことが明らかとなり、どちらを現在の矯正協会の「母体」として考えるかは今後検証していく必要があろう。そのような意味で『大日本監獄協会雑誌』にとどまらず、『監獄雑誌』全文のインターネット公開を二〇一四年から実施した矯正図書館には感謝を申し述べたい。

いっぽうで、このような児童・司法福祉（及びその周辺領域）に関わる団体・施設の活動や機関誌等の書誌的研究に視点を移せば、室田保夫の一連の研究（室田 2008：2010：2011a：2011b：2012）や、『東京市養育院月報』等の復刻版の存在があることも追記しておく。

（二）明治期の監獄改良について

つぎに、明治期の監獄改良に関する資料について述べていきたい。まず、日本における行刑制度の通史的な研究として、法務省実務関係者の重松（1984：2005a：2005b 等）、小野義秀（2002：2009）らの業績がある。また、時間を遡れば刑務協会（1974）が存在し、近代以降の幼少年分野を含む行刑制度に関する法令・官報などの公文書類、監獄改良の動向や懲治場改革に対する論述などもみられる。ただし、本論で述べるように一九〇〇年代以降、刑務協会（母体は監獄協会）が司法省上層部の御用団体のような組織へと変化していく経緯から、同団体の主張・論説に対して批判的検討を加えていくことは必要である。

監獄改良に焦点をあてた近年の研究業績としては、姫嶋（2011）の研究が挙げられる。姫島の研究対象は本書の対象とする期間とほぼ重なる（明治年間）。姫嶋は行刑制度・法令の成立と変遷を追いながら、欧米の監獄制度を摂取しつつも「日本型行刑」ともいうべき独自の行刑体制が形成されたプロセスについて検証しており、筆者も多くの示唆を得ることができた。姫嶋も監獄費国庫支弁についての帝国議会の審議、及び司法省移管問題、監獄法制定経緯について検討を行っているが、第一に国庫支弁法の実現が困難であった背景を単純化（地租軽減をめぐる民党と政府の対立によるもの）してしまっており、この点は後述の小野修三（2011）も同様である。第二に監獄費国庫支弁と司法省移管によって「監獄行政は条約改正の外的圧力から解放され、外国人の眼を意識した表面的な監獄改良ではなく、自らの立場で近代国家に相応しい行刑内容を実現する方向へと第一歩を踏み出すことになった」（姫嶋 2011：241）という指摘については、その後の懲治場改革への反動や携帯乳児問題の放置等という点からすれば、一概にそのような評価を行うことには抵抗感を覚える。

(三) 明治期の少年行刑・懲治場処遇（教育）について

少年行刑や懲治場制度とその処遇（教育）等に関する先駆的な通史研究として重松（1976）と守屋（1977）が存在するが、掲載される膨大な史資料と分析によって当該分野の研究へ多大な貢献を果たしているのは矯正協会（1984）である。ただし、筆者が後章で指摘するように、同書には特別幼年監を含む懲治場における感化教育に関する実績等への言及がないこと、これら懲治場改革に対する反動が起こった背景などに関する分析はほとんどみられないという課題もある。

また、近年の非行・犯罪児童の処遇史に関する研究としては、渡辺（2006）と田中亜紀子（2005）が挙げられる。前者については上記の重松、守屋等の記述をほぼ踏襲しており新たな知見は得ることができない。後者は監獄改良の中で「未成年」という概念の「発見」とそれに基づく感化法制定（一九〇〇年）と改正（一九〇八年）の経緯について検討している。監獄行政の司法省移管による未成年処遇制度への影響など筆者と見解を同じくするところもあるが、その見解の根拠となる資料分析が十分であるとはいえない。

特別幼年監（懲治場）に関する個別的な研究に目を移せば、先述の坂東（1994；1995）、重松（2001）、伊藤（2010）、矯正協会（1984）や川越分監（川越児童保護学校）に関する資料の復刻（1985等）が存在する。重松（2001）

は川越分監における懲治人教育と典獄・早崎春香の人物像に迫り、伊藤（2010）は横浜監獄根岸学校聾唖部における処遇と職員像について言及する数少ない具体的な業績である。このような背景として、川越分監に関する懲治人処遇（教育）以外の特別幼年監（懲治場）に関する活動報告などの資料が、これまで発見・公表されなかったことが考えられる。本研究においては二井・倉持（2010）によって公表された他の施設の資料を用いて、これまで明らかにされなかった特別幼年監（懲治場）における「感化教育」の試行状況について検討していきたい。

（四）感化教育について

明治期以降の感化教育思想・理論及び法制度の動向を整理した先駆的業績は社会局（1930）と菊池（1940等）であろう。さらに、近年では石原ら（2011）が感化教育史研究の到達点や今後の課題について整理しており多くの示唆を得ることができる。個別研究に目を向けると守屋（1977）、矯正協会（1984）、齋藤（田澤）（1994）、長沼（1997：1998：2000：2010：2012）、二井（小林）（1990：1992：2009a：2009b：2009c：2010）、田中亜紀子（2005）などが存在する。齋藤（田澤）（1994）は、監獄改良の流れの中から感化法制定の条件が整備され、監獄行政の司法省移管によって感化教育が慈善（社会）事業的性質を帯びることになったという点を明らかにしている。また、二井（小林）（1990：1992）は感化法制定の経緯と感化教育に関する概念整理を行っている。ついで、室田（1998）及び二井（2010）等は、家庭学校創立者・留岡幸助の経歴、思想・理論などの人物像を通じて感化教育形成史における民間事業者の果たした役割について言及する。とくに二井は、感化教育思想・理論が実践現場においてどのように受容され、反対に修正を余儀なくされたのかという点などについて、これまでの感化教育研究による追究が不十分であると指摘する（二井 2010：32）。この指摘については、筆者も本書を執筆するにあたり少なからずの示唆を得ることができた。さらに二井（2009a：2009b：2009c）では、戦前の感化院（少年教護院）に関する膨大な施設資料を復刻・公表しており、今後本資料を活用した研究の進展が見込まれる。また、感化法起草者であり、本研究のキーマンともいえる小河滋次郎については彼の著作・論文に関する復刻版資料は多数存在し、伝記的研究としては遠藤興一の一連の研究（1981a：1981b：1982a：1982b：1983：1984）がある。近年では小野修三（2011）が行政官僚としての小河の官僚的性格に焦点をあて、その伝記的な研究に新たな知見を加えている。

また、感化教育の刑事政策的側面や、政府による国民への統制強化という側面等から言及した研究には、田中和男（2000）や柴（1997）、小森（2002）等が存在するが、これらの言及については本書第四章で検討する。

さらに、本領域（感化教育）及び③「明治期の少年行刑・懲治場処遇（教育）」に関する海外情報と国内の動向との比較研究についても述べておこう。まず、近年の研究業績として長沼の一連の研究（1997：1998：2000：2010：2012）や庄司（2007）等が存在する。それらは明治初年頃から日本にもたらされた欧米の感化教育に関する情報が私立感化院設置運動や感化法制定へ与えた影響などを考察している。また、田中亜紀子（2005）では一九〇〇年の感化法案の条項と英国で一八六六年に制定された「感化院法」及び「実業学校法」と比較検討し、日本の感化法が英国法の影響を多く受けている点を指摘している。続いて先述の森田（1999：2005）がある。森田（2005）は一八九九年のイリノイ州の少年裁判所設置に始まる米国のパレンス・パトリエ（国親思想）を軸に旧少年法制推進派（司法省）と感化法推進派（内務省）の対立構造を描き出し、その対立構造の中からわが国の少年保護制度が形作られたプロセスについて分析している。森田の論じるところでは小河滋次郎や留岡幸助などは後者に与し、パレンス・パトリエを基に感化法制定や懲治場改革を断行したとされるが、多くの点で森田の主張を受け入れることは筆者には困難である。(8) 他に留岡幸助や小河滋次郎の欧米遊学の行程における視察や研究成果を述べたものに先述の田中亜紀子（2005）や室田（1998）、二井（2010）等が存在する。

（五）「携帯乳児」について

最後に、「携帯乳児」の問題に関する先行研究を概観する。ただし、既述のように学術的研究と呼べるものはほとんど存在しないと述べても誤りではないのが現状であろう。

まず、監獄内における携帯乳児の実態に迫るような先行研究は、筆者の確認する限りでは見受けられない。つぎに、監獄外部にあって携帯乳児を受け入れ養育する支援団体については、安形（2001）、脇（1985）が存在する。前者は東京女囚携帯乳児保育会の設立経緯と活動、後者は山口県の防長婦人相愛会の携帯乳児養育事業について詳細な分析を行っている。

その他、戦後の研究としては刑務所（法務省）関係者である原（1954）、久我（1967）、香川（1973）、前野（1972）らの研究がある。原、久我、香川はいずれも監獄に生まれ育つ乳児が存在する事実を受けとめ、現行法（監獄法）の規定に対する批判を展開し、前野は「被拘禁者処遇最低基準規則」（国際準則）によって、獄内出産の廃止と乳児保育のための保育士の配置が行われつつある状態を説明している。ただし、彼らの論述からわかるのは、戦後も明治期同様の携帯乳児に関する課題が多く残されているという現実である。

さらに、「刑事収容施設及び被収容者等の処遇に関する法律」（二〇〇五年法律第五〇号）の制定前後の携帯乳児の状況については、鴨下（2009）や山崎ら（2008a：2008b）があり、前者では同法制定後の携帯乳児に関する規定の紹介、後者では栃木刑務所の事例を紹介し、近年にいたっても女子刑務所には携帯乳児が存在することが理解されるのである。

本研究において筆者は当時の監獄統計の分析、監獄関係者らの証言などを蒐集し、監獄内に住む乳幼児の生活、獄内出産等の状況及びその問題について考察を行うが、本書が児童福祉史領域において携帯乳児の問題を検討する第一歩であることをここに強調しておきたい。

（六）本研究の意義

以上のような先行研究の整理をふまえて、本研究の意義について今一度確認しておきたい。既述のように本書では監獄における児童問題に関して検討していく範囲が多岐にわたる。その理由は第一に、「国家的な議論」を経て監獄のなかの児童問題とその対応が展開されていったという視点からアプローチしていくことの重要性を筆者が認識しているからである。すなわち、個人史研究や施設史研究等といった従来研究の主要なアプローチでは、これらの詳細なプロセスは明らかにすることができなかったと考えられる。さらには、これらの検討を通じて監獄協会などの組織を拠り所にした監獄関係者たちの議論や活動が、日本社会福祉史におけるソーシャルアクションの先駆的事例と理解すべきであることも明らかになるであろう。第二に、従来の法制度史研究についても未だ十分な検証が行われているとはいいがたい点にある。従来研究についてはその多くが個人史研究などの前段として法制度史を位置づける（個人や施設の業績や存在意義を明確にするための条件整備）にとどまるか、児童問題に関係する法令の成立前後の議論を断片的に論じるにとどまっている。ようするに内乱や民権運動などの政治上の問題、不平等条約の改正などの外交上の課題が当時の児童問題への対応の有り様を大きく規定しているのであるが、このような関係性は従来研究では十分に描ききれていない。

より焦点を絞れば、先の**図0―1**（『大日本監獄協会雑誌』と『監獄雑誌』の関係図）で示したように、本研究で検討する感化教育、懲治教育、「携帯乳児」に関する法制度やその処遇の変遷は、監獄改良（運動）、とくに監獄費国庫支弁や監獄事業の司法省移管問題と密接な関係にあることがわかる。ときにそれらの動きが監獄における児童の処遇改善や法整備を促す要因として作用することもあれば、懲治場改革の頓挫や「携帯乳児」問題が放置される状態を生み出す要因となる場合もある。このように本研究では、『監獄雑誌』などの専門誌上や帝国議会などを舞台として展開される監獄関係者らの議論に焦点をあて丹念に検討することによって、複雑に絡み合いながら併行して展開されていく非行・犯罪児童や「携帯乳児」などの問題をめぐる国家的対応の内実や限界性を明らかにしていくことができると考えている。そして、先述のような今日における「問い」に対して、歴史的な視座を提供するものであり、現在の議論のための最初の足場としてわれわれに大きな示唆を与えるだろう。

注

（1）坂東直之は、明治期における特別幼年監の営みを「現行の少年刑務所にいたる流れ」の中で理解している（板東1994：1995）が、本論文の第五章・第六章で述べるように、特別幼年監における幼年者処遇を「少年刑務所」のみにいたる系譜として捉えることは、正確な分析とはいいがたい部分がある。

（2）近年にいたって少年院入院の適用範囲が拡大したことを受け、児童自立支援施設の関係者を中心に児童自立支援を社会的養護の見地から再構成しようとする動きが見られる（西山2011、小林・吉岡2011、小林・小木曾2009、田中康雄2012等）。そこでは入所児童への対象認識や、施設の実践内容や学校教育保障をはじめとする施設の課題等多岐にわたるが、先述のような筆者の問題提起に対する回答は得られていない。

（3）近年の政府の「青少年育成施策大綱」や少年法改正などの動向を概観すると、たとえ児童の「被害性」を拠り所に福祉的な援助の必要性を主張したとしても、「加害性」のある児童を福祉的な援助の対象から切り捨てようとする方針であることが理解できる。そのような議論の方向性については倉持（2003a）等を参照のこと。

（4）感化法附則第一四条において、同法施行の期日は「府県会ノ決議ヲ経地方長官ノ具申ニ依リ内務大臣之ヲ定ム」とあり、一九〇八年の感化法第一次改正までに感化院を設立した府県は二府三県にとどまった。

（5）「携帯乳児」の呼称は一八七二年の「監獄則並図式」（懲役一二条第一〇条食料）の「幼孩ヲ携ンコトヲ願ヒ」出る受刑者（母親）に対する規定の中から生まれた経緯がある。また、年代によって対象となる子どもの年齢には〇歳から満三歳までと幅がある。

対象となる乳幼児は母である受刑者の「携帯物」とみなされ、この呼称自体も子どもの人格を無視した問題のあるものである。ただし、本書で述べるように「携帯乳児」そのものの規定は現在でも存在し、刑事施設に収容される母親に「付属」する存在としてみなされることには変わりはない。

そこで本書においてもその問題性を問う上であえて「携帯乳児」の呼称を用いることとする。

（6）感化教育や少年司法等に関して『大日本監獄協会雑誌』『監獄雑誌』を用いた先行研究として教育学、法学領域等の史的研究では次の先行研究が存在する。守屋（1977）、矯正協会編（1984）、二井（小林）（1990：2010）、齋藤（田澤）（1994）、重松（1976）、田中亜紀子（2005）等がある。なお本書では、両雑誌上の資料で雑誌編集者等による無記名の記事については著者「不詳」として表記している。

（7）本研究においても小河滋次郎や留岡幸助の洋行とそれに伴う視察・研究等の成果については適宜述べていく予定である（第二章・第五章）。

（8）本研究の目的とは異なるので、森田（2005）の問題点をいくつか例示するにとどめる。まず、小河（1901：321）のエルマイラ監獄に関する報告内容に「亜米利加の監獄は学問上では一文の価値なし」とあり、同様の評価が同書に散見されることからも、小河の感化教育主義が米国パレンス・パトリエやエルマイラ感化監獄の取組みから直接的な影響を受けていると断定することは難しい。また、森田の論考全体を通じて少年法制定に関しては日本側関係者の議論を多角的に分析する視点を持ち合わせながら、感化法成立と同法改正に関してはそのような努力が払われていないこと。さらには、懲治場改革時（本書六章）の処遇内容に関する森田自身の検証がなく、反小河派の小山・谷田の主張を無批判に採用していること（森田2005：134）などがその主張の問題点として挙げられる。

第一章

『大日本監獄協会雑誌』と監獄改良運動

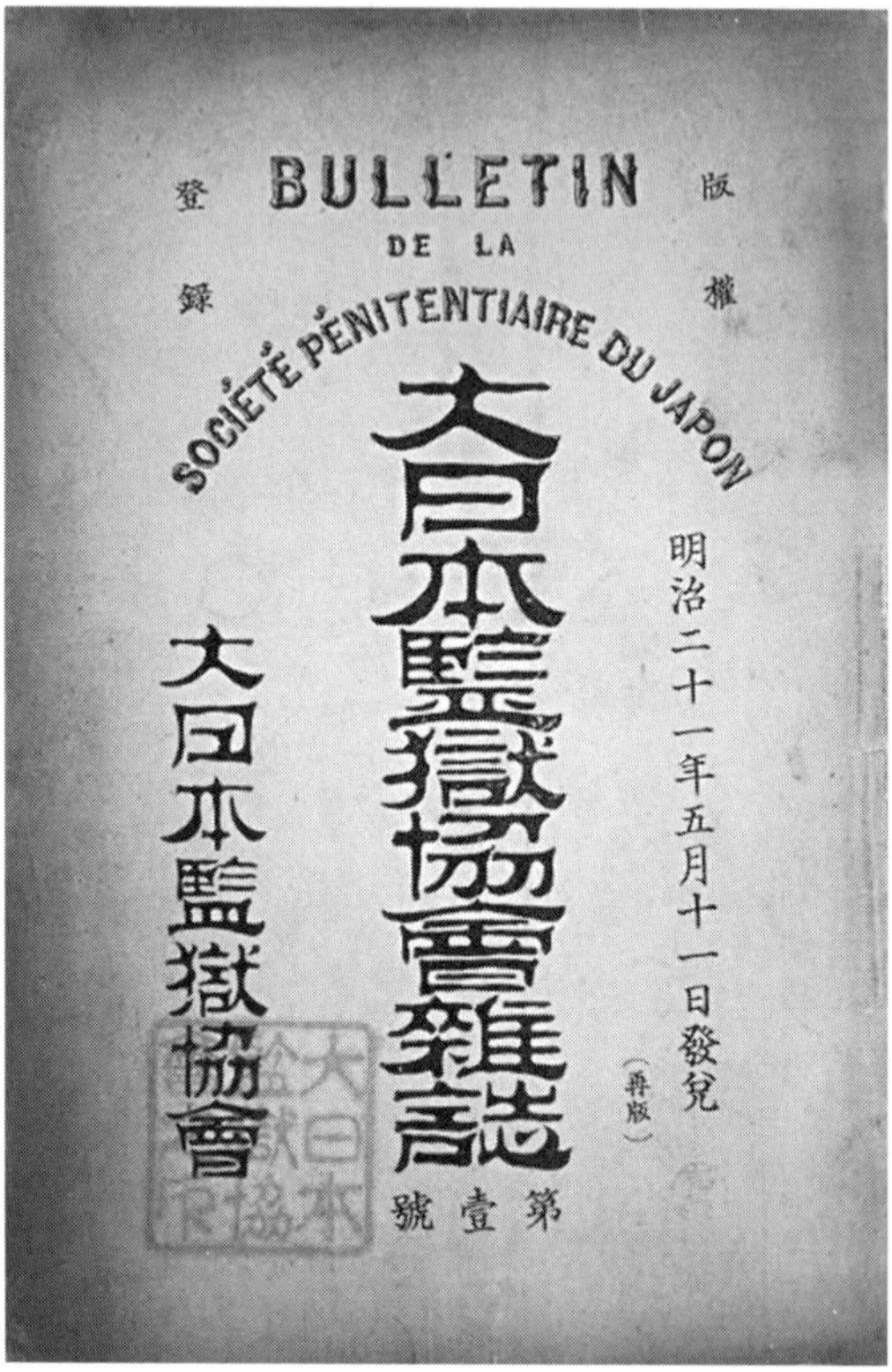

『大日本監獄協会雑誌』創刊号　1888 年 5 月

はじめに

大日本監獄協会の発起人・宇川盛三郎は、同協会発会式における演説において「監獄は秩序を維持するに欠く可らさる三つの道具（ほか二つは「不良少年」対策の感化院と出獄人保護事業―筆者）の一てありまして、教育にも貧民救助にも大なる関係かありまする」（宇川 1889：30）と述べた。この発言によって、当時の識者たちが監獄事業の目的が在監人の独立自営であれ社会の治安維持のためであれ、司法機関が管轄する本事業のみではそれらの目的を達成することは困難であるという認識を持っていたことがわかる。

このように近代日本において、監獄事業とそれに関連する貧民救助事業や感化事業などの振興を担った団体として大日本監獄協会があった[1]。本協会は、現在も財団法人矯正協会としてその活動を継続している。また、本協会が発行した機関誌『大日本監獄協会雑誌』は近代日本における矯正、更生保護、児童福祉、少年保護などの歩みを知る上で重要な資料の一つであり、次章で扱う『監獄雑誌』とあわせて本研究の分析資料の中核を担う重要資料である[2]。

そこでこの第一章では、第一に主として一八八八（明治二一）年創刊の『大日本監獄協会雑誌』の分析を通して大日本監獄協会の組織・活動等の特色を明らかにすること、第二に本誌を通して日本の監獄改良の展開とその内実の一端を明らかにすることで、本協会とその機関誌が監獄改良に果たした貢献やその限界等について考察を試みたい。一九世紀末から二〇世紀初頭にかけて生まれた感化教育や少年行刑、少年保護事業の母胎ともいうべき監獄改良運動について、本協会及び本誌の分析を通して少なからずの示唆を得ることができよう。また、本章では検討の対象期間を一八八八年から一九〇〇年前後としている。その理由として、第一に本協会は一八九九年一〇月に他団体との合併を行い「大日本監獄協会」としての活動に区切りが置かれていること。第二に監獄費国庫支弁問題等をはじめとする監獄改良の重要課題が、本期において一定度の達成をみているからである。(3)

1 大日本監獄協会の設立

本節ではまず大日本監獄協会の設立とその組織・活動について述べたい。

本協会が設立される当時の社会情勢をみると、日本の外交上の課題として列強諸国との不平等条約の改正、とくに治外法権の撤廃があり、さらには一八七二年に始まる万国監獄会議の開催など世界的にも監獄制度の近代化が注目されていた時期であった。つまり、明治政府の悲願ともいうべき治外法権の撤廃は、国内における外国人犯罪への対応＝監獄問題と密接に関わり、世界的な監獄制度改革（監獄改良）の潮流の中で、日本の監獄制度の近代化を証明して見せねばとうてい実現できる問題ではなかったといえる。

いっぽう、国内の監獄事情に目を移すと一八七七年の西南戦役の戦後経営と大蔵卿・松方正義の進める紙幣整理、緊縮財政の中で、監獄運営とその費用負担は各府県が負うこととなった（一八八〇年布告第四八号）。ところが各府県の所管に移された監獄の状況は、一八七六年度には二万三二一九人であった在監人（囚人）が一〇年後の一八八六年度には七万一八一九人と激増し、監獄の運営費や修繕・改築費も六七万四二五円（七六年度）から四〇四万三三六一円（八六年度：国庫・地方費合算）と年々増額の一途を辿った。なかでも在監人の死亡率平均（西日本の各監獄）が四八人（対一〇〇〇人）であるという事実に示されるように、囚人の処遇・衛生に始まり獄舎の修繕、監獄吏員の確保などあらゆる面で困難な状況であった（高口1890）。

このような監獄をめぐる情勢の中で大日本監獄協会は誕生する。内務省・司法省の監獄官僚（吏）であり、大日本監獄協会の有力なメンバーとして活躍した坪井直彦や岡五朗の回想（1938）によれば、フランス等の監獄学専門書の翻訳を通じて「当時では唯一の監獄学者を以て任ずる」内務省取調局翻訳係・佐野尚が官制改正（内務省処務条例）によって非職した際、同省警保局長・清浦奎吾が「民間に在りて監獄改良事業の為めに一と働きせしめんとしてこのことを氏に説示したのである、これが即ち本会設立の動機」であるとされている（坪井1937a：85）(4)。

その後、佐野はフランス監獄協会を手本に大日本監獄協会設立の企画を清浦・小原重哉に図り、同時にフランス学系の内務省参事官・宇川盛三郎に援助を求めた(5)。さらに上記三名のほか武田英一、深井鑑一郎、東京集治監典獄・石沢謹吾らの協力によって一八八八年三月七日、大日本監獄協会規則及び細則を定め、宇川を発起人主幹（同月一六日に内務省を依願退職）、佐野を発起人執行委員として大日本監獄協会が設立された（岡1938：550-551、矯正協会1990：3）。仮事務所は東京市下谷区七軒町二八番地（佐野尚宅）に置いた。設立と同時に宇川は「大日本監獄協会創立の趣意」を発表している。

このような経緯で誕生した本協会は、同年五月一一日に月刊の機関誌『大日本監獄協会雑誌』を刊行したが、その第一号に宇川による「趣意」（宇川1888）が掲載されている。「趣意」の中で宇川は、日本の監獄の状況について「在監人の数よりするも司獄官の数よりするも監獄の数よりするも監獄費の点よりするも実に監獄事業ハ容易ならざるもの」と指摘し、監獄事業や犯罪者の予防、貧民教育等の慈善事業を牽引するために「欧州各文明国に於てハ監獄協会と言ふものを設け獄事の改良整頓を計る…（中略）…然れば我が国に於ても同様の協会を設立せんとの議に一決し今般大日本監獄協会を創設することに立ち至りたるなり」と述べている（宇川1888：3-5）。

また、「本会の事業ハ婦人に関係すること少なからず…（中略）…特に不良少年の感化事業の如き又は出獄人の保護事業の如き又ハ貧民の救助又ハ貧民の教育の如き一々婦人の責任なりと云ふも不可なかるべきなり其他家庭教育の如何によりても犯罪人の増減を見るほどのものなれば婦人にして本会の旨趣を承知せらるゝことハ実に要用なるもの」として、女性の参加・協力を要請している（宇川1888：8）。さらに機関誌については「本会に於て発行する雑誌ハ統べて学問上よりこれ等の事を研究すべきものにして政治上よりこれを論談することは決して為さゞるべし」（宇川1888：8）としているが、この方針については五年後に修正されている。

つぎに、発会と同時に発表された「大日本監獄協会規則」（『大日本監獄協会雑誌』創刊号・本章扉裏に掲載）についてもみてみたい。その規則の内容（一部）は次の通りである（傍線筆者）。

大日本監獄協会規則

第一章　会名及ヒ位置

第一条　本会ハ大日本監獄協会ト称ス

第二条　本会ハ当分其仮事務所ヲ東京府下谷区七軒町二十八番地ニ置ク

第二章　目的及ヒ事業

第三条　本会ノ目的ハ大日本帝国監獄事業ノ改進ヲ翼賛スルニ在リ

第四条　本会ノ事業ハ左ノ如シ

一　監獄事業ヲ奨励スル事

二　不良少年感化事業ヲ奨励スル事
三　出獄人保護事業ヲ奨励スル事
四　貧民ノ救助及ヒ教育ニ関スル事業ヲ奨励スル事
五　諮問及ヒ質問ニ答フル事
六　懸賞文ヲ募ル事
七　監獄ニ関スル翻訳並ニ著述ヲ為ス事
八　監獄ニ関スル図書ヲ出版スル事
九　本会ノ雑誌ヲ発刊スル事
十　万国監獄公会、万国監獄委員及ヒ各国監獄協会ニ関スル事
第五条　本会ノ雑誌ハ通常月毎トニ一回又ハ二回発刊シテ会員其他有志者ニ頒ツ
雑誌ニ掲載スル事項ハ左ノ如シ
一　監獄ニ関スル法令
二　監獄学並ニ欧米諸国監獄法講義
三　刑法治罪法講義
四　監獄ニ関スル翻訳
五　地方会員ノ通信又ハ寄書
六　欧米諸国ノ監獄協会等ニ関スル通信
七　本会記事

第三章　会員及ヒ役員（以下略）

以上のように、本協会の目的を監獄事業そのものに限定せず、趣意書のごとく犯罪予防に有用と考えられる貧民救済や非行児童への感化教育など慈善事業の奨励にも及んでいることは注目に値する。そして、一八八八年六月二四日には明治法律学校講堂で第一回の総会が開催され、庶務局長（会計・庶務・記録担当）に石沢、同委員に佐野、調査局長（雑誌編集・海外通信等担当）に宇川、同委員に武田・深井と協会発足の中心メンバーが役員に選出されている。また、同年一〇月の臨時総会では「会長」（当初不在）の諮問に応じる公選議員の選挙が実施され、田口卯吉や大浦兼武など一〇名が選出されており、これをもって岡は本協会をして「文字通り官民協力によるブレーン・トラストとして其の機能を発揮しつつあった事実を如実に物語るもの」（岡1938：555）と評価している。

本協会は設立とともに広く会員を募集した。機関誌の第二号「本会記事」欄には「去る四月三日本会の事務を創始し汎く会員を全国に募集したる以来入会を申込まるるもの日を追ふて増加し五月三一日迄の調査に依れば其数既に二千二百五十名に達したり」という記事が掲載されており、本協会設立への世間の注目の様子がうかがえよう。(6) 当初の会員募集方法についてみると、八八年六月に改正された規則では会員を「推戴員（皇族）」「名誉会員」「特別会員」「正員」の四種に設定した。また、機関誌第三号に掲載された「細則」によると入会には「入会申込証」の送付で自由に入（退）会ができたようであり、「正員」の会費は月一〇銭であった。

機関誌一六号に掲載された「会員名簿（明治二二年八月一五日調）」には、会員番号一番に宇川盛三郎、同二番に佐野尚、同三番神谷彦太郎とあり、一〇番小崎弘道、二七三〇番田口卯吉、三三二一番大井憲太郎、三五〇八番に河野広中などの有力者が名を連ねており、後に宇川や佐野に代わり監獄界と本協会を指導していく小河滋次郎は会員番号三四八二番であった。大日本監獄協会は設立後一年以上が経過した一八八九年四月三〇日、厚生館にて発会式を挙げている。その前日の総会では三条実美、伊藤博文、山県有朋、山尾庸三の四名が名誉会員に選出され、当日は一〇〇〇名以上が参加する名実ともに朝野を挙げての発会式となった。後に山県は九〇年七月の総会において名誉職ながらも会長に選出されている。

発会式の席上、既述のように宇川は「監獄の趣意」と題した演説を行い「将来に於て前と同様の所業の無いやうに致し又本人の心を矯め直しまして言はゝ貧しい心を救ふと云ふのか監獄の趣意」であり、「教育の方より視察すれは監獄は一種の学校でありまする。無理に名を下せは人心改良学校とても云ふへきものと考へられます。故に以来は普通教育を受けぬ者は監獄に預かるやうに致したい」（宇川 1889：26–28）と述べ、監獄の感化・教育機能に大きな期待を寄せている。(7)

また、楽善会の設立にも参加した経歴を持つ特別会員・中村正直は演説「大日本監獄協会を賛成するの旨意」の中で、「罪悪に入りたる者を観れは、先つこの人の不幸を感せさるを得す、次に余か身の幸福を感せさるを得す、恰も盲聾唖の三者を見て、先つこの三者の不幸を感し、次に余か身のことの不幸を免かるゝの幸福を感するか如し…（中略）…吾か幸福を得たる余力を以て彼か不幸を救助せんと欲するの念油然として生せさるを得さるなり」（中村 1889：37–38）とし、人の罪悪に陥る「遭遇」（境遇）に同情を寄せた。そして「監獄の制は、今日罪悪の人をして後来の善人に化せしむへきの場所なるか故に、その生命を愛護しその良心を培養することに精々注意せさるへからす、これ人類の同輩に対し担任すへきの義務なりと信す」（中村 1889：40）として本協会の設立に賛同の意を表明している。

さらに、名誉会員・山尾庸三は「祝辞」の中で、本協会の設立について「諸君有識の士あり相謀り相集りて此協会を興す寔に国家の慶事何に之に加ふるあらん今より後に此会に於て社会福祉の一端を増進するの着歩を望むに足り以て吾輩の常に持する所の遺憾を完了せしめんとす」とし、監獄事業の改良（監獄改良）を「社会福祉の一端」と認めている（山尾 1889：41）。このことは当時にあって単純に「社会福祉」という用語が用いられたことと、監獄事業を社会福祉領域の一端として理解したという二つの点において非常に興味深い。その他、名誉会員の三条実美や伊藤博文等の演説が行われた。

以上のように、国際社会からの期待（圧力）に比して非常に困難な状況にある国内の監獄事業を官民結集して改良すべく、大日本監獄協会は設立され活動を展開していくこととなる。そこで次節では、本協会事業の中心ともいうべき機関誌『大日本監獄協会雑誌』の発行について述べていきたい。

2 『大日本監獄協会雑誌』の発刊と『監獄雑誌』合併をめぐって

(一)『大日本監獄協会雑誌』の刊行

大日本監獄協会は設立と同時に発表した「規則」に従い、一八八八年五月一一日に機関誌『大日本監獄協会雑誌』を創刊したのは既述の通りである。創刊号については発行者宇川、編集者深井、印刷人に寺井宗平（並木印刷所）の名が並び、発行所は大日本監獄協会仮事務所となっている。本誌は日本における矯正・更生保護・慈善事業等の関係雑誌としては草分け的存在であると同時に、月刊誌としても日本有数の歴史を有するジャーナルである。第七号以降は発行兼編集人が佐野となり、本誌の発行については「もっぱら庶務委員の佐野が一手に引き受け、わが国唯一の監獄雑誌として成長させた」という指摘も存在する（佐々木 1999：

122)。

当初の発行部数については、第二号の本会記事の中で「本会雑誌第一号ハ最初に二千部だけ印刷したる処会員の数急に増加したるが為め尚ほ一千部を増刷したり」とあり、計三〇〇〇部が発行されたことがわかる。創刊後まもなくの五月三一日には、フランス監獄協会の機関誌との相互交換が始まり、ロシアのペテルスブルクで開催された第四回万国監獄会議（一八九〇年）以降、同会議に出席した各国委員などに本誌を配布している。

『大日本監獄協会雑誌』は創刊号より表紙が赤色であったため、後にライバル関係になる『監獄雑誌』（表紙が青色＝青雑誌）との対比で「赤雑誌」とも呼ばれた。『監獄雑誌』との合併時期までは表紙には誌名の仏文訳名が併記され、創刊号の裏表紙には「規則」と「目次」が記載してある。本誌の構成自体は、先述の規則におおむね準拠しており監獄学・監獄事業に関する論説や会員内外からの「寄書」、海外監獄事業の紹介や通信などが掲載されている。創刊号の目次内容は「大日本監獄協会創設の趣意」「官報」「翻訳」「寄書」「通信」「本会記事」となっており、「翻訳」では、欧米諸国の監獄制度史やスウェーデンのT字監獄の構造などが紹介されている。本誌は一八九八年末の休刊にいたるまで、通算一二七回の定期発行と一回の号外発行を行っている。

本協会の特色として、監獄事業にとどまらず慈善事業等の普及にもその目的をおいたことを先に指摘したが、そのことは『大日本監獄協会雑誌』にも反映されている。たとえば第四・六号には東京専門学校政治学科得業生・伊藤鉄次郎による論説「貧民の原因及ひ貧民救助法の主義」が掲載されている。伊藤は、貧民救助の法制化について「今日文明社会の全面に蔓延して益々盛」んであるとして、自由放任主義やマルサス主義を唱え救貧制度に消極的な人々を批判した。そして貧困の原因については、資本の原始的蓄積や「政府施政」（法の不備、中央集権と地方の疲弊、貨幣制度、税制の変更）などを原因とする「社会的の原因（自然の勢力）」と、障害・老衰・棄児や職業欠乏、怠惰などによる「一個人的の原因」「天災・地妖」の三つを挙げ、それぞれについて詳述している（伊藤 1888a）。さらに伊藤は「文明種族ハ同情同感の情緒に富めるの種族たらさる可からす、愛他心の充実せる種族ならさる可からす」と述べ、「代議政体」や「常備軍」と同様に「貧民救助法」（救貧制度）も近代人が国家や社会を思う「同情」から成り立つ「文明制度」として不可欠であると主張し、同制度を管轄する貧民救助局の設立の必要性についても言及した（伊藤 1888b）。

他方で『大日本監獄協会雑誌』は機関誌という性質上、大日本監獄協会自体の活動や機関誌のあり方に関する議論なども掲載されているが、以下でそれをみていきたい。

まず、協会発足五周年にあたる一八九二年四月の第四七号より誌名を『大日本監獄雑誌』に変更（六二号より元の誌名に改称）した。この件について本誌の編集人である佐野の師・中江兆民は、第四八号に祝詞を寄せている（中江 1892）。

この誌名変更とともに本誌は、その性質を「学術誌」から監獄行政や政治的な動向なども取り扱い、監獄事業に関する世人への啓蒙誌的な存在へと変換を図った。たとえば、法学士・畑良太郎は従来の機関誌について「憾むらくは範囲狭小縦横馳騁の余地に乏し記者欝勃の勇焉そ久しく此不振の地に立たんや」と述べ、「茲に其第四十七号を以て改良を紙面に施し政治雑誌の資格を得て将に大に獄政獄務を論議する所あらんとす」と期待を寄せている（畑 1892：3）。また、法学士・石田氏幹も「獄事改良家の気焰は天下の輿論を喚起し天下の輿論は監獄改良の基礎をなし監獄の改良は国家の発達を促せはなり」として「本会雑誌の改良ほと祝すへきことはなかるへし」（石田 1892：4）と述べている。

このような誌面改良に対する好意的な諸意見は、後述するように帝国議会において政府と民党側が監獄費の国庫支弁をめぐって激しく対立している状況が背景にあり、監獄費国庫支弁を実現するためには大日本監獄協会にして世論を喚起していくことが多くの会員から期待されていたことがうかがえる。他方で、会員がしだいに監獄勤務者や何かしらの監獄関係者に限定されるなど、協会活動自体が停滞気味となり、ライバル誌『監獄雑誌』側からの衝きあげもあって誌面・内容変更によって事態打開を図ろうとしたことも推察されるのである。(8)

この点については、警察監獄学会の頭目ともいうべき小河滋次郎が『大日本監獄雑誌』誌上にはじめて登場した際の次のような批判、すなわち「私は常に監獄事業は最も必要なる事柄でありまして殊に今日改良と云ふことには政府人民共直接に局に当つて居る人は汲々として居るにも拘らず此機関となるべきもの即ち監獄協会と云ふ様なものゝ運動が頗る遅々であることが遺憾」(小河1892a：11)という文言にも表れている。また、監獄界と本協会の双方に多大な影響を持つ司法次官・清浦奎吾も、大日本監獄協会講話会の演説において次期の万国会議(第五回パリ万国監獄会議)について言及し、政府代表として派遣すべき人物条件を「監獄に取つては日本のスタルケである、日本のクローネであると云ふ思想」を持つ志の篤い人物と述べ、その人物として小河滋次郎の名を挙げた(清浦1892：19)。

このように当時の誌面から読み取れるのは、在野の立場から大日本監獄協会を牽引した佐野に代わって小河のような専門教育を修めた監獄官僚(吏)が台頭していく過程であり、彼らの多くは同時に警察監獄学会派と目される人々であったため、しだいに協会活動や機関誌上に現れる著述内容、会員数の動静などにも少なからずの影響を与えたと考えられる。

(二)『監獄雑誌』との合併をめぐって

当時『大日本監獄協会雑誌』のほかに、警察監獄学会の発行する学会誌『監獄雑誌』が存在したことについてはすでに述べた。[9] それでは、『監獄雑誌』を発行していた警察監獄学会とはどのような団体なのか。本学会は大日本監獄協会に遅れること一年、一八八九年六月に発会しており、同年一一月に月刊の機関誌を刊行し、その表紙の色から『監獄雑誌』は「青雑誌」と称された。磯村政富の身上書（1924）によれば、「明治二十二年二月愛知県警察署長ヲ辞シ、上京後直ニ同郷人学友永井久一郎、永井久満次及先輩法学博士小河滋次郎、文学士久米金弥、清浦子爵諸公等ノ賛助後援ヲ受ケ、警察監獄講義録ヲ創刊シ、其後監獄雑誌ト改題シ、更ニ監獄協会改革及機関雑誌続刊ニ際シ、其代表者トナリ、発行、庶務、会計一切政富単独経営セリ」とあり、大日本監獄協会と同様に清浦奎吾の協力によって学会が組織されたことがうかがえる。[10]

同学会及び学会誌『監獄雑誌』について、「協会」派の坪井直彦は「顧みるに監獄学会なるものは始めは警察監獄学会と称したもので其名に示す如く学術の研究に止まり別に主義目的もなく雑誌発売が主なるものであつて本会の如く監獄改良の大旗幟を翳して着々事業を進め邦家の為め貢献するものに比し同日の論に非ずである」（坪井1937a：96）と断じている。しかし、坪井自身も『監獄雑誌』の発展は「避くべからざる難関」であり、「一定の薄給官吏」では同種の雑誌を二冊とも購読することが難しく、「本会々員の約半数は本会を脱して学会雑誌（『監獄雑誌』—筆者）の購読者となつた」ため、「かく一時に会員を失ふた本会は事業上一大蹉跌を来したことは蓋し想像も及ばざるものがあつた」（坪井 1937a：95）と大日本監獄協会側の不利を認めている。また、岡も小河滋次郎が政府委員として第五回万国監獄会議に派遣され、欧州留学から帰国すると「帰朝後の小河氏は斯界に於ける唯一の新知識であり且つ監獄局事務官として行刑界に非常に睨みが利いてゐたのであるから、その点においてはむしろ『青雑誌』に勝味があつた」と「学会」側の有利を指摘している（岡1938：584）。

坪井の回想によれば一八九〇年代の前半には、両雑誌とも本庁（内務省監獄課）に勤務する監獄官僚（吏）が公務のかたわら運営する体制になっており、とくに一八九七年の内務省監獄局再置以降は小河事務官、若山茂雄警視庁典獄、山上警察監獄学校教授など学会派が本庁や東京近郊の要職を担ったため、学会の勢力伸長が著しかったようであり、学会派による大日本監獄協会の乗っ取り工作も表面化した（坪井1937b：72）。

上記のように両団体の対立が頂点に達しつつあった時期は、条約改正による治外法権の撤廃を間近に控え、かつ長年の懸案事項であった監獄費国庫支弁の実現に関しても重要な局面を迎えつつあった時期でもある。そのような状況において監獄官僚（吏）を二分するような対立は好ましくなく、一八九九年五月の典獄会議にいたって両者の対立を回避・合併する調整が行われた。この時期は、既述のように『大日本監獄協会雑誌』は休刊状態に入っておりその誌上からは詳細をうかがい知ることはできない。坪井の回顧（1937b）によれば千石学、千頭正澄、五十嵐小弥太の三名の典獄により両雑誌合併協定の調整が行われ、「協会」側では石沢謹吾、長屋又輔、佐野尚、印南於菟吉が協議し、「監獄協会の名は外国にも交渉あり又監獄の権威にも関係すること故是非とも存続すること」「本会の事業目的は変更せざること」「学会雑誌を廃刊し其購読者を本会会員とすること」の三条件を提示した。結局、会名「大日本」の三字を削り「白色」の表紙をもった『監獄協会雑誌』として両誌が合併することで、約一〇年に及ぶ対抗関係に終止符が打たれた（一八九九年七月三一日に『監獄協会雑誌』明治三二年第一号＝通算一二八号の刊行[11]）。

『監獄協会雑誌』一二八号（明治三二年第一号）の冒頭にある「監獄雑誌合併之辞」では「本誌はもと分かれて監獄協会雑誌監獄雑誌の二雑誌なりしかとも、今や愈々監獄改善の急務なるを感すると同時に互に合同してその声を大にするの必要を感し玆にその精力を集めて一の雑誌を発行するに至りぬ」と簡潔な合併経緯が述べられた（日本監獄協会1899：2）。

つづいて同年一〇月には雑誌の発行母体であった両団体も合併し、「日本監獄協会」（翌一八九〇年四月に「監獄協会」に改称）が発足したと理解される。[12] しかし、その合併の経過は少し複雑である。第二章で詳述するように、警察監獄学会は当初発行していた『警察監獄学会雑誌』を一八九二年より『監獄雑誌』と『警察学雑誌』に分離して発行していた。このうち「協会誌」と合併したのは二種類のうちの一つである『監獄雑誌』で、警察学分野はその後も「警察学会」として存続することになる。つまり、上記合併についても大日本監獄協会と警察監獄学会の「監獄雑誌分野」によるものであって、この合併によって警察監獄学会の活動そのものに終止符が打たれたわけではない。実際に磯村政富らは「警察学会」の名称で警察関係の出版をつづけ、管見では少なくとも一九〇八年まで出版活動が確認できる（鳩山・佐々木1908）。しかもこの警察学会の所在地は、警察監獄学会時と同様に磯村の居住地（東京市四谷区愛住町）であるが、合併によって誕生した新組織・「監獄協会出版部」の住所も上記の磯村宅である。したがって、「雑誌」の合併については対等なものにみえるが、組織としては大日本監獄協会が警察監獄学会に取り込まれたという理解の仕方が現実的であろう。坪井も、この両雑誌合併（旧「協会」側の表現では「併合」）後については、「表面上本会の希望通り本会の存続ではあるが、その実質は学会の有に帰した」（坪井1937b：75）と評している。事実、合併後の役員は旧学会派の人間で独占され、旧協会側の重鎮・佐野尚は同時期に大日本監獄協会を去っている。

さらに、ここで注目したいのは合併後はじめて開催された総会（一九〇〇年三月）における山上報告である（山上1900）。彼の報告の中で旧協会の会員は「四千有余人」、旧学会の会員は「七千余人」（合併後の雑誌の発行部数は一万六三七部）と発表された。また、旧学会主宰の磯村政富が学会員に向けた「謹告」（一八九九年七月八日）でも「今回監獄機関の進歩統一を図るか為め、協会、学会合併の必要に迫り、協会整理委員諸君の懇篤なる御勧誘に随ひ、爾今警察監獄学会を閉鎖し、監獄雑誌の廃刊を断行し、之れと同時に協会出版部担任の重責を政富に属せられたり。抑も学会の閉鎖、雑誌の廃刊聊か遺憾なきに非すと雖…（中略）…七千弐百の愛読者諸君、今日以後政富と共に籍を監獄協会に移し、和衷共同の実を挙げ、以て諸君の機関を拡張し、亦其機関雑誌を愛読」（傍点筆者）することを望むという言葉がある（磯村 1899：310-311）。この発言が正確なものでないことは先に述べたが、注目すべき点はこの合併時点において旧学会側が明らかに優位な立場にあったということである。(13)

3 『大日本監獄協会雑誌』のなかの監獄改良

(一) 監獄改良

本章の冒頭でも述べたように、近代日本において児童福祉の原点ともいうべき感化教育（事業）法制化や少年行刑制度を成立させた条件として、一九世紀末頃の監獄改良運動とその成果は無視できない。とくにここまで述べてきた『大日本監獄協会雑誌』の発行から休刊までの時期は「行刑史上若くは刑務協会史上のクライマックス」（岡 1938：582）と呼ばれる一八九九―一九〇〇年を迎えるための道程と重なっている。そこで、本項では監獄制度・事業の改革、いわゆる「監獄改良」に焦点をあて、本誌上の論説・記事等を追っていくことで日本における監獄改良の内実の一端を明らかにしていきたい。

「監獄改良」とは、内務省警保局長であった小松原英太郎の言を借りれば、「犯罪人を懲毖感化して再犯を防遏し良民に復帰せしむるの目的を達する適当なる方法を以て監獄を管理すへしを謂ふ」とあり、「実行するの方法順序」は獄舎（監獄建築）の改良と囚人処遇の改善であると述べている（小松原 1892：32）。当時の在監人の急増に伴う監獄経費支出の悪化等の状況については先に述べた通りであるが、小松原がいう囚人処遇の改善には、囚人労働や教育、教誨・衛生等さまざまな事項が含まれており、彼の指摘事項以外の監獄問題としては、監獄官吏の確保（任官）と養成（清浦 1890）、監獄運営・囚人処遇に関する専門的学問領域（監獄学）の確立や犯罪学研究の進展などが挙げられる（清浦 1890，穂積 1896）。

監獄官吏の養成と監獄学の確立・普及については、一八九〇年一月に内務省が東京に監獄官練習所（所長・石沢謹吾）を設置し、典獄に対する二カ月間の講習と書記・看守長クラスを対象にした六カ月間の講習を実施したが、中心的な教員であったゼーバッハの急逝によって以後の講習会は開催されなかった。この練習所につぐ監獄に関する専門的教育機関として警察監獄学校が設置されるのは条約改正（治外法権の撤廃）が実施される直前の一八九九年四月である。(14)

しかし、監獄に奉職する典獄以下監獄官僚（吏）の登用は、直接地方監獄を管轄する地方長官の権限に委ねられていたため、いわゆる「適材適所」がなされていたとは限らない。また、府県が監獄を管轄することによって、監獄費の執行には地方議会が関与するため、監獄の改築や修繕が進まず、囚人処遇の改善も滞るという問題もあった。これらの問題を一挙に解決に向けるため、大日本監獄協会内では「監獄費国庫支弁」、すなわち中央政府による全国の監獄の統括とその運営費・建築費等の国庫負担を求める主張が声高になされていくのである。(15)

（二）監獄費国庫支弁問題をめぐって(16)

すでに述べたように、一八八〇年の布告第四八号によって一部の監獄（集治監）を除き、各府県の監獄（地方監獄）の管轄及び諸費用の負担は地方の責任となった（「地方税支弁」）。しかし、監獄の改良が列強との条約改正の必須条件であると考える政府は、第二回帝国議会（一八九一年）に監獄費を国庫支弁に戻す法案を提出したが衆議院で否決された。以後、第三回から六回、一〇回、一二回、一三回と法案が議会に提出されるも、そのつど「政費節減・民力休養」を掲げて国税である地租軽減・地価修正を主張する民党側からの激しい反対に遭い否決され続けた。

この間大日本監獄協会としては、国庫支弁法案の成立を援護するために『大日本監獄協会雑誌』誌上に論陣を張り、監獄費国庫支弁案に賛成する各社新聞の記事等を掲載したが、以下では本誌上にあらわれた国庫支弁論についてみていきたい。

まず、『東洋新報』（一八九一年一〇月一日付）の転載記事「監獄費を国庫支弁と為すに就き品川内務大臣の意見」の中で品川弥二郎は、監獄費が地方税から支弁されることの弊害について「囚人をして其衣食住又は其待遇上に厚薄の相違あらしむる如き不都合あるのみならず将来監獄改良の目的に於ても大いに妨害を与ふること少からす」と述べ、政府による紙幣整理が達成されている以上、速やかに国庫支弁に復すべしと主張している（品川 1891：21）。また、四五号に掲載された「監獄費は学理上国庫費支弁たらさるへからす」（不詳 1892a：31-32）の中では、「監獄は国家の秩序安寧を傷害したる国家の犯罪人を拘禁する所なれは此監獄を保持するのは国家の義務なり犯罪人は固より一地方の犯罪人にあらす之を捕へ之を罰する皆国権を以てするものなり…（中略）…国家の権たる以上は此権利執行に伴ふ所の費用は当然国家に於て之を負担」すべきで、「其地方にて其罪人を造りたるものなれは之を養ふは其地方の義務たらさるへからすとは此は一地方を見て一家と做し一社会を以て一家と為すこと能はさるの謬見なり」との主張がなされている。

その他、改進党の島田三郎が国庫支弁案に不利な監獄経費の調査結果を議会外の演説で示した際には、田口卯吉（1892）や木下鋭吉（1892）らが速やかに『大日本監獄協会雑誌』誌上で反駁を試みている。さらに第六七号の巻頭論文「監獄の改良を如何せん」（不詳 1893a：3）では、「顧みて現時府県の監獄事業を熟視せよ、監獄費は、国庫支弁に移さるべしとの懸念あるより、地方議会は為すべきの事業を躊躇し、已むべからざるの監房の造営を否決し、瞑々の間に、監獄の改良を沮遮すること多く、無形、及、有形上に失する所は果して幾何なるを知らざるなり、是れ我か国家の不利たるは論なく、此の不利や延きて内治と外交とに影響すること莫大なり」として、積極的に府県が監獄事業に関与しない状況を深刻に捉えている。事実、一八九二年の第三議会の際には二四府県の地方議会が監獄費の国庫支弁を実現化するよう政府に建議し、その前後にも同様のことが続いた（国会新聞 1892）。

結局、監獄関係者たちの悲願（「紀年的革命」）ともいうべき国庫支弁法案の成立は、第一四議会中の一八九九年一二月二〇日に実現し、翌年一月一六日に法律第四号「府県監獄費及府県監獄建築修繕費ノ国庫支弁ニ関スル件」として公布され、同年一〇月一日より全国の監獄関係の費用は国庫より支弁されることとなった。本法案の成立背景については、九四年七月に締結された日英通商航海条約（治外法権の撤廃）の実施期日である九九年七月一七日を迎えたために、外国人犯罪者の拘禁・処遇に対して万全を期す目的で早急に同案を成立させる必要性があったことは間違いなかろう[17]。そのいっぽうで、長年の懸案事項であった監獄費国庫支弁が実現するにあたり、大日本監獄協会の果たした直接的な役割について明確に示すことは難しいが、この点についていては後にふれたい。

また、「監獄ニ関スル費用ハ総テ国庫ニ於テ之ヲ弁支ス」（第一条）という簡潔な条文から始まる監獄費国庫支弁法が成立したことにより、先述の監獄をめぐる状況が一挙に解決するほど問題は単純ではなかった。同法成立後にすぐさま『監獄協会雑誌』上にあらわれたのは、監獄費の国庫支弁は実現しても直接的にそれが中央政府（内務省）による監獄の直轄管理に結びついていかないという懸念であった。国庫支弁法案の審議中に監獄事業の所管を内務省から司法省へ移管すべきとの意見も出現したことにより、協会員たちの混乱がより深まった様子も見受けられ、「国庫支弁になると同時に本省（内務省—筆者）の直轄となし一大革新を行はるゝことは吾人の希望して止まさるのみならす当に政府か尽さゝるへからさる義務なりと信す我か監獄協会の意見は果して如何我か一万有余の監獄協会員諸君は必らず余と意見を同ふせらるゝ所ならんと信ず」（三浦 1900：19）というような主張が誌上を賑わした。(18)

ところが、国庫支弁後の監獄運営について協議するために開催された全国典獄会議（一九〇〇年三月）の席上で、内務省次官の訓示及び監獄局長の演説から出たのは監獄諸費の節約に関する徹底された指示と、「監獄ノ管理監督ノ方法ハ猶現在ノ監獄則ノ通リテコサイマシテ直接ニ府県知事管掌サレマシテ内務大臣是ヲ監督致サレマスルコトハ即チ現在ノ儘テコサイマス就キマシテハ諸君ハ無論是迄ノ通リ地方長官ノ部下ニ於キマシテ」（傍線筆者）（久保田 1900：69）という発言であった。このように、監獄費用は中央政府が負担するが、管理運営は依然として府県が継続して行うという内務省の方針発表に対して、『監獄協会雑誌』上ではすぐさま「会説」にて「吾人か嘗て十年一日の如く誠心誠意を以て絶叫したる監獄費国庫支弁論の実行は唯其監獄経費の出所を異にしたるに過きすして吾人か予期したる監獄改良主義の最終目的は遂に之を達するの機なきを虞る」（日本監獄協会1900：1）という批判が行われた。

ところで、第一四議会においては監獄費国庫支弁法の成立によって、もう一つの重要法案が審議されていた。それは非行児童や懲治場という監獄内の施設に収容されるべき児童を対象とした保護事業＝感化教育（事業）を法制化する感化法である。同法案を起草した小河滋次郎ら内務省監獄局の面々は、監獄費負担と監獄運営から解放されるであろう府県に対して感化院の設置・運営を期待した。同法案は成立し一九〇〇年三月に公布されたものの、引き続き監獄を所管する府県が積極的に感化院を設置・運営することはなかった。

さらに、勅令第一六六号及び一六七号をもって、同年七月一日には内務省監獄局は司法省へ移管され、感化法の制度設計を担ったメンバーのほとんどが内務省を去ったことにより、同法の実施状況に少なからずの負の影響があったとも考えられるが、この問題については後の章で論じたい。

おわりに

以上、本章では大日本監獄協会の設立や活動、とりわけ、機関誌『大日本監獄協会雑誌』の特徴と『監獄雑誌』との合併経緯について述べてきた。さらに監獄改良とそれを現実化するための「監獄費国庫支弁」論に注目し『大日本監獄協会雑誌』上の議論を中心に検討してきた。そこには、「平和の戦争」（小河 1892b：3）とさえ呼ばれた監獄改良に情熱を注ぎ、時の政府の方針に一喜一憂する協会員、監獄官僚（吏）たちの姿が映し出されていた。

坪井直彦は大日本監獄協会時代について「行刑当局の外に超越して斯道の改良進歩を促し、その時代々々の行刑施設よりは更に進みたる指導啓発を以て任ぜねばならぬ」責任を有し、「赤青の両誌合併までは幼稚なる身ながら覚束なくもその任務を体して努力した」と評している。いっぽうで、一八九九年にライバル誌との合併によって誕生した『監獄協会雑誌』については「両誌合併後の機構となりてからは行刑当局の外に超越すと云ふことが出来なくなつて、寧ろ当局の施設を讃同し助成するの立ち場となつたのである」、「然るに両雑誌合併後の陣容新たなる本会は爾来何等見るべきものなく雑誌の記事なども活気なく退嬰的に傾き頗るもの足らぬ感があつた」と批判した（坪井 1937b：79-84）。

「その任務を体して努力した」にもかかわらず、監獄費国庫支弁の早期実現は難しく、会員の多くが所属した内務省による全監獄の直轄管理・運営はついに実現しなかった。大日本監獄協会が監獄改良を牽引していく過程では、監獄制度に関する高度な専門分化と、朝野を挙げての国民的議論を渙発するという二つの難しい課題に常に直面していたと考えられる。本章で検討した約一二年間という時期についてみれば、いわゆる「二兎」を追うことでいずれの課題についても十分に達成されたとはいえない。

前者の点に言及すれば、非行や犯罪を行う子どもを対象にした感化教育（事業）については大日本監獄協会発足当時より、監獄費国庫支弁問題については約八年間の歳月を議論に費やしてきた。しかし、大日本監獄協会（合併後の日本監獄協会も含めて）の機関誌上では具体的な政策・制度に関する議論があまりみえてはこない。つまり、悲願の監獄費国庫支弁の法制化が実現するに及んで、肝心の執行方法、具体的には主務官庁による監獄の（直轄）管理・運営方法や、分類処遇を実施するための監獄の再編成方法等といったプランを組織として提示できてはいないという限界がそこにあったのだといえよう。その要因として、主務官庁の大臣や局長クラス、府県監獄勤務者の頻繁な更迭や、警察監獄学会との対立などもそのような議論を阻害したのかもしれない。ただし、監獄費国庫支弁の実現は、一九〇〇年の感化法制定や〇三年の監獄官制発布（司法省による全国監獄の直轄管理）、懲治場改革と少年行刑専門施設（特別幼年監）整備への突破口となったことには間違いない。そして、その実現に向けて尽力した大日本監獄協会の活動や機関誌上の議論の意義について否定することはできないが、『監獄協会雑誌』上の議論の分析だけでは詳細な解明が難しかった監獄費国庫支弁問題については第三章で詳述したい。

そのいっぽうで、国民的議論を渙発するという点については、協会の構成員＝監獄官僚（吏）という色彩がしだいに濃くなっていったことの影響も否定できない。このことは坪井の指摘にもあるように協会組織や活動自体などが官僚機構から制約を受けることとなり、やがては機関誌上においても自由な議論や政策提言が困難になっていく要因を生み出したのかもしれない。この問題については、その後幾度となく協会内で議論されていくのであるが、有効な打開策がみつからぬまま戦後まで持ち越されていくことになる。(19)

●注

（1）大日本監獄協会は、何度か名称変更や組織の改編を行っている。本協会の名称変更については次の通りである。一八九九年一〇月七日「日本監獄協会」へ改称、一九〇〇年四月一日「監獄協会」へ改称、一九二二年一一月一日「刑務協会」へ改称、一九五七年五月一五日「矯正協会」へ改称（現在にいたる）。

（2）『大日本監獄協会雑誌』も組織名と同様に名称変更を行いながら現在にいたっている。『大日本監獄協会雑誌』一号―一二七号（第四七―六一号のみ『大日本監獄雑誌』の名称使用）。一八九九年七月、『監獄雑誌』と合併し『監獄協会雑誌』一二八号から改称。一九二二年一一月、第三五巻一一号より『刑政』に改称、以後『月刊刑政』となり現在にいたっている。本研究では原則として組織名を「大日本監獄協会」、機関誌名を『大日本監獄協会雑誌』とする。

（3）監獄協会に関する先行研究について、重松（2005b）では大日本監獄協会の存在についてわずかな記述がみられる。また、小野（2002：40）では監獄費国庫支弁が一八九九年一二月に実現した件について簡潔に記述している。さらに小野（2009：63-64）では「民間における監獄改良運動」という項を設け、大日本監獄協会の発会式にふれているが、協会自体については「こうして生まれた大日本監獄協会は、これ以後監獄改良という課題に立ち向かう行刑当局の強力な援護部隊、補助機関として役割を果たすことになり、我が国における行刑の発展にとって欠かすことができない存在となっていった」という言及にとどまっている。

(4)佐野尚は内務省勤務時代に『仏国監獄改良論』(1885)、『欧米監獄事情』(1886)等の翻訳を積極的に行っている。佐野の経歴等については佐々木(1999)を参照のこと。

(5)宇川盛三郎は、フランス公使館勤務などのキャリアを持ち、統計や行政学、地方自治制度に精通していた。一八九二年の第二回衆議院議員選挙に落選した同年一〇月に大日本監獄協会の調査局長の職を辞し、関西で教育行政に携わった。宇川の経歴等については矯正協会編(1990:501-504)を参照のこと。

(6)一八八八年度と八九年度の入退会者をみると、八八年度の入会者三三二三人に対して退会者七一三人、八九年度は入会者一五〇四人に対して退会者一一五二人であり、設立当初から退会率が比較的高かったことがうかがえる(矯正協会編1990:151)。

(7)宇川の監獄論に比して、日本における監獄官僚の草分け的存在である小野田元凞(1888a, 1888b)の監獄論は対称的である。小野田は「我か国に於てハ人情より論するも、また現今の監獄の実況より論するも懲戒を主として教誨を従とするの至当なるに如かさる可し…(中略)…懲戒駆役堪へ難きの苦労を与へ囚徒をして再ひ罪を犯すの悪念を絶たしむるもの是れ監獄本分の主義なり」と述べ、在監人の「衣食住の三者ハ成るへく下等賤民の度に超越せさるように注意」すべきであると主張しており、監獄の目的や囚人処遇の原則・方法論等についての定説が存在していない当時の状況がうかがえる。

(8)協会に対する同様の批判は戦後にいたるまでにも繰り返し誌上で見受けられる。本文と同時期に限れば、福沢(1896)の「本誌の布及する所纔かに司獄官諸賢の部内に止まり、他の治獄行政に干係を有する地方長官、府県国会議員、若くは司法官等にして斯会々員となり、監獄改良の策を講せんと欲するもの実に皆無に属す」という指摘がある。また、材木(1896)は、「『価値』なし『公暇』なし『無益』なり、敢て睡眠を妨げて翌日の勤務に害を及ぼすも恐れずして必読すべき程の良雑誌にあらず…(中略)…今日は配分を断ちん、明日は退会を申込まんと、是等数語は大日本監獄協会雑誌購読者即ち正会員中に飛動する評論なり」という批評を発表している。

(9)『監獄雑誌』は、創刊当初『警察監獄学会雑誌』の名称を用いた。以後本誌は『警察監獄学雑誌』(一八九二年:第三巻八号より)、『監獄学雑誌』(同年:同巻一一号より)、『監獄雑誌』(一八九三年六月:第四巻五号より)へと改称し、一八九九年六月の第一〇巻六号をもって廃刊を迎えた。

(10)岡(1938:522)も、「監獄協会最初の会頭として我が刑務協会にとつては生みの親若くは育ての親とも目さるべき伯爵清浦奎吾氏に対して実に多大の敬意を表しなければならない」とするいっぽうで、「何れにしても『大日本監獄協会雑誌』といひ『警察監獄学会雑誌』といひ…(中略)…清浦伯がその最初の生みの親、でなければその最も有力なる助産婦の主なる一人であつたといふ事実にかはりはない」(岡1938:560)として、やがては対立する二つの団体の設立に清浦奎吾が関係していることを指摘している。清浦の履歴等については、矯正協会編(1990:512-516)を参照のこと。

(11)両団体の合併に向けた動きは小河滋次郎の日記(小河清雄1943)からもうかがい知ることができるので以下に紹介する。

明治三二年五月一〇日「伊予紋にて協会相談会(神谷・坪井と二次会深夜まで)」

同一一日「次官に監獄協会のことを談す」

同二〇日「監獄協会総会」(※協会雑誌はこの半年間休刊中で、この総会自体記事がない)

(12)両団体の合併や機関誌の発行に伴う具体的な事務・会計処理等については藤沢正啓、山上義雄、畑一岳、真木喬の四人の典獄が担当した。

(13)この時期に警察監獄学校教師として来日したクルーゼン(1899)は「貴協会は一万有余の多数の会員を有せられて居ると云ふことでありますが、斯の如き盛大なる監獄に関する私立の協会は全世界恐らく其類を見ぬ」として監獄協会に賛辞を送っている。

(14)警察監獄学校の開校式において講師総代として演説した小河(1899)は、イタリア・ローマでの第三回万国監獄会議における議決、参加国は「監獄官吏の特別専門技能を養成する学校を設立」すべしという内容について、日本が率先して高等の監獄官吏を養成する学校(警察監獄学校)を設立できたことに言及し、「広く列国の監獄社会に対して活模範を示す決心を以て十分御尽力あらんことを偏に希望致すのであります」と述べている。

(15)坪井(1937a:93-95)によれば、大日本監獄協会が「国庫支弁」を実現するための動きとして「本会はこれを条約改正の急務に結びつけて宣伝することゝしたのである。即ち治外法権撤廃は国民の輿論である、而してこの目的を達成せんとするには国民の自覚、生活の向上、諸制度の改善等も必要であるが殊に緊急なるものは監獄の改良である。…（中略）…故に国民が条約を改正して治外法権の撤廃を熱望するならば先づ第一着に監獄費を国庫の支弁として監獄の改良を為し其上条約の改正に及ぶべきことを絶叫したのであった」と述べる。また、「この監獄費国庫支弁促進運動の如きは其当時本会が官庁以外に超越してゐて監獄行政機関より何等の牽制をも受くることなきが為に之を為し得たのである」と協会の貢献について言及している。

(16) 参考として、『大日本監獄協会雑誌』『監獄協会雑誌』上の監獄費国庫支弁問題に関する論説等で、本章において筆者が分析対象とした資料の一部をここに示しておく。

掲載号（通巻）	発行年月日	著者	表題	掲載頁
004	1888. 08. 26	小野田元凞	監獄事業（1）	1-12
005	1888. 09. 15	小野田元凞	監獄事業（2）	1-15
012	1889. 04. 23	神谷四郎・訳	日本獄事景況（第1回）	27-31
015	1889. 07. 28	神谷四郎・訳	日本獄事景況（第2回）	23-30
015	1889. 07. 28		監獄則（勅令93号）	1-12
015	1889. 07. 28		監獄則施行規則（内務省令8号）	13-34
016	1889. 08. 31	宇川盛三郎	監獄則講義	1-8
号外	1890. 04. 25	清浦奎吾	監獄官練習所設立ニ関スル清浦警保局長演説筆記	1-13
028	1890. 08. 28	高口小太郎	監獄制度改良に就きて（1）	44-51
029	1890. 09. 29	高口小太郎	監獄制度改良に就きて（2）	50-59
040	1891. 08. 20		内務省官制の改正（勅令88号）　ほか	2-11
040	1891. 08. 20		監獄費を国庫支弁に復するの議	9-10
041	1891. 09. 30		小松原警保局長の監獄改良意見の一斑	13-15
041	1891. 09. 30		一昨日臨時閣議の模様／３００万円付監獄改良	15-16

掲載号（通巻）	発行年月日	著者	表題	掲載頁
042	1891. 10. 31		閣議一決す／監獄費を国家支弁と為すに就き品川内務大臣の意見／経費節減の結果として監獄費を国家支弁となすの不可を論す	17－22
044	1891. 12. 31		獄事要目	66－68
045	1892. 01. 31		監獄費は学理上国庫費支弁たらさるへからす	31－33
045	1892. 01. 31	田口卯吉	監獄費に関する島田三郎氏の演説筆記を読みて	53－59
047	1892. 04. 27	木下鋭吉	国庫支弁に関する監獄と地方税支弁に関する監獄との経費の比較に就て	8－10
047	1892. 04. 27		ジョン・シー・ベルリー氏本邦獄舎報告書（全一冊）	17
047	1892. 04. 27		獄事懇話会の発会　ほか	30－35
048	1892. 05. 20		監獄改良方案　ほか	29－37
049	1892. 06. 20		海外評論一斑　ほか	33－39
050	1892. 07. 20		府県監獄費国庫支弁論は政治問題にあらず	23－24
050	1892. 07. 20		刑法学者の監獄の改良に冷淡なるを怪しむ	24
052	1892. 09. 20		監獄費国庫支弁法案提出を見合す　ほか	31－37
054	1892. 11. 20		監獄費国庫支弁案　ほか	33－39
055	1892. 12. 20		監獄費国庫支弁案　ほか	37－40
062	1893. 07. 30		監獄費国家支弁案　ほか	35－36
067	1893. 12. 30		監獄の改良を如何せん	1－3
067	1893. 12. 30		監獄費国庫支弁論（政党問題に非ず国家問題なり）	12－13
067	1893. 12. 30		佐野尚氏の運動　ほか	54－55
068	1894. 01. 30	曲木如長	監獄改良に就きて（1）	4－10
069	1894. 02. 28	曲木如長	監獄改良に就きて（2）	1－5

069	1894. 02. 28	佐野尚	維新後の監獄沿革史（1）	5-14
069	1894. 02. 28		監獄費の不足	66
070	1894. 03. 30	久我懋正	監獄改良新説	4-11
070	1894. 03. 30	佐野尚	維新後の監獄沿革史（2）	11-14
070	1894. 03. 30	大塚朝次郎	監獄改良の先鞭	41-42
070	1894. 03. 30		東京府民と監獄費国庫支弁	62
071	1894. 04. 30	佐野尚	維新後の監獄沿革史（3）	6-10
078	1894. 11. 30	忍寒村生	監獄費国庫支弁論者に告ぐ	46-48
096	1896. 05. 25	別天生	近四五年の監獄情況	5-6
096	1896. 05. 25	穂積陳重	監獄の改良策（1）	29-31
097	1896. 06. 15	穂積陳重	監獄の改良策（2）	21-26
098	1896. 07. 25	穂積陳重	監獄の改良策（3）	19-24
100	1896. 09. 15	牛門逸士	監獄界に於ける二大潮流	2-4
102	1896. 11. 15	清浦奎吾	清浦司法大臣の獄制意見	21-22
103	1896. 12. 15		送小野田前局長迎寺原局長	1-9
103	1896. 12. 15		警保局長更迭と監獄事業	21
107	1897. 04. 25	清浦奎吾／荒浪市平筆記	清浦法相の演説	21-27
107	1897. 04. 25		重罪囚徒の費用を国庫支弁に移すの法案（其の顛末）	27-29
109	1897. 06. 15		府県知事に対する小河氏の監獄談	30
111	1897. 08. 28		監獄局の再置	1
111	1897. 08. 28		監獄局の設置（国家の一大慶事）	32
111	1897. 08. 28	寺原監獄局長	監獄局新設の理由	32-34

掲載号（通巻）	発行年月日	著者	表題	掲載頁
111	1897. 08. 28		監獄局長の位地（寺原警保局長兼摂す）	34
111	1897. 08. 28		監獄事務官（小河典獄任命せらるゝならむ）	34
111	1897. 08. 28		監獄局の分課（獄務及ひ計表の二課）	34－35
111	1897. 08. 28		勅令第二百五十三号（内務省官制改正）／勅令第二百五十五号（監獄事務官特別任用令）	57－58
116	1898. 01. 31		監獄局長の更迭	27－28
120	1898. 05. 26		監獄費国庫支弁	45
125	1898. 10. 08		監獄費国庫支弁の議（本年議会に提出の見込ありと謂ふ）	70
128（明治32年1号）	1899. 07. 31		監獄則及監獄則施行規則の改正	38－39
129（明治32年2号）	1899. 08. 20	大久保利武	大久保監獄局長演説大意（於警視庁典獄協議会場）	1－2
130（明治32年3号）	1899. 09. 20		開校式概況（警察監獄学校：西郷従道／清浦奎吾／小松原英太郎／大久保利武／小河滋次郎）	9－19
131（明治32年4号）	1899. 10. 20		監獄費国庫支弁と拘禁制度	1－3
131（明治32年4号）	1899. 10. 20	小河滋次郎	監獄の改良	4－11
131（明治32年4号）	1899. 10. 20	小河滋次郎	監獄官会議に就て（第2回）	45－48
132（明治32年5号）	1899. 11. 20		再ひ監獄費国庫支弁と拘禁制度に就て	1－4
132（明治32年5号）	1899. 11. 20	大久保利武	大久保監獄局長講演（10月30日於警察監獄学校）	4－9
133（明治32年6号）	1899. 12. 15		府県監獄費国庫支弁問題	1－10
133（明治32年6号）	1899. 12. 15		府県監獄費地方税支出費額	10－11
133（明治32年6号）	1899. 12. 15		監獄費国庫支弁案施行準備に就て	39－40
133（明治32年6号）	1899. 12. 15		ドクトル、クルーゼン氏挨拶（小河監獄事務官口訳）	53－56
134（13-1）	1900. 01. 20		監獄費国庫支弁と監獄管理法	1－3

134 (13-1)	1900. 01. 20		府県監獄費国庫支弁法案通過	4－6
134 (13-1)	1900. 01. 20	木名瀬礼助	明治33年の監獄事業に就て	9－11
134 (13-1)	1900. 01. 20	中村襄	謹て新年を祝し併せて斯業の諸士に所感を啓上仕候	12－17
134 (13-1)	1900. 01. 20	三浦貢	国庫支弁後に於ける監獄の管理	18－19
134 (13-1)	1900. 01. 20	奥村嗣次郎	法律第4号発布に就て	29－31
134 (13-1)	1900. 01. 20		回顧録（明治32年監獄重要記事）	42－52
134 (13-1)	1900. 01. 20		監獄局長の更迭／大久保監獄局長の送別会	82－83
134 (13-1)	1900. 01. 20	真金九十九	監獄費国庫支弁論の成立を祝し併せて所感を述ふ	92－93
135 (13-2)	1900. 02. 20		模範的監獄機関の必要	1－3
135 (13-2)	1900. 02. 20	佐藤元次郎	迎明治三十三年辞	20－23
135 (13-2)	1900. 02. 20		府県監獄に属する財産処分に就て	47－48
135 (13-2)	1900. 02. 20		明治三十三年度地方税決議予算に就て	48－49
135 (13-2)	1900. 02. 20		法律第4号（1月16日官報）	60
136 (13-3)	1900. 03. 20		監獄制度の改良を如何せん	1－8
137 (13-4)	1900. 04. 15	水野錬太郎	内務大臣秘書官水野錬太郎君演説速記	13－20
137 (13-4)	1900. 04. 15		国庫支弁後に跨る契約に就て	50－51
137 (13-4)	1900. 04. 15		明治33年度追加予算公布に就て（監獄局の拡張付府県監獄費予算）	51－52
137 (13-4)	1900. 04. 15		叙任辞令	70－71
138 (13-5)	1900. 05. 20	留岡幸助	日本監獄改良の位置	46－51
138 (13-5)	1900. 05. 20		監獄主管の変更（内務省より分離し司法省主管に移さる）	74－75
138 (13-5)	1900. 05. 20		監獄主管変更に伴ふ付属官制の改正	75－76
138 (13-5)	1900. 05. 20		庁府県官制改正の結果に就て	76－77
138 (13-5)	1900. 05. 20		監獄則中改正並付属法令に就て	77－78

掲載号（通巻）	発行年月日	著者	表題	掲載頁
138 (13-5)	1900.05.20		司法省主管以後の行刑旨義及経費分割に就て	78-79
138 (13-5)	1900.05.20		勅令第166号（内務省官制改正）／勅令第167号（司法省官制改正）／勅令第172号（監獄則改正）	91-95
139 (13-6)	1900.06.20		司法大臣に望む	1-4
139 (13-6)	1900.06.20		監獄事務主管換の結果	49-52
140 (13-7)	1900.07.20		我国人に監獄思想を注入せよ	1-4
140 (13-7)	1900.07.20	孤松生	監獄局長に望む	4-13
140 (13-7)	1900.07.20	上田定次郎	監獄の管理組織に就て	13-21
140 (13-7)	1900.07.20		監獄局の移転	41-42
140 (13-7)	1900.07.20		監獄局事務分課規程に就て	42-44
140 (13-7)	1900.07.20		監獄局の主管換に付経費関係に就て	44-45
140 (13-7)	1900.07.20	随天山人	読司法大臣に望む	69-70
140 (13-7)	1900.07.20	永田勝次郎	第6回万国監獄会議に対する感想	70-72
142 (13-9)	1900.09.20	清浦奎吾	清浦司法大臣獄制意見（1）	5-11
142 (13-9)	1900.09.20	山川白骨	監獄局長の反省を望む	66-69
143 (13-10)	1900.10.20		監獄監督制に就て	1-5
143 (13-10)	1900.10.20	清浦奎吾	清浦司法大臣獄制意見（2）	6-12
143 (13-10)	1900.10.20	直言生	監獄の管理は主務省の直轄を要す	68-69
144 (13-11)	1900.11.20		清浦法相を送り金子法相を迎ふ	1-2
144 (13-11)	1900.11.20		石渡司法省参事官の帰朝	80
145 (13-12)	1900.12.15	清浦奎吾	清浦司法大臣獄制意見（3）	5-11

(17)もう一つの監獄国庫支弁案を成立させた背景として、一八九八年に第二次山県内閣が地租増徴（国税の地租を三・三

%に引き上げること）に成功したことにより、地方税の負担軽減を考慮に入れねばならない事情が発生したことも考えられる。また、条約改正が実施された当日の七月一七日には、殺人を犯したロバート・ミルラー（ミラー）という米国人が逮捕され、神奈川監獄に収監されている（小野2002）。

（18）これら一連の主張としては、不詳（1900a）、中村（1900）、奥村（1900）等がある。

（19）この点については、名誉会員であった久米金弥（1911）は、監獄協会について「官庁的といふ言葉は或意味に於ては適用の出来る今日の有様であらうかと思ひます」と述べ、「願くは此日本の監獄をば真に改良して参らうと致すには今少し監獄の事をば世の中に知らせる御工風を願ひたいのであります」という要望を協会に出している。また、戦後における刑務協会（監獄協会からの改称）の再発足時においても「わが刑務協会は、明治の中葉、当時の民間の先覚者が官庁の協力を得て行刑の改良と犯罪の防止とをめざして結成された行刑事業推進の民間団体であり、創立当初に於ては名実共に官民一致の声援を得て幾多の業績を挙げたが、ときの経過とともに其の組織もいつしか官設的存在となり、その活動も亦消極的となってしまって世人に忘れられ、今日の犯罪問題解決のためには無力な存在に堕してしまった」と分析している（刑務協会1948）。

第二章

『監獄雑誌』上における感化教育論

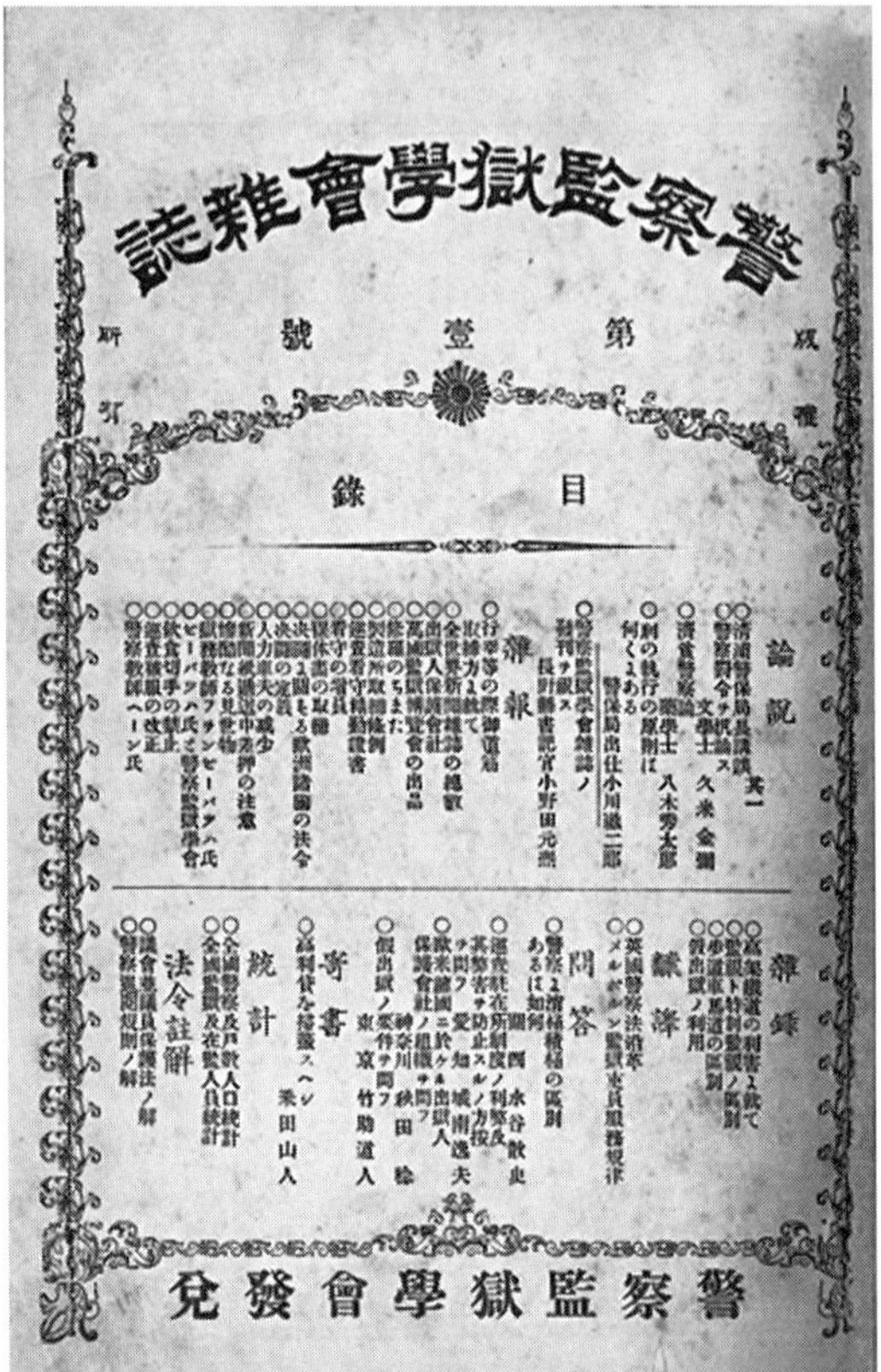

『監獄雑誌』創刊号　1889 年 11 月。創刊当初の誌名は「警察監獄学会雑誌」

はじめに

非行・犯罪等の問題行動を伴う子どもへの国家的対応をめぐる議論は、前章で論じた監獄改良運動の過程において現れてきた。当時、犯罪者数の急増という国家的な危機状況の中で、非行・犯罪児童への対応に力を注ぐことが犯罪者数の急増を防ぐ有効な手段として注目された。そのような過程の中で感化教育（事業）は創られた(1)。

第二章では、前章に引き続いて本研究の主要な分析対象の一つである『監獄雑誌』に焦点をあてる。そして、同雑誌上の論稿の分析を通じて、非行・犯罪児童への対応をめぐる国家的な方向転換の過程で交わされた議論（感化教育論）について考察を試みる。さらに、感化教育の進展や法整備を小河滋次郎らの個人的業績としてのみ評価するのでなく、同時代の人々の感化教育に関するさまざまな言及を拾い上げていくのも本章の狙いである。また、現在までのところ本誌上の感化教育に関する議論について分析・考察した先行研究はほとんど存在しないことも追記しておく。

この『監獄雑誌』は、一八八九（明治二二）年一一月より九九年六月まで警察監獄学会によって刊行された。本誌を分析対象に設定した理由について言及すれば、まず、本誌は先述のように、後に合併する『大日本監獄協会雑誌』と並び、当時の行刑、刑事制度に関わる代表的な学術誌であることが挙げられる。したがって、本誌上の議論を検討することによって、当時の犯罪や行刑等に関わる監獄関係者らの手によって感化教育が推進された点について、その内実の一端を明らかにできると考えている。

1　警察監獄学会と『監獄雑誌』の発刊

本節ではまず、本研究の分析資料として用いる『監獄雑誌』発刊の経緯と時代背景について述べる。『大日本監獄協会雑誌』との合併・廃刊事情については第一章で既述しているので省略する。

当時は一八七二年より始まる万国監獄会議の開催等、監獄・行刑制度の改革が世界的潮流として進む中で、監獄制度の良否によって国の近代化の度合いを推し量ることができるといわれた時代であった。このため、欧米諸国との不平等条約改正を控えた日本においては監獄改良の成否は国家の浮沈に関わる大問題であり、国家的関心事となるのが自然のなりゆきであった。このような情勢下で『監獄雑誌』は一八九九年一一月に警察監獄学会より『警察監獄学会雑誌』として発刊された。以後本誌は、『警察監獄学雑誌』（一八九二年：第三巻八号より）、『監獄学雑誌』（同年：同巻一一号より）、『監獄雑誌』（一八九三年六月：第四巻五号より）へと改称した(2)。

では、本誌を発行する警察監獄学会なるものがどのような学術的組織なのか。学会の主管・磯村政富の身上書（1924）によれば、「明治二十二年二月愛知県警察署長ヲ辞シ、上京後直ニ同郷人学友永井久一郎、永井久満次及先輩法学博士小河滋次郎、文学士久米金弥、清浦子爵諸公等ノ賛助後援ヲ受ケ、警察監獄講義録ヲ創刊シ、其後監獄雑誌ト改題シ」とあり、一八八九年六月に学会組織を設立、『講義録』発行を開始したようである(3)。当初、同学会は『日本警察法』『監獄学』等の警察・監獄関係の講義録（テキスト）を発行し、購読者に対する通信教育（本科・別科）のような活動を試みたようである。

そして、同年一一月より『警察監獄学会雑誌』として学術雑誌を発刊したのは先に述べた通りであるが、主管・磯村松元（初代の主管）は創刊号にて講義録の購読者に対して新刊雑誌も購読するよう呼びかけをしている。さらに、この創刊時には、ドイツよりクルト・フォン・ゼーバッハ（Kurt. von. Seebach）が招聘されていることにも注意を要する。監獄制度の近代化と、警察・行刑制度のフランス式からドイツ式への転換という方針の下、ゼーバッハは国立監獄官練習所教官として招聘され、病没（一八九一年一〇月）までのわずかな間にドイツ系監獄学の支柱として日本の監獄界に多大な影響を残している。本誌はそのゼーバッハと小河滋次郎を中心とするドイツ系監獄学の学理を普及させるための媒体として位置づけることができよう[4]。学会組織そのものについては、一八九〇年五月に「警察監獄学会規則」（全三七条）を改正（以前の規則は不明）し『警察監獄学会雑誌』上で発表した。以下、会設立の目的に関する部分を転載する（磯村松元 1890）。

警察監獄学会規則

第一章　名称

第一条　本会ヲ名ケテ警察監獄学会ト称ス

第二章　目的

第二条　本会ノ目的ハ警察及監獄ニ関スル学理及其応用ヲ講究スルニ在リ

第三章　会務

第三条　前章ノ目的ヲ達スルカ為メ本会ニ於テ執行スヘキ至要ノ事項左ノ如シ

一　警察及監獄上緊要ノ事項ヲ研究審査スル事

二　警察及監獄ニ関スル事項ニ付各地方及外国各地ト通信往復スル事

三　時々会員ノ集会ヲ開キ警察及監獄ニ関スル事項ヲ講談討議スル事

四　雑誌ノ類ヲ刊行シ本会ニ於テ研究審査シタル事項及会員ノ起草ニ係ル論説等ヲ登載シテ会員ニ頒ツ事
五　警察及監獄ニ関スル著述翻訳ニシテ有益ナリト認ムルモノハ之ヲ出版シテ広ク頒布スル事
六　文庫ヲ設立シ警察及監獄ニ関スル内外ノ書籍、新聞紙、雑誌、報告書等ヲ蒐集シ時宜ニ依リ之ヲ公開スル事
七　学校ヲ設立シ警察官及監獄官タラント欲スル者ヲ養成スル事
（以下略）

その他「規則」では、会員及び会費、会計等についてのルールが載せられている。会の所在地は磯村の居住地、役員については会長、副会長、評議員、事務員が置かれる（第一四条）ことになり、毎年一月に「総集会」を開くとされた（第二四条）が、学校設立（第三条七）と合わせてそれらの実態については不明である。また、三七条では「講義録」と「学会誌」を並行して発行する旨の記載があるが、翌年二月に磯村松元が死去し、磯村兌貞が学会主管の地位を相続するにおよんで講義録の出版を中止した。ただし、警察・監獄関係の専門書についてはその後も精力的に出版を続けた。

その後、三巻八号にて『警察監獄学雑誌』と改題するが、次号では「本誌改良広告」（警察監獄学会 1892）を掲げ、警察・監獄関係者の助言によって「本誌ノ記事ヲ分離シ、警察、監獄専門ノ雑誌ト為スコトハ其気運漸ク茲ニ熟セリ」として『警察学雑誌』と『監獄学雑誌』を分離することが発表された。この背景には、監獄費国庫支弁問題をはじめとした監獄改良運動に積極的に関わり持とうとする学会の姿勢があるともいえよう。一八九三年六月には『監獄学雑誌』を『監獄雑誌』へ改題、学術のみならず実務・時事などへ記事範囲を拡張するため、新聞紙条例に従って再度同誌の発行許可を得ている（「学術誌」は出版条例適用であったた

め）が、この変更も雑誌分離とその背景は同じであると考えられる（不詳 1893b）。そして、このような改良を重ねて同誌は当時二五〇〇人強であった購読者を拡大し、ライバル誌『大日本監獄協会雑誌』を凌駕する存在へと成長するのであり、『大日本監獄協会雑誌』と合併[5]した後も斯界随一の専門誌として、本研究で検討する感化教育や幼少年犯罪者処遇、乳幼児問題などに関する議論の舞台となるのである。

2　感化教育（事業）及び未成年犯罪者に関する言及

本節では、『監獄雑誌』上における感化教育に関する議論を追っていきたい（本誌は前述のようにその名称を幾度か変更しているため、本論では『監獄雑誌』という名称で統一する）。

『監獄雑誌』は先述の期間を通じて一一五号刊行されている。本誌には、「監獄」というキーワードを軸に、関係法制度のあり方から諸外国の制度・事例等の紹介、学術的な議論から囚人の食料・服装の管理といった実務レベルの子細な事柄を論じたものが収められている。それらの中で、感化教育（事業）及び未成年犯罪者に関する論稿・記事等は「論説」をはじめとして本誌上に約一〇〇件弱確認された[6]。これらをその主たる内容に即して①未成年者及び未成年囚への教育関係（現行の懲治制度への批判を含む）、②国内外の諸制度・動向及び施設の活動等の紹介・報告、③感化教育（事業）導入に関する直接的な言及（必要性・意義・内容等）に分類し、それぞれ検討・考察を行っていきたい。そこで、まず本節で①及び②、次節にて③に分類した論稿等について検討し、その論点を明らかにしていく。

(一) 未成年者及び未成年囚への教育関係（現行の懲治制度への批判を含む）

未成年者及び未成年囚への教育関係に分類できる論稿等は、時期を問わず定期的に同誌上にみられる。[7] 当時の監獄・行刑制度の改革（監獄改良）の方向性の中に、囚人教育の実施によって再犯防止を図るという事項が含まれているためである。犯罪者や囚人の多くが「無学」者であるという事実とその対策は監獄関係者にとって焦眉の課題であった。[8]

とくに更生可能性という見地から、未成年囚、未成年犯罪者に対する教育のあり方や実施方法・内容は大いなる関心事となり、懲治制度による教育処遇の不徹底さを批判する議論として高まりをみせた。[9] また、すでに犯罪に手を染めた未成年のみでなく、学校・家庭教育によって彼らの非行・犯罪を未然に防ぐという言説も披見できる。[10] これらは、犯罪につながる「虞《おそれ》」のある貧困・無教育・浮浪・非行児に対する「予防」的措置の必要性に関する議論へとつながったが、この点については第四章で検討したい。[11]

(二) 国内外の諸制度・動向及び施設の活動等の紹介・報告

つぎに、国内外の諸制度・動向及び施設の活動等の紹介・報告に関する論稿等をみる。当該記事は同誌発刊後よりまもなく披見することができるが、一八九〇年代後半にいたるまで「東京感化院教務の実況」（不詳1893c）、「東京感化院教務一班（承前）」（独学人1893）などの一部を除き、記事の一つひとつが非常に簡潔であまり具体性を帯びていない。[12]

この点に関しては警察監獄学会関係者の関心そのものが低いこと、国内における私設感化院そのものが未だ少ないことに起因するものと思われる。反対に、「感化院」（東北辺人1892）、「感化院等の参観」（独学人

1894）のようにその無関心さを批判する指摘までも見受けられることは興味深い。一八九〇年代後半にいたると「独逸連邦ハンブルグ・ホルン養育院（ラウヘスハウス）見聞記（一）・（二）」（不詳 1899a：1899b）のような海外施設の具体的な運営・実践紹介も載せられる。

その中で注目されるのは、留岡幸助、小河といった欧米諸国で実際の感化教育を目の当たりにした人物の精力的な活動や海外の事例紹介をはじめとする執筆活動である。

留岡は、北海道空知で数多くの囚人たちへの教誨活動に携わった経験から、先進的な監獄事業、感化教育を学ぶために単身渡米（一八九四－六年）した。彼は視察先のコンコルド、エルマイラ両感化監獄の実践をはじめとして、米国の監獄改良の動向などについて『監獄雑誌』等に積極的に寄稿した[13]。そして、当地での研究・経験により「如何なる犯罪人と雖も改良し得る」という信念を確立し、感化教育実践に邁進することになる（留岡 1897a：12）。

また、第五回万国監獄会議への参加とそれに引き続く欧州諸国での留学（一八九五－七年）から帰国した小河は、後述のように成功例としての英国の感化事業と、国家が感化教育の推進・運営に当たる欧州諸国の情勢を説いた。両者の留学経験はやがて彼らの感化教育構想に反映されていくが、次節でその詳細を追うこととしたい。

3 留岡幸助・山本徳尚・小河滋次郎の感化教育（事業）への言及

本節では、同誌上における感化事業導入に関する直接的な言及について分析する。まず一八九〇年代には中洲生「監獄改良策」（三巻一二号）や平田嘉兵衛「犯罪防制論」（四巻九号）という論稿がある。たとえば、中洲生は「出獄人保護事業ト感化院ト監獄トハ三鼎足ノ関係ヲ有シ」ているのであるから感化院と出獄人保護事業が整備されてはじめて犯罪者への「矯正感化」が可能であるとし、比較的早い段階で監獄改良の一方策として感化教育に注目している（中洲生 1892 : 12）。ただし、この時期にはこれら以外に該当する論稿は見当たらず、はなはだ不活発な感がある。

しかし、一八九六年に北米より留岡幸助が帰国し、感化院設立に向けて気勢を上げたのを契機として本誌でもこの種の論稿が格段に増えている。以下では、積極的に感化教育に関する論陣を張った留岡、従来の感化教育に関する研究ではほとんど論じられることのなかった人物・山本徳尚そして小河滋次郎の言説を追っていく。

（一） 留岡幸助

留岡幸助の北米体験については先に簡単に述べたとおりである。ここでは帰国後の論稿「感化院設立の急務」（八巻一号）と「感化院と出獄人保護会の別」（八巻二号）をみておくことにする。

前者ではまず、「民の罪を再びするに至る原由枚挙に遑あらずと雖其最大原因の一たるものは悪少年を教育する感化院のなき事是なり」として、英国の犯罪者減少の要因を感化事業の整備に求め、「以是国に犯罪の減少せんことを希望するものは監獄改良而已を以て満足せず大に感化事業に力を致さゞる可らず」と主張している（留岡 1897b : 7-8）。後者では感化院の目的について、「感化院の本領は社会を茶毒せんとする嫩芽たる悪少年を改良するにありて社会改良家此を名けて Preventive work 予防事業と云ふ…（中略）…監獄改良実に刻下の急務に相違なきも予防事業の一たる感化事業を離れて其効化を収めんとする殆んど労して功なきの嘆なくんばあらず」と監獄事業と感化事業・出獄人保護事業との連携をもってはじめて監獄改良が貫徹すると述べている（留岡 1897c：7）。

また、時期的には前後するが、米国留学中の論稿に米・英・仏国の小学校教育を比較し、英国における小学校教育普及と未成年犯罪者減少の理由について言及しているものがある。その中で「英国にては教育てふ意義は単に智育のみならず、智育、徳育、霊育を意味」し、「英国は小学生徒をして徳の何たるを教へ、神の恐る可きを教ゆる」がために犯罪の減少をもたらしたのだと彼は理解した（留岡 1895：48）。この理解は、留岡の感化教育の方法論に大きく影響したと考えられる。たとえば、帰国後の著書『感化事業之発達』をひもといてみよう。同著は先の二つの論文の同時期に発表され、当時の留岡の感化教育論を知る上で無視できない。そこでは非行児の改善策の一つである「霊性の教養（霊性教育）」について次のように述べている。

第四、体育と共に又宜しく霊性の教養を怠るべからず、人性に宗教あり、乃ち人心に崇敬の念起る所以にして、感化院事業の成功を期せんには、霊性教育に属する宗教問題を忽にすべからず、即ち活ける宗教を悪少年に教へざるべからず、之を要するに感化院をして整然其秩序を保ち、道義的霊火を裡に磅礴せしめんと欲せば、院制に代ふるに、家族制度を用いるを以て最上の策とす（留岡 1897d：169-170）

以上のように、キリスト教主義に立った霊性教育と「家族制度（＝小舎制）」が組み合わされて対象児童への教育効果が期待できるという主張は、後の家庭学校での実践にも反映されていった。

（二）山本徳尚

つづいて山本徳尚の論稿をみる。『監獄雑誌』上の感化教育に関する論稿の中で山本の「未成年犯罪者及其救治策」（山本 1898a-g）は、以下に述べるように質・量ともに充実したものになっている。[14]

山本は同志社普通学校（一八九二年五月）並びに神学部（九五年六月）を卒業し、先輩の留岡らとともに北海道集治監の教誨師を勤めた人物であるが、彼の感化教育に関わる実践や論稿に注目した研究は非常に少ない。履歴によれば当時の山本は、留岡と三好退蔵の感化学校設立の構想がもちあがった際、その調査計画に携わり、計画が頓挫した後には一八九七年一〇月から設立に動き出した東京市養育院感化部（一九〇〇年七月開設）の実現に向けて奔走していた真っ最中である。[15] 養育院感化部の開設準備と実践の中で書かれたこの論文は、小河をして「普通単純のものと同一視する事なく精読熟閲せられん事予の深く希望する処なり」（小河 1898：21）と言わしめている。

山本は、まず「緒言」で日本国内での未成年犯罪者及再犯者が急増していることを統計資料により確認し、第一章「犯罪之原因」でその原因を「罪人」そのものの性質（遺伝・身体・心意・年齢・男女性）と「境遇」（家庭、都会と田舎、社会的事情、経済的事情、教育及宗教）にあるとした。以下、未成年犯罪者と遺伝・身体・心意（智・情・意志・道徳上の観念）・年齢・性別との関係性について言及し（第二章）、犯罪を引き起こす境遇についても考察を行った（第三章）。これらをふまえて第四章「救治策」では、未成年犯罪者について「先づ彼等の境遇を転ぜよ之に次ぐに体育と教養を以てすへし之を換言すれば教育＝広義の教育は未成年犯罪者を救治する唯一の法なりとす」とし、より具体的には次のように述べる。

彼等は高尚なる希望を与へらるゝを要す彼等は清潔なる快楽を与へらるゝを要す労働は彼等の心身を強健ならしむべく読書は彼等の欲望を転化せしむべし若しそれ懲罰の如きに至りても教育的に用ひらるゝ限りに於て其用に要あること素より言ふまでもなし兎に角生理的に心理的に犯罪者の曲がれるを矯め足らざるを補ひたらんには之を救治すること決して成し得べからざるの業にあらず（山本 1898g：14）

そして、八歳から一四歳未満の非行児・「浮浪児」を感化院に、一四歳以上一八歳未満の犯罪児童を懲治院に収容して教育を施すという英国を模範とした仕組みについて言及する。その対象児を入所させる手続きについては、「十四歳未満の浮浪者に対しては裁判を経ず罪の有無を論ぜずして直ちに警察署より送致すべく十四才以上十八歳未満の者に対しては裁判を経て罪ある者のみ二十歳に満たざる間無期限入院を宣告することとすべし…（中略）…浮浪者ならざる十四才未満の犯罪嫌疑者を如何すべきかと云ふに此等は父母若しくは家族に注意を加へて戒護せしむること」とし、親の不在、監護能力に乏しい時には感化院に入れることとしている（山本1898g：15-16）。

この一四歳未満の浮浪児を直ちに入所させるという見解は、感化法制定の際（衆議院特別委員会）の小河の答弁、「不良児」を「総テ入院スルコトノデキルヤウニシナケレバナラナイ」（矯正協会1984：210）という方針と共通している。また、司法（裁判所）の手を介さず、行政による裁量（行政権）によって非行児童を施設（感化院）に入所させるという、一九〇〇年感化法の日本的特徴ともいうべき入所手続き―行政権主義構想を山本の主張の中にみて取れることにも注意を要する。

施設形態については、英国の感化院・懲治院という仕組みに対して、「別個の組織となすこと適当なるべけれど事情によりては一個の組織となし内部に於て之を区別するも差支なからん」とした。その費用については「国庫若しくは地方税の支弁を以て之を各府県に設立し若し又有志慈善家の私立にして政府の適良と認めたるものは之を認可指定の院として保護奨励すると共に多少の干渉をなし官立と同様に取扱ふこととせば最も可ならん」とし、後の感化法成立時に実現化する一院制（感化院・懲治院の統合）や「代用感化院」という構想を披瀝している（山本1898g：15）。

のちに山本は、自身が想定した「救治」機関―感化院の普及が感化法制定により現実味を帯びたことを受け、論稿「感化院教育に就て」（山本1900）を発表する。ここでは概略を述べるにとどめるが、その中で山本は感化院の形態や人材、施設における実践―感化（教化）の構成要素として「体育」「徳育」「知育（学術）」「情育」「作業」を挙げ、それぞれの意義や具体的方法について詳細に検討を加えた。

以上のように山本の論稿は、先行する英国感化事業の仕組みを日本の事情に適合させようとする現実的・具体的な主張を展開したところにその特徴がある。公立主義・行政権主義・英国感化事業への傾倒という部分で後述する小河と共通しているが、後に成立する感化法の仕組みを先取りするかのような山本の感化教育論は、この時期において先端をいくものであったと評価できよう。[16]

（三）小河滋次郎

留学体験

『監獄雑誌』の主筆ともいうべき小河滋次郎は、留岡に遅れること半年、一八九七年一月に欧州留学から帰国した。彼は後の感化法制定の際に法案起草者、内務省説明委員として帝国議会審議に参画し重要な役割を担った。したがって、小河が欧州留学からどのような知見を得たのか、そこからどのような感化教育構想を抱いたのかという点について考察することは重要である。

留学中における小河の動向・経験等については、『監獄雑誌』及び『大日本監獄協会雑誌』『上田郷友会月報』等の関係者に宛てた書簡が掲載されているが、ここでは詳細にふれない。[17]渡欧前の彼自身の意気込みにくらべて、これらの書簡には感化教育に関する記述がほとんどみられず、感化院等を視察したという事実のみを確認できるものが数件程度にとどまるためである。[18]

政府委員として参加した第五回万国監獄会議（一八九五年）では刑法関係、監獄事項、犯罪予防事項、幼年者処遇事項の四つの部門に分かれて議論がなされた。第四の幼年者処遇事項を扱う部会はこの年よりはじめて設けられた部会であるが、会期中小河自身は「監獄事項」に、同行補助員は「犯罪予防事項」に参加した（小河 1897a：22-27）。のちに日本の監獄事業そのものが欧州諸国から大きな遅れをとっている実状について詳細な報告を行っていることから、実際には監獄建築や運営等の方面の研究に多くの労力や時間が費やされたことも想像に難くない(19)。

行政権主義・イギリス感化事業

帰国後の小河が本誌上ではじめて感化教育について言及するのは、「三好退蔵氏創立の感化学校に就て所感を記す」（八巻三・四号）である。ここでは、「社会問題の一に属し殊に最も先きに注意せられ研究せらるべき彼の所謂不良少年感化事業なも《マ》も《マ》のに対し当局政府を始め一般世人が曽として殆んど関知する所なきが如き」状況下での三好退蔵と留岡の共同による感化学校の設立計画について賞賛した。

また、一般の学校教育と同様に「既に罪悪に陥り若くは将さに陥らんとする不良少年を収養矯治して以て未来に於ける社界有用の良民を養成するの目的たる感化事業の如きも等しく亦た其性質に於て国家及市町村の責任に属すべきもの」とし、行政責任において感化事業の整備を図るべきという意見を開陳している（小河 1897b：2）。さらに、「今日感化事業の宇内に冠絶して最も周到完備の域に進み従て其成績の著るしく善良なるものあるを見るハ英国なり」として英国を高く評価し、これ以降、感化教育の範を英国に求めていく姿勢がみられるようになる（小河 1897c：6）。

つぎに、一八九七年六月九日の地方長官会議席上における小河演説（監獄事業と一般行政事業の関係）についてみてみよう。監獄事業以外に犯罪の増加を防ぐ手だてとして、「一般の行政事業」と「社会事業」による犯罪への予防的措置（救貧、貧民窟の改良、風俗の矯正、教育の普及、飲酒の制限、職業紹介、祭典の取り締まり等）の重要性を小河は説いた。とくに「犯罪を予防する上に付いて行政上注意を要する点が沢山ございますが、其中に於て最も功能があり、且つ急務であるのは、不良少年を感化するといふこと丶、出獄人を保護するといふこと」だと主張している（小河1897d：19）。

以上のような一連の発言によって明らかなことは、感化事業は「行政事業」の範疇に属する事業であるという認識をこの時点で小河自身が有していたということである。先述の山本の主張ほど明確でないにせよ、地方長官らを前にしてこのような主張を行っていることからしても、小河自身の中に行政権主義に立った感化教育（事業）構想をこの時点で抱いていたのではないかと筆者は推測する。[20]

以上のように、感化法制定前後における小河の感化教育論を語る上で重要な「行政権主義」「模範としての英国感化事業」といったモチーフは帰国後の発言から見出すことができ、これらは元来の監獄学の知見と欧州留学により得た知見が結びつけられて生まれたものだと考えられるのである。[21]

教育実践としての感化教育

では、より根本的な問題として非行児童又は犯罪児童に対してなぜ感化教育が必要なのか。一八九七年一〇月に帝国教育会において、小河は「教育と犯罪の関係」と題する演説を行った。その中で刑罰と教育の関係については「刑罰は其本質に於て往々教育の本義と相一致する能はざるべきものあるを以て刑罰と教育とは全然其之を施す所の目的物を異にせざるべからざるなり」と、その目的と対象を明確に分けた（小河1897e：6）。そして非行少年、責任能力の認められない犯罪少年に対しては、他の一般少年と同様の普通教育の管理の下に置くべきであるという。

しかし、現実に一度犯罪に手を染めた者は「社会に危害を加ふる虞れ」がある。また、犯罪者を出した家庭教育については信用をおけない。ここに「公共の安寧を保持」し、「本人に対し翻正矯治の目的を徹底する」ことを目的として国家は多少公力をもって干渉の義務を尽くす必要性がある。これが「其罪を論せざる所の幼年者も情状に依り年限を期して之を懲治場に留置」する刑法規定の根拠なのである（小河 1897e：7）。ところが、現実の懲治場は監獄とほとんど同一のものとして運用され、教育的効果を望むことは不可能で、むしろ「犯罪養成の学校」という状況であった。犯罪少年への「教育的配慮」＝懲治制度の現実がこのような状況にあるために、小河の中で懲治制度・懲治場にかわる「教育」実践とその施設として感化教育、感化院の必要性が示されたのだと考えられる。(22)

最後に、のちの感化教育の方向性に関連する興味深い出来事を紹介したい。先述した九七年六月の地方長官会議において、内務省警保局長寺原長輝は「一個の私見」として「感化保護事業組織要項」を配布した。これは「感化保護事業の如き各府県に於ても此時期に際し固とより之が計画を怠らざるべし」として、各府県長官に向けた感化事業及び出獄人保護事業の運営指針案であるが、英照皇太后の大喪で下賜された慈恵救済費四〇万円（総額）が各府県へ分配される状況を背景としている（寺原 1897：3）。この同一の会議席上で各府県に向けて感化教育（事業）の必要性を説いた寺原と小河は、その二カ月後の内務省監獄局設置の際、監獄局長（寺原）及び新設の専任監獄事務官＝監獄改良推進の実質的リーダー（小河）に就任することとなる。(23)

先に、感化教育は行政事業かつ教育事業であるべきという小河自身の認識を紹介した。しかし、これら一連の出来事は、感化教育の推進は監獄官僚たちの手に委ねられたということを意味するのであり、名実ともに監獄事業の範疇の中で感化教育が扱われていくという方向性が示されたのだ。

4 まとめにかえて――監獄改良のなかの感化教育論

以上、本章では『監獄雑誌』における感化教育（事業）及び未成年犯罪者に関する議論をみてきた。とくに感化教育（事業）導入に関する言及（必要性・意義・内容等）においては、米国からの帰国以降本誌上の感化教育に関する議論をリードした留岡、本誌の中心執筆者であり感化法の起草者・小河、そして留岡同様に監獄教誨師としてのキャリアをもち東京市養育院感化部の設置に関わっていた山本らの主張を追ってきた。

本節では、これまでみてきたように監獄関係者らによって感化教育（事業）に関する議論が行われてきたことの意義について述べ、本章の締めくくりとしたい。

筆者は、本誌上の議論を分析する上で共通する特徴―感化教育（事業）が監獄事業との関係性の中で語られているという点に注目する。これまでみたように、一八八〇年代末から一九〇〇年代にかけて感化教育（事業）推進に関する議論の中心にいたのは『監獄雑誌』や『大日本監獄協会雑誌』に現れる監獄官僚・関係者であった。彼らがこの議論の中心にいたことは感化教育（事業）にどのような影響をもたらしたのであろうか。

まず、監獄官僚等が感化教育推進の議論の中心にいたことにより、感化教育（事業）法制化（国家事業化）の実現が促された点が挙げられる。なぜ、監獄官僚たちが感化教育推進の担い手となったのか。それは当時の世界的動向、すなわち万国監獄会議の場をはじめとして世界的規模で感化教育や幼年者保護（民間の慈善事業も含め）が監獄事業との関連で議論されたことによる。すなわち、監獄関係者たちが世界的な監獄改良の動きとともに先進的な感化教育実践・制度に関する知見を入手しやすい状況にあったことに大きく関係するであろう。

監獄改良の一手段として、それらを貫徹するための方策として感化教育の必要性は主張された。前述のように監獄改良の進展は、国家の体面に関わる重要な事柄であったがために、この一連の議論は感化教育（事業）法制化の大きな推進力となり得た。寺原や小河といった感化教育の主唱者が監獄行政のトップについたことも先に述べたが、これらも単なる偶然ではない。結果として監獄内の懲治場に拘留されるべき未成年犯罪者を感化教育のための監獄外の施設に入所させるという改革については、感化教育の必要性を監獄改良の論理や手段として取り込むことによって実現可能であったという点に注意を要する。

他方、監獄関係者の手によって整備・法制化が進められたことにより、感化教育推進の足かせになった面も存在した。たとえば、小河滋次郎が欧州留学からもたらしたインパクト――欧州監獄制度に比して「我今日の監獄事業といふものは、誠に極めて幼稚の境遇」にあるという報告に監獄関係者は少なからずのショックを受けたはずである（小河1897a：6）。

彼が欧州からもたらした留学の成果は、感化教育ではなく監獄そのものの改良を促す側に作用したとも考えられる。小河自身、感化教育や出獄人保護事業に関心を広げる前提としてあったのは、すでに日本監獄が欧米諸国のそれに遜色のないものに発展してきたという自負と想定であった。

小河が抱いた想定はそのまま、監獄改良の一環として感化教育の法制化が議論されるための大前提でもあった。したがって、行刑制度の中心たる監獄そのものになおいっそうの改良・整備が必要となれば、監獄関係者の注目が感化教育ではなく監獄そのものに傾注することは当然のなりゆきであった。『監獄雑誌』上で感化教育に関する議論がそれほど活発になされなかった背景には、このような事情があったのだと考えられる。結局のところ監獄改良の本流は監獄そのものの近代化であり、感化教育の整備・法制化はあくまでも支流でしかなく、「感化事業は本にして監獄事業は其の末なり」（小河 1897f：4）という小河の主張もこの流れを変えることは難しかったのではなかろうか。

では、感化教育（事業）の必要性を訴える主張はともかく、具体的な仕組み、援助内容に踏み込んだ議論が『監獄雑誌』上でもそれほどみられないにもかかわらず、感化法制定に向けた動きが事実としてこの後に現れたのはなぜだろうか。筆者は、次章で述べるように監獄関係者の悲願であった監獄費の国庫支弁（国家支弁法）が実現可能となるにあたり、それに引きずられる形で十分な議論や研究がなされぬまま感化法制定に踏み切ったのではないかと考えている。(24)

また、以上のように監獄関係者が推進者となり、監獄改良の流れのなかで生まれた感化教育・感化法は、「治安立法」としての性質を否応なしに持ち合わせることとなった。少なくともこの時点（一九〇〇年）では、先に小河が想定したような純粋に保護、教育的側面をもつ制度にはなり得なかった。その要因は感化教育の対象となる少年の福祉や利益以上に、いかにしてすでに存在する犯罪者を減少させ得るかということに議論の焦点があてられたことによると筆者は考えている。監獄関係者という立場上、社会防衛的な枠組みから議論を逸脱させることには多く限界があった。事実、感化法を起草した小河自身、彼の感化教育論が具体化・精緻化されてくるのは二度目の遊学以降のことであるが、これらは第五章で検討していきたい。

注

（1）明治初頭から一〇年代にかけての内務省や民間レベルでの感化院設立の動き、または感化法制定の経緯等に関する先行研究として教育学、法学領域等では矯正協会編（1984）、守屋（1977）、二井（小林）（1990）、齋藤（田澤）（1994）、重松（1976）、田中亜紀子（2005）が存在する。

(2)なお、矯正図書館編（1970）において「欠号」とされた一〇巻五号は実際には存在している。

(3)警察監獄学会の発会時期については中村襄（1899）の著述、警察監獄学会（1891）から特定した。

(4)ゼーバッハの足跡と功績については矯正協会（1985）を参照のこと。

(5)『大日本監獄協会雑誌』（第四七から六一号のみ『大日本監獄雑誌』と改称）は、一八九九年六月に『監獄雑誌』と合併し『監獄協会雑誌』と改称した。その後一九二二年一一月、第三五巻一一号より『刑政』に改称、以後『月刊刑政』となり現在にいたっている。また、両雑誌の関係性について、遠藤興一は両誌はおもに監獄官を読者として「大日本監獄協会の思想的背景はフランスで、佐野尚がその中心にいた。そこへ小河を中心とする少数派ながらドイツ式の監獄思想、政策論が紹介され…（中略）…後者は新進の帰朝学者、小河の意欲的な論文が矢継ぎばやに発表され、批判的姿勢を持った」とし、「思想的にはドイツ監獄思想とフランス監獄思想が拮抗した関係にあった」と述べている（遠藤 1981b：22–23）。ただし、「新進の帰朝学者」小河滋次郎は最初の外遊より帰国後、その研究成果を積極的に両誌上で発表した。それにより当時の日本監獄界に対する批判的な言説は『監獄雑誌』のみでなく、両誌に共通してみられるようになるため、遠藤の指摘は必ずしも妥当だとはいえない。また、一八九七年四月二五日の小河報告の内容から、両誌の購読者規模とその読者層（＝監獄官吏）が推察できる（小河 1897a：30–31）。

(6)筆者は、『監獄雑誌』資料の検討に際し「監獄雑誌上の感化事業及び未成年犯罪者関連記事」に関する目録を作成しているが、本章では省略する。

(7)当該分類に関連する論稿・記事の一例として痴獄漢（1890）、ラウンド（1893a）等がある。

(8)囚人の教育状況に関して、痴獄漢（前掲）は内務省統計報告書に基づき一八八六－八年までの囚人の教育状況を報告しているが、そこでは読み書き能力を有するものが約二七－三〇％にとどまると指摘している（監獄内教育によって読み書き可能となったものも含む）。

(9)当時の監獄における未成年者の処遇については一八七二年以降、懲治制度という規定が設けられ、教育や分房に関する規定が存在した。その教育内容以上に懲治場（懲治人を収容する監房）自体の設置と構造上の問題、懲治人・未成年囚と成人囚の分離処遇の不徹底等に対して、『監獄雑誌』上ではゼーバッハ（1890）や東海浪士（1894）などをはじめとして当初から厳しい批判が展開されてきた。これらはやがて留岡（1897a）、小河（1897b）のように感化教育という「新システム」を必要とする根拠の一つとして作用した。

(10) たとえばラウンド（1893a, 1893b）は、犯罪予防のためには、児童の成育期において「従順」「法律尊重」の気風、「正直」を家庭教育で徹底させることを主張した。

(11) 子どもの犯罪を未然に防ぐことと、将来の再犯（累犯）を防ぐという感化教育による二つの犯罪「予防」の機能については倉持（2002）を参照のこと。

(12) 当該分類に関連する論稿・記事の一例として不詳（1892b）、不詳（1894a）がある。

(13) 留岡幸助の北米遊学の足跡・詳細は、室田（1998）に詳しい。また、この時期に留岡が寄稿した論稿の一例として薇峰樵夫（1894）、留岡（1894）等がある。

(14) 山本（1894）「未成年犯罪者及其救治策」（一－七）『監獄雑誌』9巻2号、10－15頁／9(3)、10－16／9(4)、7－15／9(5)、1－13／9(7)、12－18／9(8)、9－19／9(9)、13－16。

(15) 山本の人物像や同志社在学中からの活動履歴、とくに留岡・三好の感化学校設立をめぐる彼の動向については、室田（1998）、留岡（1930）を参照した。

(16) 文中のような筆者の指摘の背景として、感化法の制定（一九〇〇年三月）と東京市養育院感化部の設立（同年七月）との関係について「注意を要する事は本院感化部は同法（感化法―引用者注）制定に促されて初めて設置の議が起されたのではなく、むしろ本院感化部の設置に努力した人々の主張乃至運動が本法制定の気運を醸成した」（東京都養育院1953：245）という点にあるという養育院側の主張があることも補記しておく。

(17)『監獄雑誌』上に掲載された小河の欧州での動向については田中亜紀子（2005）、『上田郷友会月報』上の小河の動向記事については倉持（2003b）に詳しい。前書の中で田中は、時間的な混同や、やや強引な解釈を伴いながらも小河の留学体験が未成年犯罪者処遇を含めた彼の刑事政策論に与えた影響について考察を試みている。

(18) 小河は、出国前の一八九五年三月の監獄協会常習会席上、渡欧に関して以下のような抱負を語っている。「如何なる点が、今日に、必要と感じて居るかといふと、私の考では、出獄人の保護のことでござります、又、入獄以前の悪事の予防、即、殊に幼年者の保護といふやうなことに付いて…（中略）…私は此の点は、最、頭脳を砕いて、研究して見たいといふ考えである」（小河1895：11–12）。

(19)小河が先進的な感化教育や出獄人保護に関心を広げる前提には、すでに監獄事業そのものは欧米諸国に比肩できるという自身の評価に基づいていた。しかし、留学によって「我今日の監獄事業の実況といふものは、一葦帯水を隔てゝ居りまする英国植民地の破れ監獄程度にも猶ほ及ばない」などというように、そのような評価が根底から覆されたことを関係者に報告している（小河1897a：6–7）。

(20)小河は、感化法制定直後（一九〇〇年八月）の第六回万国監獄会議の際、日本の獄制に関する報告書「日本帝国監獄制度一班」（小河〔1901〕『獄事談』45－80、所収）を作成している。そこでは、感化法第五条一号に定められた「不良少年」を感化院に入所させる手続きについて「法律施行に関する命令は未だ発表を見るに至らずと雖も大要凡そ左記の如し」として、「第五条第一号に該当する者を決定する手続警察署長又は市町村長の報告に依り商議委員の書類又は口頭審問に依り地方長官之を判定す」としている。さらに「不良少年」の発見・報告、仮退院者の監督等には各市町村に「地方委員」を設置し、その任にあたらせるとした。しかし、齋藤（田澤）（1994）、長沼（2000）の指摘にもあるようにこの構想は実現されてはいない。

(21)小河（1892）は、留学以前から監獄学者・官僚の立場として、感化教育（事業）に限らず監獄事務それ自体も救貧事業や、警察事務と同様に内務省所轄の行政事務であるという主張をしている。また、監獄改良の成否は「個人的処遇」の徹底にあるとする彼の論理からすれば、「不良少年」・幼少年犯罪者を成人受刑者や雑居制の監獄から徹底して切り離し、教育・保護を行うという感化教育論も、小河（ドイツ系）監獄学の延長線上に浮上してきたという面も評価することができる（小河1897a）。

(22)小河は、同演説中「懲治場なるものも真に是れ名義上の区別たるに止まり…（中略）…其之を尋常一般なる監獄官吏管掌の下に一任するが如きは無法も亦た極れりと謂はざるを得ず何れの国か懲治場を以て之を監獄一区画の内に附設する所かある」（小河1897e：9–10）と厳しい批判を述べている。なお、本演説は『監獄雑誌』8（12）にも収められている。

(23)小河は、翌年に監獄局獄務課長を経て監獄局長事務取扱に昇進している。

(24)府県に負担させていた監獄経費を国費に負わせる制度改正・監獄費国庫支弁法は、感化法案の審議に入る約二カ月前の一八九九年一二月に成立している。

第二章

帝国議会における監獄費国庫支弁問題

大日本監獄協会から万国監獄会へ提出された写真集『明治三十二年 集治監及府県監獄署写真帖 二』（右上が表紙）には各府県監獄の様子がうかがえる。左下写真は石川県監獄署

はじめに

第二章や次章で詳述するように、日本において非行・犯罪児童に対する個別的対策に関する議論は明治中期より活発になされてきたが、それらは一九〇〇（明治三三）年の感化法制定やそれに続く少年行刑専門施設（特別幼年監）の整備、やがては一九二二年の旧少年法・矯正院法制定へと結びついていった。このような非行・犯罪児童への処遇の改善、成人とは異なる特別な教育や配慮等といった問題が、監獄改良（運動）の過程で議論されてきたという経緯についてはいくつかの先行研究により示唆されている（齋藤（田澤）1994：田中和男2000：田中亜紀子2005等）。

この監獄改良の動きの中でとりわけ重要なのが、監獄改良史上における「唯一のヤマ」（岡1938：600）といわれた「監獄費国庫支弁」問題である。(1)一八八〇年の太政官布告第四八号によって一部の監獄（集治監）を除き、各府県の監獄（地方監獄）の管轄及び諸費用の負担は地方の責任（地方税支弁）となっていた。しかし、当時の識者たちや大日本監獄協会などの民間団体は、この地方税支弁という状態によって日本の監獄改良が妨げられていると批判していた。そこで「監獄費国庫支弁」、すなわち中央政府による全国の監獄の統括とその運営費・建築費等の国庫負担を求める主張が声高になされていくのである。これらの要求（とくに後者の部分）は国庫支弁法案が第一四回議会中の一八九九年一二月二〇日に成立し、翌年一月に法律第四号「府県監獄費及府県監獄建築修繕費ノ国庫支弁ニ関スル件」として公布されたことにより実現する。

しかし、これまでの先行研究において監獄界の「革命」ともいうべき監獄費国庫支弁が、いかなる議論を経てその実現にいたったのかというプロセスについて明確にされてきたとはいえない。そこで本章では、監獄費国庫支弁法案がはじめて提出された第二回帝国議会（一八九一年）から第一四議会（一八九九年）までの『帝国議会議事速記録』などを分析し、監獄費国庫支弁の実現にいたった国家的な議論の一端を明らかにしたい。

1　監獄費地方税支弁の経緯と国庫支弁の論理——太政官布告四八号と第二議会

本節ではまず国内の監獄が地方（府県）に管理運営（及び費用負担）されることとなった布告について述べ、次に監獄費を再び政府の負担（国庫支弁）とする法案を提出する動きと一八九一年の第二議会における議論について検討していきたい。

（一）太政官布告四八号と府県による監獄運営

明治新政府は当初からいく度か官制改革を行ったが、そのたびに監獄を管理運営する組織は変更された。監獄の管理運営は太政官刑法科（後に刑法局、刑法官に変更）に始まり、刑部省、司法省などが担い、一八七四年一一月に内務省が全国の監獄を統括するにいたった（佐野 1894、刑務協会 1943）。ところが一八七七年の西南戦争後の財政危機を乗り切るため八〇年一一月に太政官布告第四八号を出す。これは「今般歳計ヲ節約シ紙幣鎖却ノ元資ヲ増加シ併セテ地方ノ政務ヲ改良スルノ要用ナルヲ察シ」制定されたもので、要は「中央財政の困難を地方に肩代わりさせる」（坂野 2010：78）内容の布告であった。同布告第二条では府県庁舎建築修繕費とともに府県監獄費・府県監獄建築修繕費（以下「監獄費」）を「地方税ヲ以テ支弁スヘキ」ものと規定した。また、監獄費用や土木費等を地方負担とするにあたり「地方税規則」を改正、府県が徴収する地方税の上限を引き上げ（地租「五分の一以内」から「三分の一以内」）、結果的に住民の地方税負担が増加する形となった（同布告第一条）。

（二）監獄費国庫支弁法案の提出

太政官布告四八号によって地方税支弁となった監獄費をもう一度国庫支弁とするための法改正の動きが政府内で起こったのは一八九一年一〇月頃である。(2) また、この前後から大日本監獄協会雑誌などのジャーナルや新聞紙上でも監獄費国庫支弁問題が盛んに取り上げられるようになる。(3)

そして同年一一月二七日に第二回帝国議会衆議院へ「府県監獄費及府県監獄建築修繕費ノ国庫支弁ニ関スル法律案」（以下「国庫支弁法案」）が提出された。(4) 同法案は、①一八九二年度より監獄費を国庫から支弁すること、②府県監獄に属する土地・建物等の物件を国庫に帰属させることを目的とする二つの条文だけのものである。(5) また同法案の提出理由には「府県監獄費及府県監獄建築修繕費ノ性質タル宜ク国庫ノ支弁ニ属スヘキモノニシテ且行刑上ノ公平ヲ保チ獄務ノ改良ヲ図ル」として、次の三点が具体的に示された。議会における議論の内容を理解するための土台として記しておく。(6)

第一　監獄ノ費用ハ其性質国費ヲ以テ支弁セサルヲ得サルモノトス抑犯罪ハ国法ニ対スルノ所為ニシテ犯罪者ヲ拘禁シ刑罰ヲ加フルハ即チ国権ヲ以テスルモノナリ而シテ監獄ハ犯罪者ヲ拘禁シ刑罰ヲ執行スルノ所ナリトス故ニ監獄ニ要スル所ノ費用ハ宜ク国法執行ニ関スル費用即チ裁判所ノ費用等ト同一途ニ出ツヘキナリ

第二　府県監獄費ノ地方税支弁ナルカ為メ或ル地方ニ過分ノ監獄費ヲ負担セシムルノ弊アリ現今ノ制ニ依レハ甲地ノ者乙地ニ在テ罪ヲ犯シ乙地ニ於テ捕ニ就キタルトキハ其就捕地ニ於テ其拘禁ノ費用ヲ負担シ乙地ハ犯罪ノ為メ直接若クハ間接ニ損害ヲ被リタル上ニ其就捕地タルノ故ヲ以テ尚該犯繋獄ノ費用ヲモ負担セサルヲ得ス…（中略）…是ヲ以テ都会輻湊ノ地其他交通便利ノ地方ヲシテ過分ノ監獄費ヲ負担セサルヲ得サラシム

第三　府県監獄費及府県監獄建築修繕費ヲ国庫支弁ト為ストキハ管理上遇囚上其他諸般ノ事項ニ就テ統一ノ実ヲ挙ケ一層顕著ナル改良ノ成績ヲ見ルヲ得ヘク従テ将来囚人ノ数ヲ減スルニ至ルヘシ

（三）第二議会での審議[7]

すでに議会史における諸研究で示されているように、初期の帝国議会は「政費節減」「地租軽減」などをめぐって自由民権派の流れをくむ「民党」側と政府とが激しい対立を繰り広げていた（稲田 2009 等）。その帝国議会の衆議院で国庫支弁法案の第一読会（審議）が始まったのは一八九一年一二月一日である。冒頭で政府委員の内務次官・白根専一が上記の法案提出理由に加えて地方税負担が重いために地方税滞納者が多いこと、監獄での混合収容が刑の執行に不都合であることなどを説明した[8]。審議では監獄費を地方税支弁とする際に政府が掲げた地方の「政務ヲ改良」するという目的が「誤り」だったという批判（工藤行幹）などが出されたが、ともかく法案は特別委員会に付託されることになった[9]。

その委員会の長・堀部勝四郎は同法案を委員会で否決したことを報告した（一二月一二日）。その理由として①「未ダ随分他ニ国庫支弁ニセヌケレバナラヌ」ものが多々あること。②「都会」は犯罪者が多い反面、「善良ナル民」も多く「利害得失共ニ相償フ」こと。③監獄費国庫支弁をせずとも「監獄則」（勅令）によって獄務の統一が可能であることを挙げた(10)。

以降の審議では守野為五郎が「今三百余万ノ金ヲ以テ各府県デヤッテ居ル監獄ガ不十分ダカラ、中央ニ引取ッテヤルト云フノダガ、其ヤレル見込ミハナイ」と指摘した。さらに府県会が監督する府県監獄に比べて内務省直轄の集治監の経費がおよそ「二倍」であるという現状から、政府直轄になれば「監獄費用ハ数倍嵩ムト云フコトハ数年ヲ待タズシテ」起こりうる「最モ恐ルベキ法案」であると本案を批判した。また安田愉逸は、裁判所は「司法権」の下にあり監獄は「行政部」に属するために両者を同等に扱うものではないとし、政費節減によって生まれた政府の余剰金は「我々ガ最モ熱心ナル地価修正ノ如キモノニ向ッテ、之ヲ支弁シタイ」と主張した。このように同案への反対者は、政府の余剰金は監獄費国庫支弁に用いるのでなく「地価修正」「地租軽減」の実施に使うよう主張した。

つぎに、国庫支弁法案に賛成する議員の意見をみていきたい。末広重恭は、地租軽減等の主唱者に対して「地方税ノ多イノハ、多数人民ノ憂ヘル所…(中略)…地租ヲ減ジテ参リマスレバ、其恩沢ヲ受ケマス者ハ、単ニ土地ヲ所有シテ居ル者計リ」と批判した。また、国庫支弁の実現により地方税負担が減ることは「利益ヲ多数人民ニ配布スルノ道」であり、「中等以上許リデナク、下等人民ノ困難モ御考ヲ願ヒタイ」と主張した。さらに各監獄の管理は従来のように府県に任せ、その費用のみを国庫支弁とすることが望ましいという提案をしている。同じく山口千代作も国庫に余剰のあるこの時期において、監獄費国庫支弁を実現し「地方税ヲ軽減シテ細民ノ負担ヲ軽クシテヤラウト云フ考ノアルノハ、実ニ至当ノ論」と主張した。

政府委員である白根は、当時の国—地方との関係を以下のようにたとえて同法案への賛成を求めた。それは、国は府県を「愛護」し「事業ノ発達スル様」にし、「県ハ郡ニ及ビ郡ハ村町ニ及ボス、恰モ是ハ父子兄弟ノ間柄ノ如キモノ」であるから、「今日此地方経済ニ於テ最モ困難ヲ来シテ居リマスル監獄」費を国庫支弁にすることは地方にとって「此上モナイ幸福ノ事」であると。さらに「三府十四県ノ府県会ハ之ヲ熱望シテ内務大臣ニ建議ヲ出シテ居ル」から、これを無視するなど「斯様ナ残忍ナコトハ出来マセヌ」とも述べた。

このような白根の発言に対して、府県からの建議の時期と内務省の「誘導」の有無（東尾平太郎）、教育費や警察費などは地方税支弁のままで監獄費のみ国庫支弁とする政府案は「抱腹絶倒ニ耐ヘヌ」（角田真平）などの批判がすぐさまなされた。この後、同法案はこの第一読会において賛成六七・反対一七九で否決された。

結局、第二議会の衆議院は一二月二五日にいたって内閣によって解散させられた。首相の松方正義は、議会が「軍艦製造」「治水事業」「監獄費国庫支弁案」など「皆国防上及国家経済上欠ク可カラサルノ急務」を排斥したことを解散の理由として述べている(11)。

2 監獄費国庫支弁法案審議の行方——第三議会から第一〇議会まで

第二議会の衆議院で否決されて以後、第三議会から第一三議会までの帝国議会において監獄費国庫支弁に関する法案は立て続けに不成立という結果になるが、本節では第三議会から第一〇議会までの議論の内容をみていく。

（一）第三議会での審議

第三議会では一八九二年五月六日に国庫支弁法案（政府案）が貴族院へ提出され、同月九日から審議が始まった。内務大臣・副島種臣によって二〇余府県から監獄費国庫支弁を求める建議が出されたことなどが説明され、同法案は特別委員会に付託された。委員会では全会一致で同案を可決し、同月一三日に本会議で以下の報告がなされた。本会議の審議では地価修正や地租軽減を優先すべきという島内武重の反対意見に対して、加藤弘之は貴族院の「独立ノ見識」として監獄費国庫支弁を優先すべきと主張、また富田鉄之助は東京府の過重な監獄費負担を憂い、国庫支弁によって地方税負担を軽減し「労働社会ノ困難」を取り除くべきであると主張した。[12] このような議論を経て貴族院では同日のうちに同法案を可決し、衆議院の審議を待つこととなった。

衆議院での審議は五月二三日に始まり、前回と同じく政府委員・白根専一が「分リキッテ居ルコト」として簡潔に法案提出理由を述べたが、監獄費国庫支弁こそ「民力休養ニ最モ適当ナル法」という主張が加えられていた。

しかし、審査を行った特別委員会では再び否決となった。委員長である中野武営は地方議会の監督下で監獄運営が行われることが「民度ニ適フ」ことであり、地価修正・地租軽減の実施を世論は熱望していると論じた。同じく反対論を述べた斉藤良輔は、監獄の改良によって独立自営した人民よりも監獄内での生活水準のほうが高くなる「妙ナ弊害」の可能性を示唆した。さらに魚住逸治は国庫支弁法案が地租軽減などの実現に対して「最モ強敵デゴザイマス」と述べ、府県からの建議を根拠とする政府の主張を「天下ヲ瞞著スルノ手段ニ過ギヌ」と切り捨てた。

一方の賛成意見として、上田農夫は同法案が地方にいる「一般ノ細民ヲ救助スル」ことにつながると主張した。また、政府委員の白根も監獄に対する府県会の監督を「信仰」しながら、その府県会から提出された建議や請願の信用性を疑う反対派の矛盾を批判したが、同日中に本案は否決された。このように衆議院での議論の焦点は、地租軽減と監獄費国庫支弁と「ドチラガ人民ノ休養ニナルト云フコトデゴザンスカ」という浮田桂造の質問に示されているように、監獄の「改良」という論点を軸にして議論が行われたわけではなかった。

(二) 第四議会から第一〇議会での審議

本項では、第四議会以降の審議をみていきたい。第四議会ではこれまでと異なり国庫支弁法案が議員立法として提出された。同法案を衆議院に提出したのは、のちの一九二七年の失言(金融)恐慌で著名な片岡直温と他六名である。一八九二年一二月八日の第一読会で法案の説明に立った片岡は、政府が同法案を提出しないことに疑問を呈した上で各府県の監獄費負担の詳細について語った。同法案に対しては政府が府県に対して「建議」を出すよう要請したのではないかと田中正造が府県会の建議についての疑義を問い、鈴木万次郎は監獄費に用いる財源でもって「普通教育」の普及を優先するよう訴えた。彼は「盲目文盲ノ子供ヲ傍ラニ作リナガラ、之ヲ教ヘズ之ヲ導カズシテ、其結果トシテ出来タル罪人ノ改良ヲスルトハ、何事デゴザイマス」という痛烈な批判を浴びせた。結局本議会では、同法案を特別委員に付託することなく否決となった。

つづく第五議会では、一八九三年一一月二八日に尾崎三良らが議員立法として法案を貴族院に提出し一二月一日に審議入りした。説明に立った尾崎は元法制官僚らしく府県監獄の現状における問題点について言及し、その改良のためには監獄費国庫支弁の実現が必要であることを主張した。その後「分房制」についてのやり取りの後に特別委員会へ付託され、法案提出者の尾崎らが正副委員長を務めた同会でも全会一致で可決された。

ところが同月五日の本会議で大蔵省から出た政府委員・田尻稲次郎は、財政計画について余裕がないので「支弁ノ方法ガ立チマセヌ」という反対論を述べた。同じく反対論を述べた長谷川貞雄は、監獄内の囚人数が年々減少していることをふまえて府県の監督が適切であることを主張し、地方税負担が過重だという東京府や神奈川県などについても、府県民一人あたりの監獄費負担は少額であると指摘した[13]。長谷川の反対意見に対して法案提出者の一人である安場保和は、囚人の減少は行政警察の取り締まりが「行届カヌ」ことから起こった現象であると反論し、さらには法案を提出しないばかりか財政的見地から「反対」にまわる政府を批判した。同法案は同日中に貴族院本会議で可決し、衆議院での審議が九日から行われたが、ここでも政府委員・加藤高明は「政府ハ反対シマスカラ、左様」という立場を示した（特別委員会付託後、同月三〇日に衆院解散のため廃案）。

つづく第六議会でも同一の提案者によって同法案が提出され、貴族院では提出者・林友幸の説明の後に委員会並びに第二・第三読会を省略して即日可決（九四年五月一七日）したが、衆院での審議中に解散（六月二日）となりまたもや廃案となった。

一八九〇年代後半に入り、第一〇議会では「国庫支弁法律案の変体とも謂ふへき」（日本監獄協会 1899 : 6）、「囚徒費用ニ関スル法律案」が政府から衆議院に提出された（九七年三月一八日審議入り）。これは懲役七年以上の刑に処せられた者などを内務省直轄の集治監で収監する（＝費用は国庫負担）という法案であり、ただちに特別委員会に付されることになったが会期終了（三月二四日）を迎え廃案となった。

3 監獄費国庫支弁法案の成立——第一二議会から第一四議会

本章ではここまで、一八九〇年代を中心として帝国議会における監獄費国庫支弁問題の議論を追ってきたが、本節では第一四議会で国庫支弁法案が成立する背景と法案成立にいたるまでの具体的な議論の内容を検討する。そこで帝国議会の審議に立ち入る前に確認しておくことがある。それは一八九四年に日本政府は英国政府と治外法権（領事裁判権）の撤廃を盛り込んだ日英通商航海条約を締結（以後諸外国とも同様の条約を締結）し、その実施が一八九九年七月一七日であるという点、つまり外国人を日本の法令によって裁き、国内の監獄に拘禁せねばならない期日が迫っているという現実である。(14)

（一）地租増徴案と監獄費国庫支弁

上記のように外国人を国内の監獄に拘禁するにあたり、監獄の改良を実施する必要性を認識した伊藤博文内閣（第三次）は、一八九八年の第一二議会に「地租条例中改正法律案」、いわゆる「地租増徴案」を衆議院に提出した（五月三〇日に審議入り）。六月二日に開かれた同法律案特別委員会では首相の伊藤自らが増税の理由の一つとして「条約改正ヲ実行シヤウナド、云フニハ、監獄ナドモ地方ニノミ任シテ置クコトハ出来ナイ、是モ国庫ノ支弁ニシテヤラナケレバナラナイ」と述べ、大蔵大臣の井上馨も同様の答弁を行った。しかし一〇日の本会議では、監獄費国庫支弁を早急に実施する必要性はないという新井章吾などの反対意見もあり、同日の投票では賛成二七・反対二四七で退けられた。同日の貴族院本会議では「監獄費国庫支弁ノ請願」を可決していたが、伊藤は即日中に衆議院を解散した。

この後に誕生した日本最初の政党内閣、第一次大隈内閣（隈板内閣）は帝国議会をいちども開くことなく総辞職となった。そのため地租増徴案は憲政党（旧自由党）の協力を得た山県有朋内閣（第二次）の下で実現することとなる。(15)

山県は一八九八年暮れの第一三議会衆議院において、田畑地価修正法律案とともに地租二・五％を四・〇

％に引き上げる地租増徴案を提出した。ところが付託された特別委員会では増税幅を縮小して地租を三・三％とし、さらに増税期間を一八九九年度から五年間の時限立法とする修正案を可決した。同修正案は衆院本会議でも可決され、貴族院に回付された（一二月二〇日）。同月二三日から始まった貴族院での審議では、大蔵大臣の松方正義が「意外ニ重大ノ削減ヲ加ヘラレマシタ」と衆院への不満を示したが、二七日の本会議ではその修正案が可決された。この修正に影響を受けたのが、増税によって実施されるべき監獄費国庫支弁である。

翌年二月二〇日、衆院では改正された条約の実施が目前に迫り地租増徴案も成立したにもかかわらず、政府が国庫支弁法案を提出しない点について堀家虎造から質問書が提出された。その後、政府ではなく堀家ほか三六名の議員から同法案が提出され、三月三日に衆院で審議入りした。本会議では大蔵大臣の松方が地租増徴案で先述のような修正を受けたために「計画ガ狂」い、政府が国庫支弁法案を提出できない理由を答弁した。また、国庫支弁が実現しても一九〇一年度の財源については「新ニ財源ヲ求メルヨリ外ニ途ガナイ」としてさらなる増税の可能性を示唆した。さらに一九〇一年度以降のことは「予想ガデキマセヌ」という消極的な発言を連発した。これに対して大岡育造は「大蔵省ハ何故ニ此案ニ渋ルカ」、「政府ハ自分勝手ナコトヲ言ヒ過ギル」と痛烈に批判し、貴族院審議でも消極的な立場を採るならば大蔵省の提示する追加予算を衆院ではすべて否決すると息巻いた。同法案は即日中に衆院で可決し、貴族院に回付されたが会期終了により廃案となった。

（二）監獄費国庫支弁の実現と具体的なビジョンの欠落

第一四議会における国庫支弁法案の審議は衆議院から始まったが（一八九九年一一月二五日）、財政上の調整がついたとの理由で今回は政府案として提出された。政府委員の内務次官・小松原英太郎は提出理由について、刑の執行の「公平画一」「治獄ノ改良」「相当ノ獄舎」を整備し「行刑ノ目的ヲ達スル」には国庫支弁が不可欠であると述べた。また、同法案が成立すれば①囚徒を使役し費用をかけずして監獄建築・改築を実施し、②幼年囚などへの教育を充実させ、③監獄収入を増やし、④再犯の減少にもつながると主張した。一八名の特別委員会に付託された同法案は原案通り可決されたが、一二月二日の本会議では先の一三議会での大蔵大臣(松方)の発言のため、政府の財政計画は信用できないという批判(金岡又左衛門)もあり、国庫からの支弁額を可能な限り抑制することが確認されて可決となった。

初期議会の頃と異なり、同法案の審議が紛糾したのは貴族院である。一二月六日から始まった本会議では政府委員として内務次官の小松原と同省監獄局長・大久保利武が説明にたった。小松原は国庫支弁後の監獄費について、監獄の新築及び改築の予算を「凡ソ三十万円ヲ将来定額トシテ置キマス」と述べ、監獄費全体を「三百五十万円」(「四百八十万円」から「百二十万円余リ」の監獄収入を差し引いた額)として一九〇一年度以降もその水準で推移するであろうと説明した。それに対して五年という地租増税期間が終了した後の財源はどうするのかという質問が谷干城から出されたが、同法案はそのまま特別委員会の審査に回った。

一二月九日から三度にわたって開かれた同法案の特別委員会では、委員長・曾我祐準の「議論ト云フモノハ…(中略)…財政ノ一問題デアリマス」という後日の報告の通り、そのほとんどが財源と政府の予算計画に関する問題に費やされた。そこで、以下ではまず政府の予算計画に関する審議について述べ、次項で三好退蔵から提起された監獄の主管省変更に関する問題を検討していくことにする。

委員会でまず監獄費国庫支弁後の政府の予算計画について問題となったのは「三十万円」という定額で監獄の新改築が可能であるかという点である。鍋島直彬の「改良ト云ヘバ最モ如何ナル点ニ向ッテ改良スル」

のかという質問に対して、小松原は「監獄ノ獄舎ノ改良ニアル」と応じた。また、現状では二四カ所の監獄の改築が必要であるが、囚徒を用いれば二〇年から三〇年ですべての改築が達成できるという見込みを述べた。一三日に再び質問に立った鍋島は、監獄の改良にもっとも重要な獄舎の新改築を急ぐならば三〇万円定額という見込みは現実的ではないという趣旨の質問を行った。この点については大久保が費用のかからない（監獄）行政官吏の改良を十分に進めるとし、囚人の処遇の改善についても官吏の増員ではなく質の向上で対処すると小松原が苦しい答弁をしている。

さらに、予算計画作成の根拠となる監獄の統一運営や再編成などの具体的方法・計画をたずねた吉川重吉の質問によって、この点に関する内務省側の根本的問題が明らかになった。この吉川の質問に対し大久保は「実ハ調査ガ届イテ居リマセヌ」と答え、大蔵省の阪谷芳郎の答弁によって大蔵・内務両省の合意でおよそ三五〇万円という支出限度額のみが確定されているという現状が明らかにされた。それらの答弁に対して三好は、内務省政府委員の「漠然」とした見込みだけでは「失礼ナガラドウモ信用スルコトハ出来ナイ」、「モチット慥《たしか》ナ御計画ヲ承リタイ」などと迫った。

翌一四日の審議においても三好の追及は止まず、「統一ヲ図リ改良ヲ加ヘルニ付テノ計画、政府ノ方針ニ関スル所ノコトハ最モ明瞭ニ最モ詳細ニ我々ハ承知シタイノデ」あり、政府の予算計画について「経費ガ不足デハ統一モ改良モ出来ナイデアラウト信ズル」として法案に対する反対意見を展開した。このように政府の予算計画では監獄改良の目的が達成できないという三好のような批判があるいっぽう、委員会では国庫支弁後の監獄費の増額は「国力ノ根源ヲ甚ダ涸渇セシムル」ため、三五〇万円という支出限度を「固ク守ッテ」漸進的な改良を求める慎重論が優勢であり、結局は原案通り可決することとなった。

同委員会での審議の報告は一二月二〇日の本会議で行われたが、委員会の中で解消されなかった問題はそのまま本会議に持ち越された形となった。それは、委員長報告の中で国庫支弁には賛成であるが「政府ガ言フガ如ク少金額ヲ以テ政府ガ目的トスル所ノ事業ヲ仕遂ゲルト云フコトハ是ハ信用シマセヌ」という曾我自身の発言に示されている。また、三好も後述の主管問題とともに、政府の予算計画が信用できないために同案に反対する主張を繰り返した。ついで都築馨六は予算不足とする三好の意見には同調しながらも、従来通りの地方税支弁を維持したままで改良に必要な費用を国庫支弁として上乗せすべきだという考えを示した。

しかし、本会議においてもこれ以上の増税を行う余地を政府に与えない漸進的改良論ともいうべき意見が主流であった。ともかく「此法案一ツデ監獄改良ノ端緒ヲ促シ」、同時に「大イニ地方ノ事業ノ発達」などを図ろうという松平正直の意見をもって討論は終結し、賛成一五一・反対六八で第一読会は可決、第二・第三読会を経てついに国庫支弁法案は成立した（施行期日は一九〇〇年一〇月一日）[16]。

(三) 残された問題——司法省移管問題

以上のように長年の懸案事項であった監獄費国庫支弁問題は第一四議会で一応の決着をみた。ただし、かつて大審院長・司法次官などを歴任した三好退蔵が、貴院特別委員会で投じた「監獄主管問題」という一石による波紋は一四議会では収拾がつかず、一九〇〇年一月の法律第四号「府県監獄費及府県監獄建築修繕費ノ国庫支弁ニ関スル件」が公布された後に監獄行政事務の司法省移管という形で結論をみた。

この点についてはすでに齋藤（〔田澤〕1994）、田中和男（2000）、田中亜紀子（2005）、小野修三（2011）等で部分的に論じられているが、監獄費国庫支弁後の監獄の直轄管理と改良の「担い手」に関する直接的な問題でもあるため、本章でも改めて検討しておきたい。

先述のように国庫支弁後の監獄の主管問題は、一二月九日の特別委員会における「国庫支弁ニナリマシタ暁ニハ…（中略）…司法省ノ主管ニ移サレル御積リデアリマスカ」という三好の質問によって始まる。さらに「其統一改良ヲ図ルニハ此理論上、司法部ニ属スル、即チ司法省ノ主管トシテ事務ヲ整理サレルノガ十分出来得ルコトデアラウ」と三好は主張した。これに対して内務省系監獄官僚の重鎮でもあった小原重哉は、かつて司法省管轄であった監獄が内務省に移された経緯について、監獄を管理する地方官を「司法省が指揮スルト云フコトハ随分廻リ遠イ」ことで「事務ノ上ニ百般渋滞ヲ来シタ」のだと述べて三好を牽制した。

つづく一三日の委員会の冒頭でも三好は前回と同様の質問を行ったが、政府委員として対峙した大久保利武は「内務省デ監獄ノ主管ハヤル経画」であると答えた。さらに大久保は政府（内務省）で「是非直轄スルト云フコトモ今カラ公言シテ置イテモ宜カラウト考ヘ」ており、「ドウシテモ行フ積リ」であると強い意欲を示した。大久保の返答を受けた三好は内務省が直轄した際の組織や職制等について追及し、やがては内務省の「無策」ぶりを徹底的に批判することになるのは先述の通りである。そして三好は翌日の委員会でも主管問題にふれ、政府委員の返答ではなく「政府ノ御方針」を聞かせよと迫ったが、総理大臣と内務大臣との合意があるという大久保の答弁に一応は矛をおさめた。

ところが同月二〇日の貴族院本会議において、法案成立後には監獄は内務省の直轄管理となるのかという松本鼎の質問に対し、内務次官・小松原の答弁は「是マデノ通リ其儘デヤッテ行キマス」というものだった。また、内務省直轄について「何モ評議ガ極ッテ居ル次第デハナイ」として委員会での大久保発言を否定した。小松原のこの答弁の直後に同法案に対する反対論を展開した三好は、監獄費が地方税支弁であった時点ならば地方を監督する内務省主管で「余儀ナイ次第」であったが、国庫支弁によって府県と監獄の関係が切れるのならば司法省主管が妥当であるという先の小原発言を逆手にとるような主張を展開したが、この問題の結論は出ないまま国庫支弁法案は成立した。その理由として三好や大久保等が言及した官制に関する事項は、明治憲法（第一〇条）に示された天皇の行政大権であり、議会が直接的に関与できるものではなかったことが考えられる。その点からすれば大久保発言の事実上の打ち消しともいえる小松原の答弁や、法案審議の中で監獄主管問題の結論が出なかったことは理解できよう。[17]

結局、監獄行政の司法省移管問題は一九〇〇年一月一六日の監獄費国庫支弁法公布直後から再び動き始めた。まず国庫支弁法案の審議において「内務省」直轄論を唱えた監獄局長・大久保利武が法律公布の四日後に監獄局長を更迭されたが、これは司法省移管問題と無関係ではなかろう（不詳 1900b：82）。そして三月八日には、内務大臣・西郷従道と司法大臣・清浦奎吾との間で「監獄費ヲ国庫支弁ニ移サル丶ニ付テハ之ヲ司法省ノ主管ニ移スハ司法行政ノ統一ヲ期スルニ於テ最モ必要トスル所ナリ」として「司法省」への移管という合意形成がなされた。さらにこの合意には移管事務の煩雑さを避けるため、監獄運営については「従前ノ通リ庁府県ニ属セシム」という内容も含まれていた。[18]

この時期の内務省では、国庫支弁実施後の監獄運営について協議するため全国の典獄が三月五日から招集されていた（不詳 1900c）。その典獄会議における内務省次官の訓示や監獄局長の演説内容は監獄諸費の節約に関する徹底した指示と、「監獄ノ管理監督ノ方法ハ猶現在ノ監獄則ノ通リテコサイマシテ直接ニ府県知事管掌サレマシテ内務大臣是ヲ監督致サレマスルコトハ即チ現在ノ儘テコサイマス就キマシテハ諸君ハ無論是迄ノ通リ地方長官ノ部下ニ於キマシテ」（久保田 1900：69）というものであり、多くの監獄官僚らを落胆させた。しかし、この訓示や演説の意図も先の両大臣の合意からすれば納得がいく。

また、内務省系監獄官僚らを中心として組織する「民間」団体・日本監獄協会も同月一〇日の総会において司法大臣の清浦を会頭に選出するが、その就任演説で清浦は「監獄事務は司法行政の一部にして刑事裁判事務の執行を主とするもの」（傍線筆者）（清浦 1900：附録 3）と言い切っている。このことは「国庫支弁になると同時に本省（内務省—筆者）の直轄となし一大革新を行はるゝこと」（三浦 1900：19）を熱望し、国庫支弁の実現を側面から支えた監獄協会にとってはある意味で皮肉ともいえる展開であったろう。

このように監獄事務の司法省移管への動きは国庫支弁法の公布からわずかな期間で進展し、一九〇〇年四月の勅令第一六六号及び一六七号をもって内務省監獄局は司法省へ移管された（同年七月実施）。

おわりに

以上、本章では一八九一年から足かけ一〇年にわたる帝国議会を舞台とした監獄費国庫支弁問題の議論について検討してきた。

小野修三は国庫支弁問題が長引いた原因として、この問題が「議会による内閣攻撃の格好の材料と化したこと」（小野 2011：143）だと指摘しているが、初期の議会をみる限り小野の指摘は妥当性があるだろう。ただしこの点については、国家間の外交問題や政府の財政状況、さらには政府と政党（もしくは政党間）の対立や連携、妥協などといった複雑な「政治的」絡みが監獄費国庫支弁問題を長期化させたのだと筆者は考えており、この複雑で長いプロセスを政府と民党側との対立といった単純な構図から理解するには無理がある。

他方で、本章で検討した帝国議会での審議過程に限定すれば、当時欧米諸国から盛んにもたらされた監獄学や監獄制度の改良に関する新しい知見が国庫支弁を促す強力な理論的根拠になったともいいがたい。むしろ山県内閣が実現した地租条例の改正によって監獄費国庫支弁への道が拓かれたという見方をすれば、国庫支弁法は地租増徴法の「双生児」であると表現しても誤りではないように思われる。

いずれにしても、この監獄費国庫支弁の実施が「監獄改良ノ端緒」（松平正直）となっていくことにまちがいなく、同年の感化法制定の直接的な契機となった。さらに司法省が全国の監獄を直轄管理し、監獄改良の主要な担い手となっていくのである。これらの感化法の成立プロセスや、監獄事務の司法省移管以降の幼少年犯罪者などをめぐる情勢、その影響については後の章で検討していくこととする。

●注

(1)内務省・小松原英太郎によれば「監獄改良」とは、「犯罪人を懲毖感化して再犯を防遏し良民に復帰せしむるの目的を達する適当なる方法を以て監獄を管理すへしを謂ふ」とあり、「実行するの方法順序」は獄舎（監獄建築）の改良と囚人処遇の改善であると述べている（小松原 1892：32）。

(2)「府県監獄費及府県監獄建築修繕費ヲ国庫支弁ニ移スノ件」『公文類聚』第15編、明治24年、第20巻。「閣議一決す」（東京新報 1891）。

監獄費国庫支弁法が成立した第一四議会での特別委員会において、かつて太政官布告四八号のため内務省側として政府の財政整理委員と折衝した小原重哉は当時の状況を説明した。それは財政整理委員・大隈重信から布告四八号について要請があった当初、内務卿の松方正義は抵抗したものの、勅令であるため承諾せざるを得なかった。しかし、当の大隈自身も布告の「不道理」を認識していたため「地方官へモ内諭シテ三年ノ間辛抱」（傍線筆者）という条件で同布告の発令に踏み切ったというものであった（印刷局『第一四回　貴族院府県監獄費及府県監獄建築修繕費ノ国庫支弁ニ関スル法律案特別委員会議事速記録』三、一八九九・一二・一四）。

(3)大日本監獄協会等による監獄改良運動、監獄費国庫支弁問題に関する議論については、倉持（2012a）を参照のこと。

(4)「府県監獄費及府県監獄建築修繕費ノ国庫支弁ニ関スル法律案右領収候也」『公文類聚』第15編、明治24年、第20巻。

(5)第二議会に提出された「府県監獄費及府県監獄建築修繕費ノ国庫支弁ニ関スル法律案」の内容は次の通り（以降、第一〇議会を除き第一三議会までほぼ同じ法案内容で提出された）。

第一条　地方税支弁ノ費目中府県監獄費及府県監獄建築修繕費ハ明治二五年度以降国庫ヨリ支弁ス

第二条　府県監獄ニ属スル土地、建物、器具、素品、製品、其他ノ物件ハ二五年度以降総テ国庫経済ニ移ス

(6)「府県監獄費及府県監獄建築修繕費ノ国庫支弁ニ関スル法律案」『公文類聚』第15編、明治24年、第20巻。

(7)本項以降の議会審議における発言についてとくに注記のない場合は、引用・参考文献に記した『議事速記録』を典拠としている。

(8)この点について白根は「地方税未納怠納ノタメニ公売処分ニ逢ヒマシタ者ノ多イ土地デハ二十万人余デアリマシテ、殆ド三十万人ニ達シマスル」と説明している（内閣官報局『第二回帝国議会　衆議院議事速記録』三、一八九一・一二・一）。

(9)第二議会以降の国庫支弁法案を審査した両院の特別委員会の構成は、不詳（1899c）を参照のこと。

(10)帝国議会は本会議中心主義であり、法律案審査特別委員会で法案が否決されても本会議での審議は継続される。

(11)内閣官報局「彙報」『官報号外』（一八九一・一二・二六）。この解散後の総選挙では、監獄費国庫支弁を推進した品川弥二郎内相と白根次官によって苛烈な選挙干渉が実施された。

(12)富田は「東京府の監獄費負担が一八八一年には一七万七千余円だったのが、一八九一年には四七万二千円以上に増額した」と述べた（内閣官報局『第三回帝国議会　貴族院議事速記録』六、一八九二・五・一三）。

(13)長谷川は「明治二二年ノ計算」で東京府民一人あたりの負担額は一九銭、神奈川県は八銭四厘、京都府は七銭などと指摘している（内閣官報局『第五回帝国議会　貴族院議事速記録』三、一八九三・一二・五）。

(14)姫嶋（2010）は条約改正実施前後の諸外国による日本監獄への注目・評価等について論じている。

(15)第一次大隈内閣総辞職後の山県内閣と憲政党（旧自由党）の連携については坂野（2010）を参照のこと。

(16)一四議会で成立した国庫支弁法案の内容は次の通り。

第一条　監獄費ニ関スル費用ハ総テ国庫ニ於テ之ヲ支弁ス

第二条　府県監獄ニ関スル府県有土地建物器具器械素品製品其他ノ物件ハ国庫ニ帰属ス

附則

第三条　本法ハ明治三三年一〇月一日ヨリ之ヲ施行ス

第四条　本法発布以後施行ノ日迄ノ間ニ於テ第二条ニ掲クル土地物件ノ処分ヲ要スルトキハ命令ヲ以テ別段ノ規定ヲ設ケタル場合ノ外内務大臣ノ認可ヲ受クヘシ

第五条　本法施行ノ際国庫地方費ノ区分ニ関スル規定ハ勅令ヲ以テ之ヲ定ム

(17)監獄主管問題にこだわる三好に対して、国庫支弁法案審議の中でも「(主管問題の議論は－筆者) 本案ニ対シテハ格別ノ必要ヲ感ジナイ」(渡正元) という批判も出ていた (印刷局『第一四回帝国議会　貴族院議事速記録』一一、一八九九・一二・二〇)。

(18)「監獄事務ノ主管ヲ司法省ニ移ス儀ニ付詮議」『公文類聚』第24編、明治33年、第30巻。清浦は国庫支弁問題が取りざたされた当初から監獄事務の司法省移管を訴えていた。たとえば「監獄行政を司法省管轄にすべし」という談話 (清浦1896) では「第一、現在の制度にては監獄は内務省の所管に属し随つて典獄の職に在る者も通常の行政吏と均しく其進退黜陟一に本省の都合如何に存して独立の地位を保つこと能はざるのみか獄政上の方針も大臣の更迭ある毎に変動動揺して一定すること能はず…(中略)…実に最大欠点なり」。「第二、去らば主獄官吏を終身官となし司法官同様に独立の地位を得せしめ」るためには有用な人材を登用することが必須である。そのためには監獄を「司法省所管に移し行政上の動揺に引き離れしむる方至つて利益多きのみならず控訴院裁判所若くは司法官に対する関係もあることとなれば其監督上にも好都合なるべし」と主張している。
また、岡は司法省移管について「もつと突込んだ理由としては、当時の議会には故花井卓蔵氏等を音頭取とするいはゆる司法省廃止論なるものが相当有力な議論となつてゐたので、それ等の議論を封鎖する意味においても監獄局を司法省へ持つて来る必要があつたものであるらしい」(岡1938：602) という事情を説明している。

第四章

感化法制定と犯罪予防の論理

海事訓練のため「感化船」鎮辺号に乗り込む洲本育成学舎（神戸監獄洲本分監）の少年たち

はじめに

本書では第二章において『監獄雑誌』上の感化教育に関する議論の検討をすでに行ってきた。感化教育は、幼少年犯罪者に対して監獄ではなく「感化院」という場で、刑罰によってではなく教育等の実践によって子どもたちを更生させることを目的とした事業であった。さらに、そこには単に幼少年犯罪者への事後的対応という側面のみでなく、犯罪行為を行うおそれのある者に対しても「予防」的に対応していくという要素が含まれていた。そして、周知のように感化教育はさまざまな経過を経て、現在は社会福祉の領域として児童自立支援へと引き継がれている。

筆者が、本章で採りあげる一九〇〇（明治三三）年の感化法制定までの期間は、まさに感化教育の草創期といえようが、国立武蔵野学院の初代院長であった菊池俊諦は、この時期の感化教育についての思潮を、①犯罪の防制犯罪人の減少、②防貧思想、③社会改良思想、④人道思想、⑤児童愛護思想、⑥児童教育思想、⑦実際的社会事情、⑧英米独仏の思想並実際の八点に整理した（菊池 1940 : 95）。このような整理について、菊池はいちいち詳細にその根拠を述べてはいない。この菊池のあげた項目は、もっと後年の議論で生み出される進歩的な思潮を先取り的に評価しているとも思われる。しかし、戦前の感化教育の研究や実践の第一人者であった彼の整理は一応考慮に入れておかねばなるまい。

本章では菊池の整理や、第二章における議論をふまえ、新たに創られる感化教育の特徴として、先に述べたような犯罪を未然に防ぐ、つまり、犯罪を「予防」する機能について着目する。感化教育による犯罪の「予防」は、子どもの犯罪を未然に防ぐことと、将来における成人犯罪者（とくに累犯者）を防ぐという、二つの意味で画期的なものであった。この「予防」というキーワードを軸に、誰が、「予防」の対象となり、どのような方法で「予防」が実施されるのかなど、当時の感化教育をめぐる議論の担い手を監獄官僚に限定せず、その特徴や問題性を考察するのが本章の目的である。

1 犯罪児童をめぐる状況——感化教育以前、懲治監（場）

初期の感化教育の推進者たちは、単に個人的な思想や記述にとどまらず、制度的・政策的提言を公の場で積極的に行った。だとすれば、当時の状況を分析することは、本論を進める際に不可欠な要件となる。実際に幼少年犯罪者に対応する、当時の監獄制度の批判を出発点として感化教育の必要性を説いた論者は多い。そこで、まず当時の犯罪児童への行刑制度について確認しておくことにしたい。

日本における犯罪児童の処遇について規定した最初の法規は、一八七二年の「監獄則」（太政官達第三七八号）である。この規定は刑期満了の者と「平民其子弟ノ不良ヲ憂フルモノ」で「父兄」等の情願のあった者を「懲治監」という監獄内の施設に入れることを定めていた（興造一二条第一〇条）が、成人犯罪者と犯罪児童もしくは犯罪の「おそれ」のある子どもに対しての分離処遇の不徹底は、「罪悪ノ学校」であるというような批判を受けた[1]。

ついで一八八〇年、旧刑法（太政官布告第三六号）が公布され、犯罪の絶対的責任無能力の上限が一二歳とされ、一二歳以上一六歳未満の犯罪児童は、個人の弁別の有無を基準とする相対的責任無能力者とされた[2]。

そして、翌年には監獄則が改正（太政官達第八一条）され、懲治監は「懲治場」と名称の変更を受け、懲治場は「懲治人ヲ懲治スルノ所」（第一条）と規定され、旧刑法で規定された不論罪にあたる者（責任能力のない者）と家族（尊属）より願い出のあった者（「情願懲治」）が懲治人として留置された。この改正によって、具体的な懲治人教育についても規定がなされ、「懲治人ニハ毎日三四時間読書習字算術度量図画等ノ科目中ニ就キ之ヲ教フヘキモノトス」（第九四条）、「懲治人ニハ教誨ニ充ル為メ服役時間表ニ準シ七時ニ過キサル時間（休憩時間ヲ除）農業若クハ工芸ヲ教ヘ力作セシムヘシ」（第四七条）という「矯正帰善」のための労作と学科の二本立ての方向性が定められた。

その八年後の一八八九年の改正（勅令第九三号）では懲治人を、①満八歳以上一六歳未満の者、②満一六歳以上二〇未満の者、③満二〇歳以上の者に分房する規定がなされた（第一二条）。そして、情願懲治は廃止された。また、懲治人への教育については、「懲治人ニハ毎日五時以内農業若クハ工芸ヲ教ヘ力作セシムヘシ」（第二〇条）、「囚人十六才未満ノ者及懲治人ニハ毎日四時以内読書習字算術ヲ教フヘシ」（第三一条）と変更を受けている。

以上のように、幼少年犯罪者に対する処遇が改良されていく経緯にもかかわらず、実際には懲治場は多くの批判に晒されることになる。では、当時の懲治場に対する批判の論点を探ってみよう。

2 懲治場への批判

一八八〇年に『六合雑誌』に発表された、感化院設置に関する最初の論評といわれる小崎弘道の「懲矯院ヲ設ケザル可ラザルノ議」では、懲治場に対する批判は次の通りである（小崎1880：133–134）。

> 政府ナルモノハ罪人ヲ罰シ又之ヲ殺スヲ得ルモ其之レヲ矯正シ之ヲ減少スルハ曽テ能セサル所ナリ且ツ懲治檻《ママ》ナル者アリテ孜々之レガ化育ヲ謀レドモ犯罪人コ、ニ老賊宿囚ト雑居スルヲ以テ常ニ其悪習ニ感染シテ卒ニ反正《ママ》ノ機ヲ得ルナシ

このように小崎は、懲治監における囚人の雑居状態を批判し、それに替わる施設として「懲矯院」（感化院）の設立の必要性を説き、欧米の感化院の紹介を行った。

また、司法省法律顧問として一八七九年から八九年まで日本に滞在したアッペールも、一八八七年に行われた講演「罪囚減少策一般」（アッペール1887）の中で、幼少年犯罪者が懲治場に入ることを「実ニ此少年ニ付テハ危害ノ大ヒナルモノアリ」とし、懲治の期間に子どもが手に職をつける機会を失うこと、前歴によって就業に不利を蒙ることなどによって、結局は再び犯罪に手を染めることを憂えた。

後に、家庭学校を創設する留岡幸助は、一八九七年の著作『感化事業之発達』で、「少年を成年囚と同じ範囲に置くが如き、猶夫れ伝染病者を同一の所に於て蔓延を防がんとするに等し」（1897e：126）と、分離処遇の不徹底について批判を行った。

最後に、一九〇〇年感化法の起草者となる小河滋次郎の見解を確認しておこう。一八八九年の監獄則改正に関わった彼は、監獄則の解説書『日本監獄法講義』の中で、次のような認識を示した。

> （懲治場の—筆者）其目的ハ刑ノ執行ニハ非スシテ唯タ懲治ヲ施シ教誨感化シテ其行状ヲ改悛セシムルニアリトス…（中略）…官司ニ於テ之ヲ設置スル以上ハ管理ノ便宜上、勢ヒ之ヲ監獄ノ一種トシテ其目的ニ差支ヘナキ限リハ位置及ヒ管理其他諸般ノ規制ヲ同一ニセサルヲ得ス然シ本体ヨリ之ヲ言ヘハ不良少年ノ懲治事業ノ如キハ宜シク有志人民ノ設計ニ一任シ政府ハ唯タ之ヲ保護管督スルニ止メ其組織ハ監獄ノ

規制トハ全然、其軌ヲ異ニシ最モ適当ナル家族的生活法ヲ以テ之ヲ管理スルヲ要スヘキモノトス（小河1890：13）

このように、小河の見解は極端な懲治場批判ではなく、懲治の実施はできるだけ民間の事業として行い、「家族的生活法」という処遇方法の必要性を示唆するにとどまっている。しかし、彼が欧州遊学から帰国した後、一八九七年に帝国教育会で行った演説では、次のように懲治場に対する激しい批判に転じた。

懲治場なるものも真に是れ名義上の区別たるに止まり監獄即ち刑罰執行の場処内に之を設け其管理法の如きは僅かに監獄則に於て簡単粗漫なる二三の事項を規定するに過ぎず況んや其之を尋常一般なる監獄官吏管掌の下に一任するが如きは無法も亦た極れりと謂はざるを得ず何れの国か懲治場を以て之を監獄一区画の内に附設する処かある…（中略）…監獄又は懲治場なる所のもの彼等（犯罪児童—筆者）に対しては寧ろ犯罪養成の学校たりと謂ふも過言に非らず（小河1897e：9–10）

以上のように、当時の懲治場に対する批判は、主に懲治場の設置と構造上の問題、すなわち幼少年犯罪者と成人犯罪者の接触という収容者の分房の不徹底に向けられており、犯罪という「病」の感染に細心の注意が払われていることが理解できるが、いっぽうで「懲治」（教育）の内容自体についてはほとんど批判がなされていない。つまり、彼らは「懲治」と「感化教育」の内容的な違いは何なのかという根本的な問題にはあまり触れずに、感化院という懲治場に代わる新しい「場」を求めているわけである。そして、このことは同時に懲治場そのものの改良の道が残されていることを表しており、後の特別幼年監の設置へと繋がっていくことになる。

3 予防という概念――「病」への積極的対応

では、感化教育を必要とするより重要な要件は何か。筆者はここで「はじめに」で述べたように「予防」という概念に注目する。懲治場の改良ではなく、あえて感化院という新しい場を求める論理、それは犯罪という「病」を監獄以外の場で予防するという概念を前面に打ち出したことにある。

ただし、感化教育について語る者が、必ずしも感化教育の「予防」という機能について必要もしくは重要視していたとは言い切れない。たとえば、万国監獄会議を主導したアメリカ合衆国の監獄学者ワインスは、感化院を「罪悪ニ陥ヰルベキ恐レアル幼者ノ為メニ設クルモノニ非ズシテ現ニ罪悪ノ所為アリシ所ノ幼者ヲ入ル、場所」(ワインス 1885：16) という定義づけを行っており、どちらかといえば懲治場に近い施設として説明をしているように解釈できる。

また、東京大学教授の穂積陳重に師事していた小河滋次郎も、信州上田の郷党とともに刊行していた『上田郷友会月報』誌上で、「監獄トハ感化学校ノ謂ヒナリト感化教育ノ説ニメ果シテ其当ヲ得タルモノナラシメン乎須ラク先ヅ茲ニ教育ノ目的ヲ論究スルヲ要ス」と述べ、囚人の「心性ヲ感化」するためには、みだりに懲罰や威嚇を用いるべきではないと主張している (小河 1886：35-36)。当時の小河の場合は、感化教育を囚人に対する教育的処遇を実現するための一つの方法として認識していたように見受けられる。

この両者はともに一八八〇年代の論説であるが、感化教育と「予防」という機能を直接的に結び付けて説いたものではない。以上のような雑多な解釈が他にも存在していると考えられるが、一八九〇年代以降の論調では犯罪を予防することが感化教育であるという主旨の内容が、自明のことのように語られるようになる。

(一)「予防」の機能

感化教育の「予防」機能とは、どのような機能をいうのか。大審院長だった名村泰三の講演(一八八八年)における言葉を借りれば、それは「不良少年を未だ法律に触れざる以前に、矯正手段を以て良民」(名村 1888 : 111)となすことであり、同時に犯罪の事実のみならず、犯罪のおそれのある子どもにまで矯正の対象を拡大することを示している。したがって、懲治場のように犯罪児童の将来における再犯を予防することよりも、より積極的な意味を帯びてくる。

この「予防」という機能は、欧米の感化教育の先進事例が日本に紹介された際に、すでに感化教育の重要な機能としてその地位を確立していたようである。そして、刑法などの範としたフランス、後にフーコーによって、「規律・訓練の最も強度な状態における形態であり、人間の行動に関する強制権中心のすべての技術論が集約される見本」(Foucault 1977 : 294)と評されたメットレー感化院の実績をはじめとして、「予防」の効果が紹介されている。

日本では、先に挙げた小崎弘道の論説でこの予防機能について触れられているが、この「予防」という魅力的な機能の強調と、懲治場の現状に対する批判を組み合わせた論調は、一八九〇年代以降の感化教育論の典型的な形態となる。以下、「予防」についての論説を追ってみよう。

元大審院判事の三好退蔵は、留岡幸助とともに設立を計画した感化学校設立の趣旨書の中で、次のように「予防」の必要性について述べている。(3)

不良少年ノ国内ニ増加スルハ猶疫病ノ社会ニ蔓延スルカコトシ感化教育ノ必要ナルハ予防衛生ノ急務ナ

ル二同シ若シ之ヲ自然ニ放任シテ顧ミサルトキハ大ニ国ノ健康ヲ傷ルノミナラス監獄ノ費用之レカ為メニ増加シ、国家ノ経済之レカ為メニ非常ノ損害ヲ被ムルモノアリ又其罪悪ノ隠伏スル所凝テハ則社会党トナリ激シテハ則破壊党トナリ時ニ或ハ国民ノ財産権利ヲ蹂躙スルノミナラス国家ノ安寧ヲ破リ社会ノ秩序ヲ壊乱スルニ至ル其危険啻ニ疫病ノミナラサルナリ然レバ則不良少年ヲ教育シテ犯罪ヲ予防スルニハ、実ニ国家ノ責任社会ノ義務ナリト云フモ誣言ニアラサルヘシ（三好 1897：4）

また、米国に遊学し、実地の感化教育を学んだ留岡幸助も、『感化事業之発達』の中で、次のように述べている。

若し欧米諸国に倣ふて、少年犯罪及悪少年を置くに、矯正院感化院を設けたらんには、蓋し爾く多くの犯罪を未然に防ぐことを得たるや知るべきなり、是に於てか少年感化の道を講ずるに方り全然懲治場を監獄より分ちて特別なものを建設するにあらざれば、到底其目的を完うする能はざるを知るべし（留岡 1897e：134）

先に挙げたように小河は帝国教育会において、犯罪予防に対する教育事業の重要性についての演説をおこなった（小河 1897e）。その中で小河は、犯罪行為を行った子どもに対しても、彼らが「是非弁別の能力なき所の者」＝「一人前の人間たるに能はざるもの」であるから、刑罰ではなく教育が必要であると述べたが、このような犯罪児童といまだ罪を犯していない「不良少年」とをほとんど概念的に区別をしていない。したがって、前者に対して「真正の犯罪者」とならないために、そして「公共の安寧を保持」するために、家庭教育や学校教育ではなく、国家権力による特別な矯正教育（懲治もしくは感化教育）が必要だと小河が主張するとき、後者の「不良少年」も同様の論理で、同じ扱いを受けるべきであるということが当然のように語られる。

以上のように、感化教育を創りだす意義は、実質的にこの「予防」という機能に集約されているといっても過言ではない。そして、彼らの言説の説得性は先に挙げたような、欧米感化教育の実績紹介によって保障された。たとえば、**図4−1**は、後の感化法制定の際にモデルとした英国の感化教育制度の実績を示すものだが、感化教育の有効性を証明するに足るものとして、日本に受け入れられたことは容易に推測できる。そ

図 4-1｜英国――人口 10 万人に対する幼年犯罪者の 1 カ年平均（受刑者に限らず）

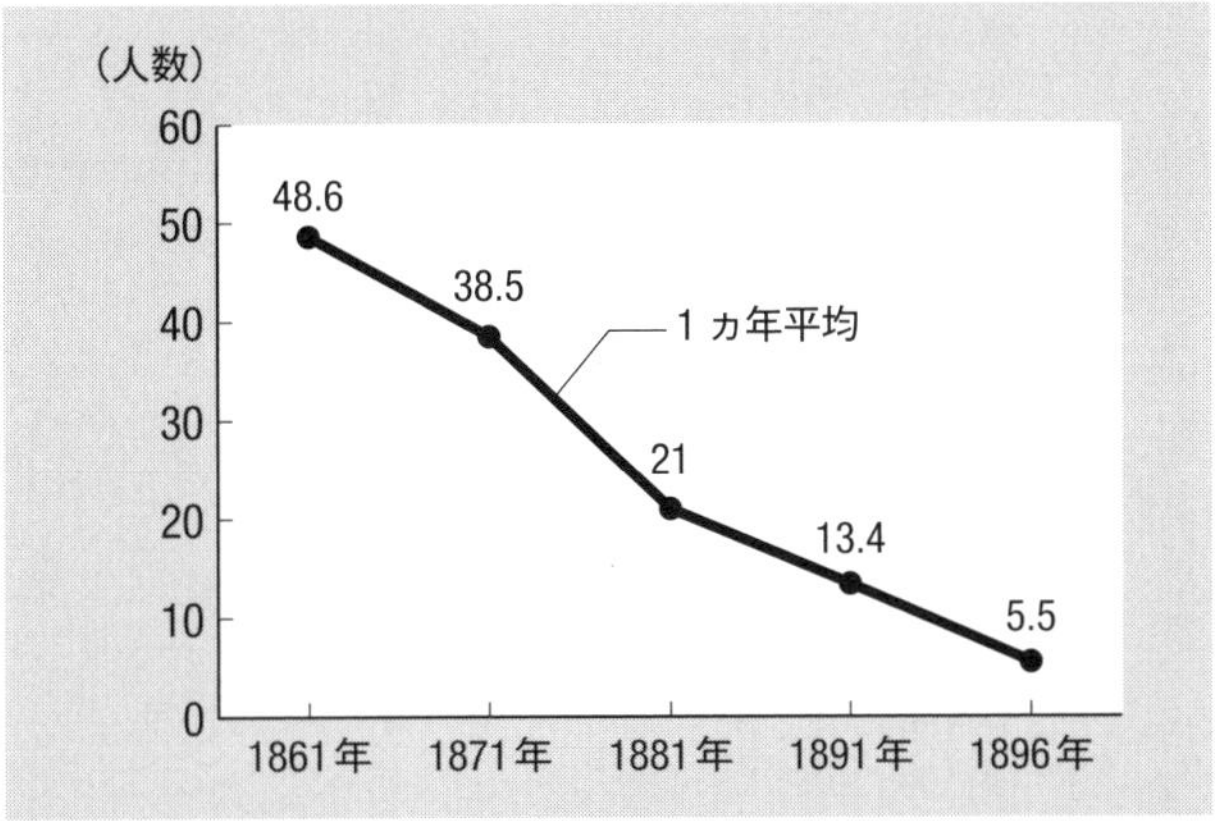

（小河滋次郎『未成年者ニ対スル刑事制度ノ改良ニ就テ』2 章 p.48 より筆者が作成）

表 4-2｜監獄新受刑者の未成年犯罪者累犯比較表

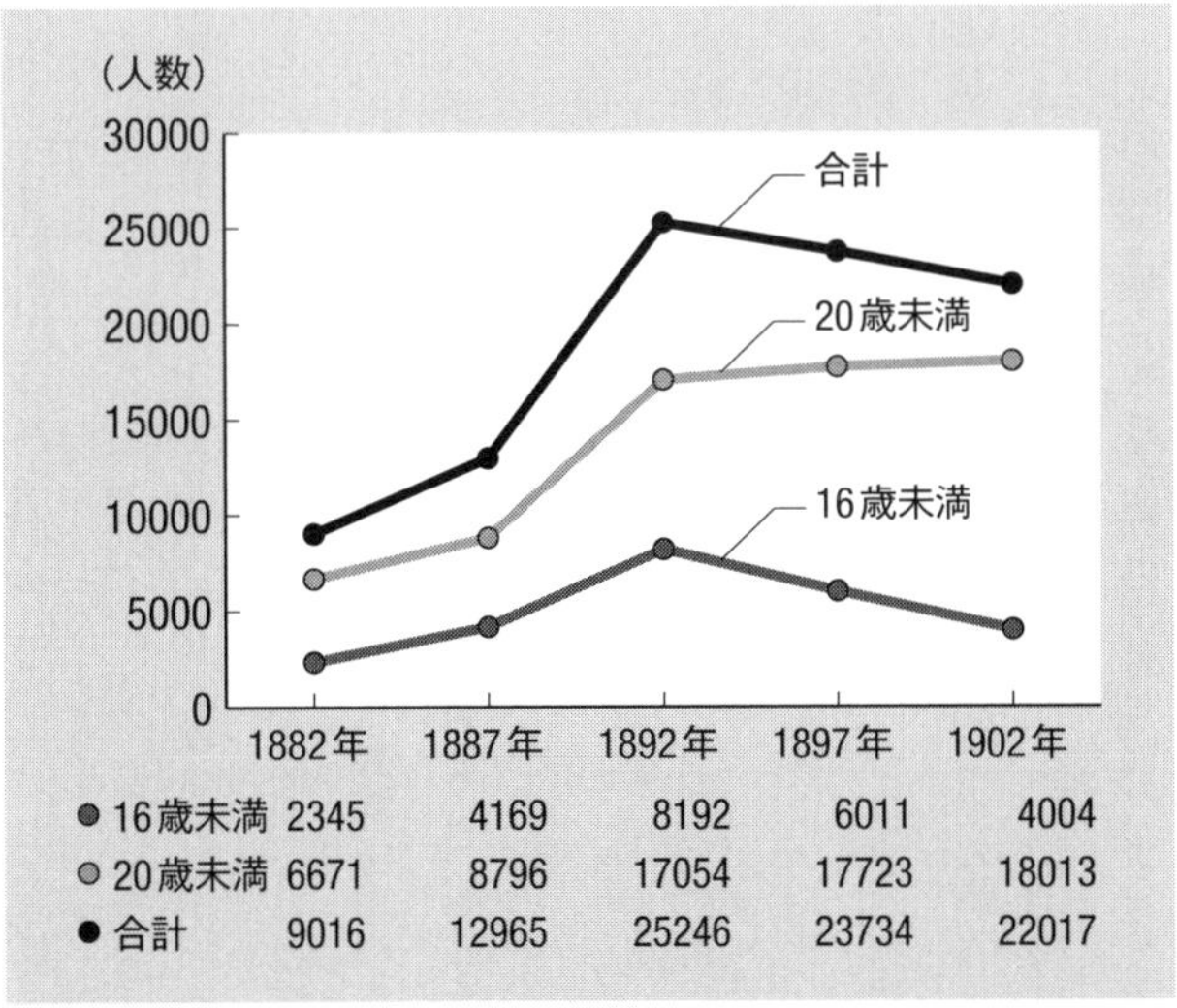

● 16歳未満	2345	4169	8192	6011	4004
● 20歳未満	6671	8796	17054	17723	18013
● 合計	9016	12965	25246	23734	22017

（小河滋次郎『未成年者ニ対スル刑事制度ノ改良ニ就イテ』第 2 章 pp.32-33 より筆者が作成）

して、このような先進国の実績は当時の日本の犯罪数増加を示す統計と並べられることで、より説得力を持つものとなる。

犯罪児童への対応について、懲治場という事後的対応（「情願懲治」という予防的要素はあったが）から、予防的対応へとその視野を拡大するということは、犯罪者という病人の隔離場でしかない懲治場それ自体の機能が感化教育推進者たちにとって魅力のあるものではなく、感化院という新たな「予防」の場を求める論理につながった。では、この新しい場で、どのような方法によって犯罪の「予防」が行われるのだろうか。

（二）「予防」の方法・手段

子どもに対する犯罪の予防策として用いられる方法は、簡潔に表現すれば「教育によって感化する」という方法である。「感化」という語の意味は、一般的に「人に影響を与えて考え方や行動など変えさせること」という意味で用いられるが、当時の考え方と今日とでは大きな違いはないと考えられる。つまり、感化教育とは「考え方や行動など変えさせる」ということに力点を置いていることになるが、そのような教育とは何か。

具体的なプログラムを知るために、当時感化法に先立って民間で設立された感化院のプログラムを参考にしてみたい。まず、一八八六年に設立され、後に成田学園となる千葉感化院の規則（一八九一年）をみると、「第十二条　教育ハ普通学道義学及心学ノ三科トス但生徒将来ノ志望上ニ由リ専門ノ学科ヲ修メシムルコトアリ」とあり、一九〇〇年の改正では、「第二十条　教育ハ倫理学普通学及攻業ノ三部トス」、「第二一条　倫理ハ教育勅語ノ聖旨ヲ本体トシ本人ノ感化法ト和シテ徳性ヲ涵養シ道徳ノ実践ヲ指導ス」となった（矯正協会編 1984：157–164）。

これ以外でも、感化教育を先導した民間の感化院の教育プログラムでは、活動の母胎となる宗教の相違に関わらず、「修身」「徳育」「道徳」が教育プログラムの中心的位置付けを与えられており、それに知育（学科教育）、工業（職業訓練）が付け加えられている。このように、非行の子どもたちを犯罪という「病」に罹らせないためのワクチンとして「教育勅語ノ聖旨」が掲げられた（矯正協会編 1984：130-196）。ただし、この修身（道徳教育）を中心とする教育体系は当時、感化教育だけのものではない。徳性の涵養が学校教育の教授目的の筆頭となり、「小学校教育は、儀式のみならず授業内容においても、臣民としての徳育育成による規律化に本格的な転換を遂げた」（荒川 2002：196）と指摘されるように、この傾向は普通教育を含む一八九〇年代の教育全体のものとして確立しつつあった。しかしながら、このように、感化教育と普通教育が共通の方向性を有していたとしても、それらを同一の性質のものとして評価することはできない。そこで、非行児童に対する教育理念を知る上で堤定次郎の次の論述は重要である。

世の悪少年を懲治し併せて之を教育するの好手段は果して如何曰く感化制度の設定是なり。感化院の長所は、感化教師其人を得るときは、悪少年を率ゆるに精神的方法を以てし、智徳両なから修め、之をして知らす識らす感化開進せしむるにあり…（中略）…蓋し感化院の性質は純然たる教育に非すして懲戒と教育とを両なから兼有するものなり。故に特別の情況に応して、特別に授くる一種の教育方法なりといふを得べし。夫れ悪少年の脳髄慣習は、尋常一般の教育方法を以て之を打破すること能はず、必すや其特別の情況に応して之を矯正改善するの特別手段なかるべからす。是れ感化院の目的とする所なり（堤 1893：114）

また、上記のような徳性の涵養は、入所した子どもたちが「家族法」なる生活様式に則って生活することによっても期待できると考えられたが、これは非行児童が、劣悪な家庭環境によって生成されるという視点に立脚したものでもあった。ここで、家庭学校を設立した留岡幸助の教育観と、子どもの非行の原因として注目した境遇の転換について述べた著述をみてみよう。

感化教育は、普通の児童と同じからず、道徳上種々の異状を呈し、或は偽はり、或は盗み、或は乱暴を為す等、世の常ならざる行為に出づる児童の為めに施こす所の教育にして、普通教育とは大ひに其の趣を異にす（留岡 1901：19）。

不良少年の感化は、其の境遇を善良にし、適当なる教育方法に依りて之を啓発するの外良法なきこと明かなり。故に余は家庭にして学校、学校にして家庭たるべき境遇に於て教育するに如かずと思惟し、同一の場所に家庭及び学校の共存するものを設け、以て彼等を矯正せんと欲す。是れ取りも直さず家庭学校てふ名称の出でたる所以なりとす（留岡 1901：68）

ここまで、感化教育に期待された「予防」の手段・方法について述べてきたが、非行児童に対する上記のようなアプローチの仕方は、犯罪の原因が主に「道徳的欠如」にあり、道徳の欠如を生み出す原因が、子どもたちの境遇（家庭環境や生活環境）にあるという認識に成り立っている。

このように堤や留岡らが子どもの不道徳について語る内容と、ほぼ同時期の一九〇〇年に出版されたE・ケイの『児童の世紀』の中での日本の子どもたちに関する記述を比較することは大変興味深い[4]。

ところで、以上のような「予防」機能や手段・方法はどのような価値や大義の上に成り立っているのだろうか。

(三) 価値、大義

いまだ犯罪行為を行っていない者に対して感化教育を行うこと、つまり、犯罪に対する「予防」措置の正当性はどこに見出されるのか。ここでは、当時感化教育の大義として立ち現れた言説に注目したい。

先に引用した、三好退蔵の言説について、室田保夫は「国家主義的かつ社会防衛的な文言があからさまに出ている」（室田 1998：384）と指摘するが、感化教育の大義を社会防衛に求める傾向は三好に限ったことではない。くわえて、感化教育の大義を社会防衛に求める言説が、感化教育の主体＝「国家」であるべきだという論理へ発展して感化法の制定に結実していくという経緯にも注目する必要があろう。

先に挙げた堤定次郎が、感化教育の大義と国家の関係について述べている部分をみてみよう。

単純なる不良の少年子弟を入院せしむるは、未発の事由を予め防遏するものなり。未発の事由を予め防遏するを得るは、独り父母兄弟の為めにあらず、国家の為め実を希ふべき事というべし。…（中略）…感化院は実に庶民教育の不備を補ふの効用をなすもの是なり。然らは之れ国家の事業にしてこれを経営設置するは亦国家の義務に非すして何そや（堤 1893：114）

また、以上のような「国家の安寧」について語る傾向は、民間感化院設立者たちの言説の中にも窺えるが、このような大義は民間の慈善事業の存在意義を訴える宣伝としての役割も担ったとも考えられる。たとえば、一八八九年に設立された京都感化保護院の設立趣意書の中では、「世或は感化保護事業は徒らに悪人を庇護するものゝ様思へる人もあれど、大なる誤りにて、罪人を保護するは即ち良民の害を減ずる所にして、会社の安全を保つの主旨なり。況や不良少年の感化に於てをや」と、述べられている（矯正協会編 1984：174–175）。

このように、「社会防衛」という大義は、感化教育の必要性のみならず、いっぽうでは国家事業としての感化教育を求める論理となり、他方では民間事業の存在意義を示すことに利用された[5]。民間の感化院の実践者たちが、個人の内面の中にどのような思想をもって非行児童との生活に臨んでいたかは、なお詳細に検討する必要性があるものの、公の場で語られたのは、以上のような「社会防衛」に関することが中心的だったことに間違いはない。

上記の点について、留岡幸助などは、非行児童の境遇に注目し、彼らを「悪むべきものにあらずして寧ろ憐れむべきものなり」（留岡 1899：532）という認識を示しているが、感化教育によって、このような子どもたちを「救済」「保護」「救護」するという意識（「憐れみ」や「愛」）も、おおよそ感化教育の実践者たちに共通していたと考えられる。以下、留岡の言説を引用してみたい。

多情の慈善家出でよ、血熱多涙の宗教家顕れよ、喰ふの食なく、身を安くの家なく、着くるの衣服なく、此不幸の少年を如何にせんとするぞ、出でゝ汝等の天分を尽すにあらずんば、彼等に依て影響せらるゝ此日本国を如何にせんとするぞ。

吾人は筆を書く擱くに方り更に語を高調して当局者に訴へざるべからず、国家大計の上より、また国躰の点より此悪少年を救護せずして可なる乎（留岡 1897e：145–146）

このように、感化教育の土台となる価値や大義については、「社会防衛」という国家的な大義が公で語られているいっぽうで、同時に対象となる非行児童に対する「憐れみ」や「愛」といったものを世に求めていくことへの方向性も存在していた。しかし、この境遇への「憐れみ」といったものも、かえって彼らを予防の対象として感化院に収容するための論理に取り込まれ、社会防衛という国家的な大義の中に埋没していく感がないではないが、この点については、また後にふれることにしたい。

4　制度化の実現——感化法の制定と実施状況

前述のような議論を経て、感化教育を制度化する動きは、感化法の制定によって一段落を迎える。菊池俊諦によれば、感化法の制定は、「或意味より謂へば、過去に於ける事業並思想の清算であり、同時に将来に対する理想の建設であり、統制の樹立である」（菊池 1940：96）という。この清算された思想の中に、菊池が先に纏めたいくつかの思潮のすべてが反映されているとは考えられないが、ここでは、犯罪の「予防」という側面に関して、感化法の制定過程でどのように議論されたのか述べてみたい。

一九〇〇年の第一四回帝国議会に提出された感化法案は、内務省参事官窪田静太郎、内務省監獄局獄務課長小河滋次郎らの起草によるものとされる（菊池 1940：98）。地方長官に管理される感化院（第二条）に収容される対象は、次のように第五条に規定された[6]。

一　地方長官ニ於テ満八歳以上十六歳未満ノ者之ニ対スル適当ノ親権ヲ行フ者若ハ適当ノ後見人ナクシテ遊蕩又ハ乞丐ヲ為シ若ハ悪交アリト認メタル者

二　懲治場留置ノ言渡ヲ受ケタル幼者

三　裁判所ノ許可ヲ経テ懲治場ニ入ルヘキ者

政府（内務官僚）が、「不良少年」なる者をどのように認識していたのか。それは、衆議院での感化法案を審査する特別委員会の中での「近来不良少年所謂乞食若ハ遊蕩ト云フテ宜シイカ、色々買ヒ食ヒヲスルトカ悪ルイ遊逸ノ癖ノ付イタ少年デアリマシテ、遂ニハ泥坊《ママ》抔ニ化スルヤウナ不良ナル少年ガ都鄙到ル処ニ段々

増加ノ傾ガアルノデゴザイマス」という政府委員・小松原英太郎の答弁の中にうかがい知ることができる。(7)
また、説明委員・小河滋次郎も貴族院の特別委員会の中で、「遊蕩」「悪交」の定義について次のように答弁した。(8)

> 何モセズニソコラヲ徘徊浮浪シテ悪遊ビヲスルト云フヤウナ種類ノヤツ、ソレヲ遊蕩ト指シマス考デアリマス。…(中略)…悪交ト云フノハ御承知ノ通リ掏摸ノ家ニ宿泊ヲシテ居リマシテ掏摸ノ種類ノ者ト交際ヲスルトカ、或ハ博奕打ト交際シテ博奕打ニ手先ニ使ハレルト云フヤウナ種類デアリマス

そして、このような「不良少年」の収容について、説明委員の小河は「すべて入院させる」という方針を述べているが、貴族院の特別委員会の中では、その「不良少年」の数は「凡ソ全国ヲ通ジテ四千五百人乃至五千人位ナ数デアル見込デゴザイマス」という試算を出している。そして、彼らに対する感化教育の方法として、小学校程度の教育と農業、工業の訓練を行うとした。また、子どもに対する食事や外出制限などの「検束」(第九条)の必要性を述べるいっぽう、「是ハ普通ノ教育トハ違ヒマスノデ、普通教育ト云フ中ノ倫理教育ヲ最モ厚ク施シタイ考デアリマス」と、道徳教育を中心に置くことを述べている。

では、子どもに対して、「不良」という判定を下すのは誰なのか。感化法第一〇条の「行政庁ハ第五条第一号ニ該当スヘキ者アリト認メタルトキハ之ヲ地方長官ニ具申スヘシ此ノ場合ニ於テハ仮ニ之ヲ留置スルコトヲ得」という規定について、小河は次のように説明している。

> 此行政庁ト云ヒマスルノハ多クハ警察官トカ市町村吏デゴザイマシテ、其警察官吏及市町村吏ガ第一号ニ該当スベキ不良少年ト認メタ場合ニハ先ヅ一面ニハ必要ガアレバ其者ヲ留メテ置ク、サウシテ一面ニハ地方長官ニ其事情ヲ具申シテ果シテ之ニ該当シテ感化院ニ入ルベキモノデアルヤ否ヤト云フコトヲ裁決シテ貰フト云フ積リデアリマス

このように、感化法の制定では非行ないし犯罪を行った子どもに対して、刑罰ではない教育的配慮を謳いながらも、警察組織等に「不良行為」を取り締まる権限を付与するところに、「社会防衛」に対する意気込みが感じられるのである。しかしながら、翌年の感化法施行規則の実施に際して、内務省地方局長から出された通牒の中に「少年者ノ将来ニ以テ独立自営ノ良民タラシムルヲ目的トシ其ノ教養指導ニ重キヲ置キ誤テ一種ノ監獄タルノ感ヲ起サシメサル様篤ク御留意相成度」とあるように、子ども自身の育成という点についても、いくらかの配慮がなされていることもうかがい知れよう（矯正協会編 1984：218）。

ところで、感化教育をめぐる議論の中には、感化院の整備とその効果によって監獄費用の大幅な削減ができるという経済的メリットを謳ったものが多く存在した。感化法制定によって、感化院を管理し費用負担を任された地方の府県はその点をどう認識していたのか、本節の最後に少し触れておきたい。

前章までみてきたように、感化法の制定は一八八〇年より地方支弁だった監獄費が一九〇〇年一月より国庫支弁に切り替えられており、さらに一八九七年の英照皇太后大喪の際に下賜された慈恵救済費四〇万円（総額）が、すでに各府県へ分配されてあった状況のもとで成立している。にもかかわらず、地方府県の感化法に対する反応は冷ややかであったようである。感化法附則の第一四条「本法施行ノ期日ハ府県会ノ決議ヲ経、地方長官ノ具申ニ依リ内務大臣之ヲ定ム」という規定を盾に取った形で、感化院の設置に積極的に取り組む府県は少なく、一九〇八年の第一次改正を迎えるまでに、同法の実施をみた府県は二府三県にとどまるという有様であった。結局は感化法第五条に該当する入院者が多数に上り、地方にとって経費負担が重くなることが懸念された結果といえようが、第一次改正までに公立感化院は五つのみであった。それに対して、感化法の適用を受けない私設感化院は一二施設存在した（矯正協会編 1984：218–219）。菊池俊諦が、後にこの状況を「所謂法制化の意図を裏切るもので、吾人は嘗て此の時代を目して、感化教育睡眠時代と名附けたる所以のものも、必ずしも不合理にあらず」（菊池 1940：102）と評したのも無理はないが、結局、感化教育を実施する府県にとっては、感化院設置は将来における経済的メリットどころか、監獄費に代わる新たな経済的負担を背負い込むということで忌避されたようである。

5 まとめにかえて

ここまで、犯罪の「予防」という概念に着目して感化教育をめぐる議論の経過を追ってきた。これより先では、「予防」を必要とする論理について、さらに考察を進めて本章の締めくくりとしたい。

(一)「不良」の判定、差別の視線

前述のように、感化教育という新しいシステムは、それまでの懲治場に代わり、「予防」という機能を前面に打ち出したものであった。そして、予防の対象となる者、つまりは感化教育の対象となる「不良少年」（非行児童）という存在が、実際に犯罪を行った子どもと同等もしくはそれ以上にクローズアップされる局面を迎える。「不良」という概念自体は、すでにみたように、一八七二年の監獄則の制定より存在したものである。そして、子どもに対してこの「不良」という判定を下す者は、この規定のもとでは「父兄」などの身内であった。

しかし、われわれは感化教育についての議論が展開される過程で、身内とはまったく違う部外者（警察官・市町村吏等）が、いつのまにかその判定者の役を担うことになっているという変化に留意せねばならない。

この変化は「不良」という問題が、家庭内の問題から、社会的に注目され、場合によっては取り締まりを受ける問題となったことを表している。そして、予防の対象となる「不良」なるものは、子どもの個人的な性質をいうのではなく、彼の境遇や環境、つまり家庭や近隣すべてを指す包括的な概念に変化を遂げている。そういった意味で、予防のために「不良」なるものを見つけ出す視線は、子ども個人ではなく、彼を取り巻く環境すべてに注がれる。ことに、「不良」なるものを見つける視線の多くは「貧民社会」（「下層社会」）に集中することになろう。

このように「不良少年」（非行児童）を境遇の犠牲者として捉え、彼らへの「愛」や「憐れみ」の心を喚起するよう訴える感化教育推進者たちの感性は、どう説明されるのだろうか。柴一郎は、感化法と同年に制定された「精神病者監護法」について、精神病者（「狂気瘋癲《ママ》」）への取り締まりが、「不良少年」（非行児童）へのそれと同一の方向性を持ったものであると指摘した上で、彼らに対する「憐れみ」の視線について次のように述べる。

> 憐憫の眼差しは、相手と自分との同一視にもとづく痛みを帯びた視線ではない。相手と自分との間に踏み越えることのできない溝を、差異を設定する視線である。…（中略）…また、憐憫の視線は「憫むべ」き存在を発見―創出すると共に、反照的にその視線の所有者を〈負〉ならざる〈正〉の側、つまり一般性や正常性の領域において〈主体化〉するものである。一見、同情にあふれているかの如き憐憫の視線は、〈正〉と〈負〉との間に線引きをし、一般性と正常性を設定するというきわめて軌範的性格を帯びた眼差しなのである（柴 1997：110）

この指摘は、主に精神病者への視線について述べたものだが、対象を「不良少年」（非行児童）に入れ替えたとしても、さほど間違いがあるとは考えられない。しかし、柴の指摘のように、「不良」の子どもたちを見つめる感化教育推進者たちの意識の中で、「正常」と「異常」の明確な差異の設定がなされていたかというと、必ずしもそうだとは断定できない。

たとえば、留岡幸助の場合をみてみよう。彼は慈善に関する著述の中で、「慈善とは己と直接せる関係を有せずと雖も、等しく之れ人類なり、等しく之れ同胞たれば之を雲煙過眼視する能はず、一見局外より見るときは無関係なるが如しと雖も身を挺して其急に赴くを云ふなり」(留岡 1898：3)と述べており、柴の認識とは齟齬が生じる。ただし、このような「等しく之れ人類」「同胞」といった言葉が、どれほどの価値や説得性を持っていたかも定かではない。この両者のバランスについてはさらなる検討を要するであろう。

(二) 貧民社会と「病」、「予防」

しばしば本論の展開の中で、犯罪に対して「病」という表現を用いてきたが、これは筆者独特の用語法ではない。事実、ここまでもみてきたように、当時の感化教育をめぐる議論では、あたかも犯罪が伝染「病」の一種でもあるかのような表現が多用され、この「病」という表現は、しばしば「貧民社会」と結びつけられた。そうして犯罪以外の社会的な問題(別の「病」)についても、あらゆる「貧民社会」の特徴がそれらと結び付けられ、社会のあらゆる「病」を発生させる根源が表象的に(事実はともかく)断定される。この過程について検討を重ねてみよう。

小森陽一は、「伝染病予防法」(一八九七年)や「娼妓取締規則」(一九〇〇年)、「精神病者監護法」(一九〇〇年)、「畜牛結核予防法」(一九〇一年)など、さまざまな「病」に対する予防的法規があいついで制定されたことをふまえて、次のように述べる。

「予防」という概念が単なる理念ではなく、実践的な法体系として大日本帝国臣民の日常生活の隅々にいたるまで、新しい差別の線引きを行い、それが行政警察によって強制されるシステムが出来上がるピークが一九〇〇年あたりなのである。ここに大日本帝国の一九世紀と二〇世紀の重要な切断線がある（小森2002：41）。

感化法の制定も、この一連の流れと無関係とは考えられないであろう。そして、実際問題として未発の事由を取り締まる「予防」を強制的に実行するためには、その根拠が示されなければならない。大日方純夫によれば、「予防」とは、「対象に何らかのマイナスの価値を想定し、その出現＝顕在化を未然に阻止しようとする」もので、予防にとって重要なのは「事前性」であるという（大日方2000：51）。そうして、やがてその「マイナスの価値」の想定が、実際には「予防」を実施する強力な根拠として作用する状況にいたる。一九世紀末から二〇世紀初頭の日本において「想定」が「根拠」としての説得性を帯びていく過程は、国家の安寧という大目的の下にありとあらゆる方向から、「病」の根源という「マイナスの価値」を「貧民社会」に付与する作業にみられた。たとえば、公衆衛生の分野では、江戸時代末期からのコレラや赤痢などのあいつぐ流行の中で、「貧民社会」の「不潔」や「穢れ」といったマイナスの価値が、伝染病の発生と結び付けられことによって、「巡視」や「消毒」「狩り立て」を強制的に実施することの強力な根拠となった（小林2001）。

ひろたまさきは、上記のような「『貧困』『不潔』『不徳』『恐怖』のイメージの重複・結合は、これまでさまざまの顔をしたさまざまの被差別者たちを次第に個性のない単色にぬりこめていくように思われる」と述べる。このようにあらゆる「病」（という比喩）が、「貧民社会」と結び付けられその因果関係が繰り返し叫ばれた。そうすることによって、やがて「不潔」「無知」などといった各ファクターと「貧民」との繋がりが相乗的に強固なものとなり、感化教育のような犯罪問題の領域では、「不良＝貧民社会」という関係が必然視されるにいたる。こうした確信のもとに、あらゆる「病」の発生を取り締まる任務は、予防（行政）警察が一手に担い、「貧民社会」の住民を監視する構図が創りあげられたと考えられる。

また、ひろたは監獄について、日本ではじめて創られた犯罪という「謂《いわ》れ」によってなされた合法的な差別の制度と位置づけている。ここまで述べてきたように、当時の感化教育の議論では、この「謂れ」が監獄や懲治場に収容された子どもにとっていかにマイナスに作用するかという問題が議論され、教育的配慮や憐れみ、犯罪「病」に対する擬似的な衛生的観念から、感化院という監獄や懲治場と別物のシステムを生み出す結果をみた（ひろた1998：139–140）。

しかし、見方を変えれば、感化教育推進者たちは、皮肉にも彼らが忌避する監獄の論理を繰り返しているにすぎなかったという評価もできなくはない。なぜなら、感化教育による「予防」の必要性と必然性を世に訴えるためには、推進者たちは新たな「謂れ」を創造しなくてはならないからだ。言い換えれば、感化教育の消長は貧民社会の「マイナスの価値」と子どもたちによる犯罪とが、いかに強固に関係しているかという点について、説得性を持たせることにかかっているといえよう。さらに、犯罪という既成事実としての「謂れ」ではなく、「予防」という不可視的なものを相手にし、取り締まるための「謂れ」は、より強固なものでなくてはならないだろう。この感化教育のための新たな「謂れ」を創る過程が、はたして対象となる子どもの将来にプラスとなるかマイナスとなるかは、おおよそ見当がつくといえよう。

以上、本章は日本において感化教育が形成される過程を論じるにあたり、「予防」という概念を中心に検討してきた。そして、感化教育の予防機能が強調された背景として、社会防衛的な思想や大義が大きく存在していたことを述べた。また、感化教育をめぐる議論と法制化への動きは、「予防」というフィルターを通してみると、「犯罪」という単一の局面に限定して語れるものではない。当時、社会を脅かす「病」と考えられたものすべての根源を、社会から排除する国家的な作業過程の中の一出来事として、感化教育を捉えなおすこともできよう。

いっぽうで、犯罪という「病」は、道徳的・倫理的欠落を強制的に教育し、改善する形で「予防」できると考えられていた。菊池の指摘するように、そこに境遇に恵まれない「憐れな不良少年」という人道的意識が働いていたとしても、なぜ、彼らが哀れむべき境遇を生きているのかという根本的問題は、また別の問題なのである。「不良」と繋がる貧困問題の根本的解決に目を向けないまま、「憐れみ」「愛」という美名のもとに実践され、それが、子ども自身の「権利」や「利益」と直接的に結びつかないところに、初期の感化教育の特徴がある。端的にいえば、当時の感化教育は、社会・経済・体制・階級的な問題を、子ども個人に対する教育的実践を通じて解決しようとするところにその主旨があったといえよう。

注

(1)重松（1976：301）には、アメリカ人宣教医のジョン・C・ベリー（John. C. Berry）「獄舎報告書」（一八七六年）中の少年行刑にかかわる箇所を引用されている。そこでは、初犯少年と犯罪を生業とする職業的犯罪者を同じ場所に拘禁することは、前者が後者によって教化（悪影響を受けるという意味において）される弊害があり、そのために監獄は、「懲罰ノタメニ設ケラレタル場所ト称スルヨリ寧ロ罪悪ノ学校ト称スルニ如カサル事前顕ヲ以テ瞭然タリ」という批判がベリーによってなされている。

(2)旧刑法第七九条「罪ヲ犯ス時十二歳ニ満サル者ハ其罪ヲ論セス但満八歳以上ノ者ハ情状ニ因リ満十六歳ニ過キサル時間之ヲ懲治場ニ留置スルコト」と規定されている。また、第八〇条では「罪ヲ犯ス時満十二歳以上十六歳以上ニ満サル者ハ其所為是非ヲ弁別シタルト否トヲ審案シ弁別ナクシテ犯シタル時ハ其罪ヲ論セス但情状ニ因リ満二十歳ニ過キサル時間之ヲ懲治場ニ留置スルコトヲ得」、「若シ弁別アリテ犯シタル時ハ其罪ヲ宥恕シテ本刑ニ二等ヲ減ス」と規定された。

(3)三好の趣意書に対して、『社会雑誌』三号ではＩＫ生という者から批判が投げかけられた。それは、三好の用いた統計表の誤りを指摘するとともに、「貧民」の子弟を「良民」に育て上げるためには、感化院よりも職業訓練所を設置すべきだというものであった。詳細は次を参照のこと。

> 之を収養教育し之をして自治の途を得せしめしは未丁年犯罪者の増加は之を防遏し得可けん然れども無限に終身の保護を為すは到底出来べからざれば一定の年限を期して之を放縦独立せしめざるを得ざらん而して一度悪芽の萌生せし草根は園芸者の栽培を離るれば輒ち悪芽の再発し易きは自然の理にして感化の効力は独立後僅かに数年を保つに過ぎざるの憾なきこと能はざらん歟故に余は寧ろ貧民救済の目的を以て汎く慈善家の義えんを募り各地方にその地方の生産工業に適応する数多の職業学校を創設し社会の中等以下の子弟を収養教育し自活の途を得せしめば一は以て殖産の途を拓発し一は以て貧困に起因する犯罪者及自殺し犯罪者の発生を未萌に防遏するを得て大に国の健康を勝全し監獄の費用を減殺し国家の経済を緩和し治国済家の基を立るを得るに至らん諺に曰く貧は百病の長なりと蓋し人心を痛撃すること貧より甚だしきものあらざるなり…(中略)…感化学校の必要を感ずるの急なりと雖も平常に於ては寧ろ一般貧民を救済し自活の途を得せしめ以て不良の心思を未発に防ぐの特に急なりと為すに如かざらん乎

(4)日本での「穏やかな教育方法は、自制心と思慮を喚起する点についても、同様に効果がないわけではない。むしろ反対に、日本ではこの美徳が子どもの幼い頃から、強く心に焼き付けられているので、親切心がいかなる快さを人生に与えるかという経験が、日本で初めて示されたほどだ。…(中略)…(日本において—筆者)個人の生命および安全に対する犯罪数の比較的少ないのは、この親切心の結果である」(ケイ1979:181)と彼女は分析している。

(5)なお、民間で家庭学校を創設した留岡幸助の、感化事業の公私関係についての論点を少し紹介しておく。留岡は、小河のような公立論者の指摘する民間慈善事業の最大欠点(資金不足で事業経営が不安定である点)を一部容認している。しかし、「慈善事業は始め私立せるものを公立に改進するは甚だ喜ぶべきもの」としながらも、「始めより公立のものとなすは決して称するに足らずと信ず」という。留岡は公立の欠点として、運営「委員の意見の区々として一定せず、衆議紛々として決する所なき如きは正に劣弱の点」をあげる。それに比べて私立感化院は、その経営方針は統一・安定しているという。また、施設運営については、資金よりも施設職員の質の確保に注目すべきであるともいう。はじめから大規模な事業展開をするよりも、小規模事業から経験を積み重ねてその事業規模を拡大すべきだという留岡のこの主張は、家庭学校という私設感化院を抱えた彼の信念でもあり、実践的経験から現実を加味した主張であるといえよう（留岡 1900：539-543）。

（6）印刷局『第一四回　衆議院議事速記録』三〇、一九〇〇・二・一九。

（7）印刷局『第一四回　衆議院感化法案審査特別委員会速記録』一、一九〇〇・二・二〇。

（8）以下、小河の貴族院特別委員会での説明は印刷局『第一四回　貴族院感化法案特別委員会議事速記録』一（一九〇〇・二・二二）に拠る。

第五章

小河滋次郎の感化教育論
——感化法制定後の感化教育論を中心として

小河滋次郎

はじめに

これまで、『監獄雑誌』や『大日本監獄協会雑誌』等を通して、当時の監獄改良や感化教育論などに関する議論を追ってきたが、この議論の牽引役として小河滋次郎《おがわしげじろう》の存在があった。彼は一八八九（明治二二）年改正監獄則、一九〇〇年の感化法制定などに関わり、当時の監獄改良運動を牽引した人物である。そこで本章では、明治期における小河の感化教育論について検討していきたい。監獄費国庫支弁の実現、監獄行政の司法省移管と同時に実現した感化法であったが、先にみたように府県立感化院の整備は遅れ、幼少年犯罪者などを感化院に収容する構想はいきなり蹉跌をきたすことになった。そのような状況にあって、小河は二度目の海外遊学を終え、自身の感化教育論をより精緻化させていくことになる。

まず第一に小河による二度目の欧米視察の状況について述べる。第二に感化法制定後の公立感化院設置構想の頓挫と、それを受けて実施された懲治場改革（特別幼年監の設置と「感化教育」の試行）に対して、小河が実践の指針として示した感化教育論について検討しておきたい。なお、懲治場（特別幼年監）で行われた感化教育の試行状況については次章で詳細に検討する。

1 監獄学者・監獄官僚としての小河滋次郎(1)

小河滋次郎は一八六三(文久三)年一二月三日(旧暦)、上田藩(現長野県上田市)藩医金子宗元の次男として生まれた。一八七八年六月に上田松平校を卒業し、一二月には東京の慶応義塾医学所へ入学した。なお、松平校卒業の時点では滋次郎は金子姓であり、慶応義塾医学所には小河姓で入学しているため、この頃に小諸藩士だった小河直行のもとに養子に出されたと考えられる。また、小河が同医学所で学業を全うしたかは不明である。

その後、東京外国語学校に入学するも中途で退学。一八八二年一〇月に東京専門学校邦語法律科入学(八四年卒業)、八三年九月には東京大学法学部別課法学科に入学し、同時に二つの学校に在籍し勉学に励んだ。この時期に小河は穂積陳重と出会い、日本における監獄学研究、監獄改良の必要性を説かれ、彼の下で監獄学の「始祖」となるべくその研究に邁進していくこととなる。

一八八六年、東京大学を卒業した小河は、内務省警保局長清浦奎吾への穂積の推薦により同年一〇月一四日内務省へ入省、警保局保安課に配属される。条約改正を前に警察、監獄行政の改革を目論む清浦にとって、穂積の下で監獄学を専攻した小河は注文通りの人物だったに違いない。内務省警保局に配属された小河は、獄務や監獄官の養成など監獄制度の近代化(監獄改良)に携わり、一八九一年には警保局監獄課長となる。そのかたわら、一八八七年に養父母直行・リサの長女・崎と結婚し、翌年には長男清雄が誕生した(この年養父直行逝去)。また、八九年一一月にドイツよりK・V・ゼーバッハが監獄官練習所教官として招聘されると、全国の監獄視察等の際に彼と行動を共にし、彼の影響からドイツ監獄学にますます造詣を深め、九四年には『監獄学』を上梓した。小河の幼少年犯罪者に対する感化教育についての言及はこの『監獄学』においてはじめて現れるが、各地の監獄の典獄を歴任した小河自身、幼少年犯罪者が他の成人犯罪者とほとんど同一に扱われることの弊害を目の当たりにしたと考えられる。

一八九五年、パリで第五回万国監獄会議が開催されると、小河は政府の代表として出席し、それに引き続く遊学によって諸外国の監獄制度・刑事政策について直接的に学ぶ機会を得たが、その途中、妻・崎の訃報に接した。(2) 一九〇〇年の第六回万国監獄会議（ブリュッセル）の際も政府代表として出席し、欧米を視察して帰国した。視察の状況を彼は『獄事談』(1901) として上梓するが、このような諸外国での視察・遊学の経験が、少年犯罪者への対策、いわゆる「感化教育」や社会事業方面へと彼を導いていったと考えられる。

小河の感化教育への展開をみていこう。小河は一八九七年一月、万国会議及びベルリン大学等での留学より帰国後、ただちに留岡幸助の著『感化事業之発達』(1897d) の序文において「感化事業は本にして監獄事業は其の末なり」として、感化事業の先覚者たる留岡の着眼点を賞賛した。それは同時に、彼自身が感化教育研究とその普及に邁進していく宣言でもあった。『監獄雑誌』誌上などで感化教育論を展開し、獄務や研究のかたわら感化法起草に参画、一九〇〇年に同法の公布をみるにいたったのは先に述べたとおりである。

以上をふまえ、次節以降では『獄事談』を手がかりにして二度目の欧米視察の状況について述べ、東京帝国大学より法学博士の学位を得た学位論文「未成年者ニ対スル刑事制度ノ改良ニ就テ」（一九〇六年八月）において展開された感化教育論について検討していきたい。

2 二度目の欧米視察(一九〇〇年四月—一二月)

小河滋次郎が第六回万国監獄会議(ブリュッセル)への出席と二度目の欧米視察のために「インプレスオブチャイナ」号に乗船し、横浜港を出発したのは感化法成立のわずか一月後の一九〇〇年四月一三日のことである(倉持 2003b：205–206)[3]。同船は同月二五日にバンクーバーに入港し、小河自身は二九日にシカゴへ到達した。その翌日には留岡幸助の紹介状を持参して「児童施設・救護協会」のH・ハートを訪ねて同氏と懇談し「幼年犯罪者の審理法廷を傍聴」している。さらにはハートらの案内によって孤児院や貧児院、地方監獄や「北米屈指の模範的感化院」というグリーンウード感化院の見学(小河 1901：869–870)を行っているが、シカゴを発つ際には「此度の米国旅行は感化事業の研究の上に大利益を得たることを喜び」と綴っている(小河 1901：875)[4]。その後、各地の監獄等を見学し、大塚素とともにエルマイラ感化監獄(ニューヨーク州)を訪問している。また、ニューヨーク監獄協会主幹・ラウンドを訪ね、五月一三日にはマッキンレー大統領とも面会を果たしている。

小河が北米を離れ英国・ロンドンに入ったのは七月で、ハワード協会主幹・タラックの案内によりレッドヒル感化院の視察などを行っている。ついで同月一八日にはパリで行われた「免囚保護に関する万国会議」に出席し、その後はベルギーに入って八月六日から開催される第六回万国監獄会議に備えた(倉持 2003b：206)。同会議は四部会に分かれ、政府委員として出席した石渡敏一が一部(刑事立法)と四部(幼年保護制度)、小河が二部(行刑制度)と三部(犯罪予防・免囚保護)へ参加している(小河 1901：11)[5]。小河は同会議への参加のほか、ベルギーのルイセルド、ベルネム両感化院を訪問し、幼少年の犯罪予防のために感化院や孤貧児保護施設が整備されている状況を称賛し、日本においても同国のように司法省管轄の下に監獄事業・感化事業・免囚保護事業を置くべきだとも述べている（小河 1901：281-282）。

感化教育に関するもので小河の『獄事談』の中で多くの頁数を割かれているのが、一九〇〇年に成立した「普国改正感化法及施行細則」である。これらは一度目の欧州遊学より師事しているドイツ（当時はプロイセン）の監獄学者・クローネの起案によるものであるが、今度の遊学においても小河は彼の下に約三カ月滞留して同地の感化教育関係者や感化院を訪問している。次章で述べる懲治場（特別幼年監）の処遇規則（方針）が、小河が調査したプロイセン・ワーベルン官立感化院の規定を参酌していることなど、この滞留期間にクローネから「有益なる調査材料を恵贈」された。と同時に「感化法の神髄は施行法の規定と之れが運用当局の人物に在て存す漫に外国の事例に倣ふを休めよ」という忠告も受けている（小河 1901：711）。

以上のような行程を経て小河は一九〇〇年一二月に帰朝する。次節で述べる学位論文「未成年者ニ対スル刑事制度ノ改良ニ就テ」はこのような小河の二度の遊学を含む学究の成果であるが、同論文は特定の国の制度に偏らずさまざまな国の感化教育や幼少年犯罪者処遇を参酌して、日本の処遇現場を改革するための指針としての役割も有していたのである。(6)

3 「未成年者ニ対スル刑事制度ノ改良ニ就テ」――明治期の感化教育論の到達点[7]

(一) 幼年犯罪者と犯罪予防

小河滋次郎は監獄官僚としての経験、監獄学者としての研究から、一般成人犯罪の増加と幼少年犯罪者の増加という現象をどう理解したのであろうか。[8] まず、「受刑ニ依テ改悛シタルト否トニ拘ハラス之レト全ク独立シテ他ニ彼レヲシテ再犯ヲ余儀ナクセシムルニ至リタル複雑ナル社会的又ハ個人的原因ノ存在ヲ認識スル」(小河 1903a : 6) として、もはや監獄制度それ自体では犯罪者を減少させる目的を果たせないという認識をもった。

そのような理解は「犯罪増加ノ禍源ヲ閉塞スルハ社会政策ノ大系統ニ属スル広義ノ刑事制度 (Kriminologie) ノ任務」であり、刑罰による「威嚇」に代わる新たな「予防的手段」の確立の必要性を認識するまでに発展する (小河 1903a : 7)。その「予防的手段」として、幼少年犯罪者に対する感化教育が導き出されるのである。この認識は、いったん罪悪に陥った彼らの処遇を誤れば、「『殆ンド全部』ト言フ」幼少年犯罪者が、「彼ノ終世、改悛ノ見込ナキ所謂習慣的又ハ職業的最モ危険ナル犯罪種族ニ変質スル傾向」を持っているという危機感を、彼自身がその実践の中で感じとったことにより生まれたのであろう (小河 1903a : 18)。

たとえ「不良行為」や犯罪に手を染めたとしても、幼少年のうちに適切な対処を行うことで再犯 (習慣的犯罪) を予防することができるとして、小河の注目は幼少年犯罪者に注がれることになる。[9] とくに彼が注目したのは先述のとおり「下層社会」の児童であった。小河は「約二十万人前後ノ害民ヲ有スル我国」において「遺棄、浮浪又ハ悪行ノ状態及ヒ犯罪行為ニ陥ル」「下層社会」の児童は約一万人存在すると推計する（小河1989：2章21）[10]。「犯罪ナルモノ殆ント下層貧民社会ノ専有物ナルカノ如キ感アラシム」という小河は、「下層社会」に生きる児童は、その「腐敗溷濁」によって「夭死或ハ遺棄或ハ虐待或ハ羸弱終ニ境遇ノ犠牲トナツテ浮浪犯罪等ノ運命」を免れることができないとの認識を示す（小河1989：12章29-34）。

したがって犯罪児童を減少させるための予防措置として、小河は「第一関門」として「一般社会的制度」、つまり救貧、養育事業や教育制度などの整備・拡充を要請するのである（小河1989：5章7）。そして、一般幼年者対策や実親による養育（「監護教育」）が十全に行われず、「道義的遺棄状態（悪行又ハ犯罪ノ傾向ヲ実現スルニ至リタル状態）」に陥ってしまった児童が「第二関門」としての感化教育の対象となるのである（小河1989：5章6-7）[11]。ただし、小河は感化教育の対象について①「道義的遺棄状態」の児童のほかに、②不良行為のある者、③犯罪行為のある者（「刑法々文ノ規定ニ基キ不論罪ノ言渡ヲ受ケ若クハ当然不論罪ニ処セラルヘキ種類ノ者」）という設定をしている。とくに③については「感化教育ノ客体トシテ最モ重要ノ地位ヲ占ムル」と指摘した（小河1989：5章1-13）。

（二）感化教育の定義

前項では、小河が監獄事業の限界を出発点として感化教育の必要性を認識するにいたる経緯、そして彼が主として「下層社会」の境遇によって生まれると理解した幼少年犯罪者等への予防的措置について述べた。それでは、彼らを対象として行われる感化教育の定義とは何か。小河は感化教育の定義を次のように述べた。

未成年者ニ対シ親権者ノ意思ニ依リ又ハ其意思ニ反シテ法律ノ規定ニ基キ国家カ其機関（行政或ハ司

法官衙）ニ依テ命令シ或ハ之ヲシテ直接ニ執行シ又ハ国家ノ監督ノ下ニ適当ナル個人（家族）若クハ営造物（公私立感化院）ニ於テ執行セシムル所ノ強制的教育法ヲ指シテ之ヲ称ス（小河1989：4章1）

この強制的教育は、「如何ナル場合ニ論ナク之ヲ施スノ結果ハ常ニ当該者ノ身体及ヒ精神ノ利益ヲ保全セシメラル、」性質のものであるという（小河1989：4章15）。ただし、その対象となる児童が「道義的遺棄状態」となり、犯罪に手を染めた以上は、「個人及ヒ公共」と「国家ノ法的秩序ノ保全」が危害を加えられたこと（またはそのおそれ）となるため、感化教育は、「刑事政策ノ必要」に基づいて行われる「刑罰ノ一種」ということになる（小河1989：4章7-16）。つまり、感化教育は刑事政策上の要請から実施され、国家秩序などの保全を目的とした「強制」的処分であるという側面をもって「刑罰ノ一種」と小河は位置づけるのである。しかし、後述のように感化教育の実践段階において小河が要求する処遇方法等と、先の「刑罰」的要素なるものがどのように調和され得るのかという点については明確に記されていない。

(三) 感化教育の「施行ノ方法」（施設形態）

感化教育の「施行ノ方法」には、①家族感化法と②集合感化法という区別があると小河は述べる。興味深いのはこの二つの方法の説明が、『獄事談』（小河1901：722-745）で訳出したプロイセン感化法施行細則「感化教育ノ執行」部分で挙げられている「家族的感化」と「感化院収容」（院内処遇）の内容をほぼ踏襲していることであるが、対象児童を一般家庭に委託して感化教育を実施する①は日本には存在しないため、ここでは②について論じていくことにする（小河1989：13章1）。②の集合感化法を日本の現状に当てはめた場合、我が国には(i)官立（国立）感化院、(ii)公立（府県立）感化院、(iii)私立感化院の三形態が存在すると小河は指摘し、「官立」・「公立」の施設でもって感化教育を行うことを「通則」としながらも三者が必要に応じて「併立共助スルコト」が肝要だという（小河1989：13章37）。

上記のうち、私立は家庭学校などの民間設立施設をさし、「公立」は感化法（一九〇〇年）で規定されたように府県が設置する感化院である。ところが、実際には感化法制定以降も公立感化院の設置は進まず、小河をして「我カ感化法ノ如キハ公立主義ニ由ツテ総ヘテノ感化教育ヲ施行セントスルノ方針…（中略）…終ニ之レカ実行ヲ見ルニ至ル能ハス殆ント全ク失敗ヲ以テ終ハルノ運命ヲ免カレサリシ」として「公立主義」が全くの失敗であったと落胆させた（小河1989：13章39）。では、「官立（国立）」感化院とはどのようなものなのか。

小河によれば、「刑法ニ依テ処分セラレタル者即チ犯罪的少年ハ他ノ一般不良少年ナル者ト区別シテ懲治場ト称スル官立感化院（極メテ不完全ナガラモ）（原文は割書表記―筆者）ニ之ヲ収容シツヽアルノ現況ナリ」（小河1989：13章41）という。そして今後の感化教育の体制として、「現行ノ制ニ基キ刑法ニ由テ懲治処分ニ付スヘキ所謂未成年犯罪者ハ之ヲ官立懲治場ニ収容シ其他感化法ニ由テ処分スヘキ遺棄、浮浪、悪交等ノ状態ニアル所謂不良少年ニ属スル種類ノ者ハ之ヲ公立感化院ニ収容スルヲ以テ本則トシ」、「必要ニ依リ相当条件ノ下ニ私立感化院ノ代用ヲ認ムヘキ」として、児童の状態の変化によって官立、公立、私立を柔軟に活用すべきだというのである。さらに、施設の設置の原則として、「懲治場又ハ感化院ハ遺棄、不良又ハ犯罪アル幼年者ニ対シテ専ラ感化教育ヲ施行スルカ為メニ特設シタル独立唯一ノ場所ナラサルヘカラス」という（小河1989：13章46-47）。

以上の主張の中で注目すべきは、「懲治場」を「感化院」と位置づけ、感化法に規定される公立感化院と同列に扱っているという点にある。彼は「懲治場ヲ以テ監獄ノ一種ト認メ（監獄則第一条）而カモ形式的不完全ナル区画ノ下ニ監獄ノ一部ヲ之レニ充用スル所アルカ如キ我国今日ノ制度ハ啻タニ此緊要ナル原則ヲ無視スルノミナラス立法上ニ認メラレタル懲治処分ノ法的性質ニ矛盾スルモ亦タ甚シト謂フヘシ」と述べ、懲治場を監獄として取り扱うこと、さらには刑事責任のない児童を「監獄の一部である懲治場」に入場させることの矛盾を批判するのである（小河1989：13章47）。

しかし、感化法制定以前において小河自身が懲治場（懲治処分）の不十分さを激しく批判し、それらが感化教育（感化事業）を法定化する有力な根拠となってきたことを前章までにみてきた。つまり、感化法制定以前と以後における小河の主張には大きな食い違いが見られるのであるが、この点をどのように解釈すればよいのか。感化法制定以前の小河の論説をみる限り、国立感化院の必要性は説いていたものの、「罪悪の学校」とまで批判した懲治場がそれに該当するとは考えられない。ところが感化法制定以降の「公立主義」の失敗と、監獄費の国庫支弁の実現による、独立した懲治場（特別幼年監）の設置が可能となるに及んで、懲治場そのものを「感化院」に変えてしまう手法を採用したのだと考えられる。小河自身が司法省に移籍したため、内務省管轄の公立感化院の整備には事実上介入することは不可能であった。そのため、現実的手段として司法省管轄の懲治場を感化院へと変更させつつ、公立感化院の充実を待つのが狙いだったのではないかと思われる。このことは、この（小河）論文の執筆段階において、すでに小河の指導によって川越分監などが懲治人（非行・犯罪児童）に対する感化教育を開始しつつあったことからもうかがえる。このように、小河の論法と懲治場改革の手法は現行法規の不備を衝き、懲治場は「監獄ではない」という論理の上に成りたっているものであった。しかし、現実的に法規上では懲治場は紛れもなく「監獄の一部」として規定されているのであり、そのような意味で小河の論理と懲治場活用の手法は大きな「賭け」であったといわざるを得ない。

(四) 感化教育の方法

引きつづいて、感化院における「管理ノ方法」について述べていくが、その方法については①家族主義、②協同主義(軍隊主義になる傾向あり)、③学校主義が挙げられる(小河1989：14章1)。小河は日本の感化教育が、集合的感化法(＝感化院という施設による教育の実施)を採用する以上は、③の学校主義に基づいて行うことが望ましいとした。この学校主義とは、家庭の教養能力が欠如したため、学校がそれを補完するという趣旨によるもので、「真正ノ意味ニ於ケル教養者」を採用し、「一般学校ニ適用スルノ規律ヲ以テシ学校規律ノ内、自ラ亦タ団欒親和ノ要素ヲ加味スル」ものであるという(小河1989：14章16–17)。そして官立感化院、すなわち懲治場における「管理法ノ則ルヘキ主義トシテハ比較的、最モ簡易、着実且ツ適切ナルモノト謂フヲ得ヘシ」(小河1989：17)と述べるが、次章でみるように特別幼年監の処遇方法はまさに小河のいう「学校主義」が採用されているといえよう。

さらに学校主義を採用する感化院において、職員配置の際に留意すべき点については、「実際職員ト児童ノ関係ヲ密切ナラシムル」ことが「最モ必要」であり、「感化院ニ職員タルヘキ者ハ教育家若クハ少クモ教育ノ素養アル者ナラサルヘカラサルハ論ヲ待タス」、とくに「院長ハ学術及ヒ実際ノ素養経験ニ富ム所ノ教育家ニシテ殊ニ不良又ハ犯罪少年ヲ生スル下層社会ノ状態ニ通暁スル者ナルヲ要ス」(小河1989：15章1–7)と指摘する[12]。後年になって国立武蔵野学院を開設する際、小河らは初代院長の職を山口師範学校の校長だった菊池俊諦に託した。菊池自身は感化教育にほとんど関わりのないキャリアを歩んでいたが、この小河の言及を考慮に入れれば、菊池の抜擢については十分に納得がいく[13]。

さらに感化院における処遇は、①一般処遇、②学業と③農工業によって構成されるが、これらは「個人的適当ノ処遇」を旨とし、「慈愛以テ処遇法ノ全体ヲ一貫セシムルニ於テハ如何ナル種類ノ児童ニ対シテモ少クモ信頼愛慕ノ念ヲ起サシムルコト」が重要であると主張した（小河 1989：16章3）。さらに、感化教育の対象児童のような「感受質ヲ有スル天性ヲ失ヒ長ク腐敗溷濁ナル境遇ニアツテ悪感化ヲ受ケタルモノ」を教育することは困難であるが、「堅忍持久、多クノ時トカトヲ此ニ費スノ覚悟」をもって「慈愛主義」を疑ってはならないと強調した（小河 1989：16章5-6）。また、「相当ノ自由ヲ与ヘ若クハ信用ヲ置ク」という方針の結果、「多少、逃走等ノ事故ヲ生スルハ当然ニシテ固トヨリ深ク憂ヒトナスニ足ラス」（小河 1989：16章13-14）と述べるが、これらの発言などからは、感化教育が「刑罰ノ一種」であるという先の見解との整合性はやはりみえてこない。後章の懲治場（特別幼年監）の実践報告書にみられるように、小河のいう「慈愛」や「信用」等という言葉が懲治場の処遇原則に掲げられているのは興味深い。

おわりに

以上、小河滋次郎の学位論文に焦点をあて、感化法制定後における彼の感化教育論を検討してきた。そこでは、これまで批判の対象であった懲治場を「官立感化院」と位置づけるという大転換がみられたが、この点をふまえてみると、小河論文で彼の言及する感化院とは懲治場と一部の公立・私立の感化院のみであり、前述のような施設運営の方法や職員体制、教育方法なども、官立感化院（懲治場）が念頭にあったとも考えられるのである。現実に監獄行政の世界では独立した懲治場（特別幼年監）が全国各地に整備されていくが、本論での小河の主張がそれらに色濃く反映されるのである。この点については、次章において具体的な懲治場（特別幼年監）の活動記録などを通じて検証することとする。

●──注

(1)小河滋次郎の経歴については、倉持（2006）を参照のこと。
(2)小河滋次郎は後に清浦奎吾の養女と再婚している。また、小河の万国監獄会議、留学先での行程などについては倉持（2003b）を参照のこと。
(3)小河の行程については小河（1901）の他に郷里の上田郷友会に宛てた書簡に基づいているが、同会宛の書簡内容については倉持（2003b）にまとめている。
(4)このような小河の記述を根拠として森田では、「明治三〇年代後半に小河の指導の下に展開した少年監・懲治場における〝感化院型処遇〟の実験は、この明治三三年以来の小河の精力的なパレンス・パトリエの哲学の吸収の中から生まれたものであった」とし、この小河の指導の下に「感化法・感化院制度」が「育まれた」（2005：303-304）と記述されている。しかし、先述のように小河自身の米国視察は感化法制定「後」であり、森田の理解には時間的な錯誤がある。また、米国の幼少年処遇に関して小河が詳細な報告を行っているのはエルマイラ感化監獄に限られているが、同監の実物教育や精神（学校）教育等には評価をするものの同監の処遇成績には懐疑的であり、同監に関する報告の結論として「亜米利加の監獄は学問上では一文の価値なし」と断じている（小河 1901：321）。以上の点から、森田の分析を全面的に肯定することは難しい。
(5)同会議には、内務省監獄局長を更迭された大久保利武や北海道集治監の教誨師であった大塚素など五名が有志者として参加していた。
(6)感化法制定前後の時期は田中太郎（1896）、伊東（1902a：1902b：1906）、ワインス（1901）、不詳（1901）など海外視察から帰国した人々や内務省による欧米諸国の感化教育や幼少年犯罪者処遇に関する報告書等の存在があり、小河がこれらから海外情報を得ていたことは十分に考えられる。
(7)本節において、小河の学位論文（一九〇六年八月）の分析は、小河滋次郎（1989）『未成年者ニ対スル刑事制度ノ改良ニ就テ』（五山堂書店）を用いる。本論文の執筆時期については小河（1989）等には一九〇三年であるという推測が述べられているが、小河が分析した統計表などから一九〇五年以降であることは明白である。したがって本研究においては学位論文の発表時期を学位授与の時期とみなしている。なお、田中亜紀子（2005：71）は同論文について「感化法制定当時の認識を物語るものである」という指摘を行っているが、小河の学位論文が二度目の欧米視察の成果を反映させている以上田中の指摘は誤りであると評価せざるを得ない。また、補足的に小河の学位論文「未成年者ニ対スル刑事制度ノ改良ニ就イテ」の普及版（縮小版）である小河（1903a）を用いる場合もある。従来、この著作は学位論文の要約のような位置づけであるとされてきたが、発表時期を考えるとこちらが学位論文の執筆にあたっての骨子を先行して発行したものと考える方が自然であろう。

(8)当時の未成年犯罪者数の増加については、第四章の**表4－2**を参照のこと。

(9)「幼年者」「幼年囚」などの用語にある「幼年」とは原則として一六歳未満の者に使用される表記である。監獄法制定以降は一八歳未満を示す用語として変更された。

(10)一九〇三年一〇月現在内務省調査では、「感化法第五条第一項ニ該当スヘキ種類ノ不良少年」は「全国ヲ通シ総計三千四百六十四人」であった（小河1989：23）。

(11)犯罪予防（再犯）の「第三関門」として位置づけられたのは、監獄における「自由刑ノ執行」である（小河1989：20章1）。

(12)学校主義の施設においては、「職員トシテ教師、技手、看守長及ヒ看守ヲ設置シ教育、農工業ノ指導並ニ庶務、計算、用度、取締等ノ事務ニ専任セシムル所アルヲ要ス」と小河（1989：15章9）は述べ、さらには「職員ノ多クハ成ルヘク有配偶者ナルヲ可トス、蓋シ自ラ家庭ヲ有スル所ノ者ハ自然ニ児童教養ノ実験ニ富ムコトヲ得ヘキヲ以テナリ」（小河1989：15章10）として既婚者が望ましいとした。

(13)菊池俊諦は一八七五年五月一二日、石川県羽咋郡杉野村に生まれる。東京帝国大学卒業。中学校教諭、師範学校教諭・学校長などを経て、一九一八年国立感化院・武蔵野学院初代院長に就任。以後、児童保護協会、日本感化教育会など児童保護事業方面の指導的人物として活躍、一九三三年の少年教護法成立に尽力。四一年武蔵野学院院長を辞任。七二年七月一一日死去。菊池のキャリア、感化教育論などについては倉持（2010）を参照。

第六章

監獄に残る子どもたち
——特別幼年監（懲治場）における「感化教育」

洲本育成学舎（神戸監獄洲本分監）での実業教育

はじめに

これまで述べてきたように、監獄改良の「クライマックス」といわれた監獄費国庫支弁法が成立（一八九九年）した後、監獄事務の内務省からの司法省移管、感化法制定が実現するなど、監獄とその周辺の状況は大きく変わった。

ただし、感化法はその制定過程において附則一四条が追加され、感化院の設置には各府県議会の決議が必要となり、公立感化院の設置は遅々として進まなかった。さらに、それまで感化事業（感化教育）の議論や制度設計の担い手であった監獄官僚らが司法省へ所属変更となったことにより、制定されたばかりの感化法（内務省所管）は「有名無実」ともいえる状態であった。

他方、感化法によって非行・犯罪児童に対する処遇の改善を企図していた監獄官僚たちは、監獄の一部である懲治場の改革にそのエネルギーを注ぎ、独立に設置した懲治場を特別幼年監とも呼んでそこを主な舞台として「感化教育」を実践していくのであった(1)。浦和監獄川越分監の特別監指定に始まるこれらの試みは、「形は監獄であったが、その内容は、学校的、家庭的、あるいは感化院的な教育」であり、「少年行刑史の中で最も異彩をはなった」と評価される（矯正協会1984：47–48）。また、当時川越分監を訪れた留岡幸助も、同監で一部行われていた家族舎制について「恰も我家庭学校でやつて居るやうにして、其所で飯を食ひ、一緒に寝るので、婦人がお母さんの代りになつて居る。斯う云ふ新しい思想に依てやつて居る所は、恐くは監獄としては世界になかるまい」という感想を漏らしている（留岡1904：6）。さらに前章でみたとおり、これらの実践を指導していたとされる小河滋次郎も一九〇六（明治三九）年の学位論文において懲治場＝官立（国立）感化院であるという認識を示している。

このように感化法制定以降も府県立感化院の設置が停滞している状況があるいっぽうで、監獄の一角を占める特別幼年監（懲治場）で「感化教育」が実践されるという事態が生じていたのである。しかし、一九〇七年の刑法改正及び監獄法の成立（〇八年）により懲治場に関する規定がなくなり、一九一〇年頃にはすべての懲治場が廃止された。この懲治場の廃止にいたる状況については、「突然大木が折れるように終焉に向かった」（矯正協会 1984：48）、「挫折と呼ぶにふさわしい終局のように思える」（守屋 1977：52）と語られているものの、その詳しい経緯はよくわかっていない。そのわずかな手がかりとして、『日本近世行刑史稿』の下巻に「従来に於ける幼年監の処遇は動もすれば寛遇に過ぎ紀律は紊れ逃走は頻出し而かも出獄後の成績等に至りても頗る不振を免かれざりし為、当局は懲治制度廃止を機として教育方針の根本的転換を図らんとしたのである」（刑務協会編 1943：946）という記述が存在している。

これら特別幼年監（懲治場）の試みについては、先に指摘したような高い評価がなされる反面、その実践（感化教育）に関する詳細な研究は少ない。矯正協会（1984）や重松（2001）、施設資料の復刻版刊行によって、特別幼年監の先駆けであった川越分監については一定程度の研究成果がみられるものの、他の特別幼年監（懲治場）に関する研究はほとんど確認することができない[2]。その主たる要因として他監及びその実践等に関して、現在確認できる資料がそれほど多くないことが挙げられるだろう。しかし、一九〇〇年代までの特別幼年監（懲治場）における実践は、遅々として進まない府県立感化院に代わって非行・犯罪児童に対して教育・保護的な援助を試みた「感化教育」の貴重な事例であり、その詳細を検討することは重要である。

以上のことから、本章は当時の監獄学・監獄行政の主要なジャーナルである『監獄協会雑誌』や近年、二井・倉持ら（2010）によって復刻された特別幼年監（懲治場）に関する資料を用い、懲治場の入所児童やそこで行われた「感化教育」に関して、その内実の一端を明らかにすることを試みたい(3)。また、これらの懲治場が廃止されるにいたった経緯についても若干の考察を行う予定である。

1　懲治制度と特別幼年監の設置

（一）懲治場等に関する法令

日本における非行・犯罪児童の処遇に関する最初の法規は、「監獄則」（一八七二年 太政官達第三七八号）である。この規程は刑期満了の者と「平民其子弟ノ不良ヲ憂フルモノ」で「父兄」等から願い出のあった者を「懲治監」という監獄内の施設に入れることを定めていた（興造一二条第一〇条）。ついで旧刑法（一八八〇年太政官布告第三六号）が公布され、第七九条で「罪ヲ犯ス時十二歳ニ満サル者ハ其罪ヲ論セス但満八歳以上ノ者ハ情状ニ因リ満十六歳ニ過キサル時間之ヲ懲治場ニ留置スルコトヲ得」と規定された。また「罪ヲ犯ス時満十二歳以上十六歳ニ満サル者ハ其所為是非ヲ弁別シタルト否トヲ審案シ弁別ナクシテ犯シタル時ハ其罪ヲ論セス但情状ニ因リ満二十歳ニ過キサル時間之ヲ懲治場ニ留置スルコトヲ得」、「若シ弁別アリテ犯シタル時ハ其罪ヲ宥恕シテ本刑ニ二等ヲ減ス」（第八〇条）と規定された。

そして、翌年一八八一年の改正監獄則（太政官達第八一号）では懲治監は「懲治場」へと名称変更し、懲治場は「懲治人ヲ懲治スルノ所」（第一条）と規定され、前出の旧刑法の第七九・八〇条で示された者及び第八二条の聾唖者のような不論罪にあたる者と「父兄」等より願い出のあった者（情願懲治）が懲治人として留置された（第一九条）。

この改正によって具体的な懲治人教育についても規定がなされ、「懲治人ニハ毎日三四時間読書習字算術度量図画等ノ科目中ニ就キ之ヲ教フヘキモノトス」（第九四条）、「懲治人ニハ教誨ニ充ル為メ服役時間表ニ準シ七時ニ過キサル時間（休憩時間ヲ除）農業若クハ工芸ヲ教ヘ力作セシムヘシ」（第四七条）という矯正帰善のための労作と学科の二本立ての方向性が定められた。

その後の改正（一八八九年　勅令第九三号）では懲治人を八歳以上一六歳未満、一六歳以上二〇歳未満、二〇歳以上の者に分房する規定がなされ（第一二条）、情願懲治は廃止された。また、懲治人への教育については、「懲治人ニハ毎日五時以内農業若クハ工芸ヲ教ヘ力作セシムヘシ」（第二〇条）、「囚人十六才未満ノ者及懲治人ニハ毎日四時以内読書習字算術ヲ教フベシ」（第三一条）と変更を受けている。さらに一八九九年の監獄則改正では、第三一条の学科内容が「読書習字算術等」と変更され、その施行細則第九二条において「教育ハ小学程度ニ依リ修身読書算術地理歴史習字体操其他必要ナル学科ヲ授クルモノトス」として幼少年囚・懲治人の教育内容がより具体的に定められた。

しかし、監獄則の改正を重ねていく中で懲治人に対する教育的処遇が改良されていく経緯にもかかわらず、実際には懲治場は多くの批判にさらされることになり、それらは非行・犯罪少年に対する「感化教育」の法制化（一九〇〇年）を促す原動力ともなった。ただし、当時の懲治場に対する批判は、主に懲治場の設置と構造上の問題、すなわち少年らと成人犯罪者の分離収容が不徹底であったことに向けられたもので、「懲治」（教育）の内容自体についてはあまり批判がみられない。このことは同時に、懲治場そのものにも改良の余地が残されていることを示しており、後の特別幼年監の設置へと繋がっていった。

(二) 特別幼年監の設置

内務省及び司法省官制の改正（一九〇〇年四月）によって懲治場を含む監獄の管轄は内務省から司法省へ移管され、同年一〇月にはそれまで府県が負担していた監獄費・監獄建築修繕費の全額が国庫支弁となる。この監獄費の国庫支弁が実現するまでは、監獄の管理・運営はその監獄が所在する各府県に委ねられており、懲治場の運営・教育内容等についても同様であった。その監督事務が司法省に移管されても、ただちに監獄そのものが中央官庁（司法省）の直轄管理の下に置かれたわけではなかったが、このように監獄費の国庫支弁なくして特別幼年監の実験は不可能であったことを確認しておきたい。特別監獄の施設整備や運営に加え、幼年囚・懲治人の移送などにも多くの費用や人員が必要となり、府県ではそれらの費用を支弁することが困難であったためである。たとえば、監獄改良の初期の指導者・小松原英太郎も特別幼年監が設置される一〇年も前から、「懲治場幼年監の如きも或は一の特別なる建物として適当なる位置に之を創設」（小松原 1892：34）するというような構想を抱いていたが、国庫支弁の実施が遅れたためになかなか現実のものとならなかった。

その国庫支弁問題が一応の決着をみると、小河滋次郎らは司法省による全国の監獄の直轄管理を見越して監獄再編のプランを練った。再編の一つの方向性として、それまで不徹底であった囚人等の分類拘禁制度の本格化・具体的には、かねてからの懸案だった一般の監獄から懲治人及び幼年囚の「切り離し（専門監獄の設置）」が計画された。たとえば、司法省監獄局員だった印南於菟吉は「幼年者をして特別官吏監督の下に置かざる可からず、是れ実に幼年者に対して特別処遇を加ふるの第一要義とす」（印南 1901：26）と述べ、幼年者に対して特別な設備と処遇者（職員）が必要であると主張している。[4] また、小河も「今日に於ては監獄経費もすべて国庫の負担に移り名実共に政府監督の下に全国の獄制を統一釐革することになつた以上、一日も早く画然たる監獄の分類を実行」して、必要なだけの「特別監獄」を設置すべきと主張した（小河1903b：27）。そのような強い要請もあって、旧刑法上不論罪となる八歳以上一六歳未満の懲治人と一二歳以上（一六歳未満）の幼年囚を収容する受け皿として、川越分監が監獄官制公布に先んじて特別幼年監の指定を受け、東京・神奈川・埼玉などから府県をまたいで各監獄の懲治人を移送・収容している。

以後、一九〇三年の監獄官制発布（勅令三五号）により全国の監獄が司法省直轄となるに及んで、金沢監獄七尾分監・佐賀監獄唐津分監（一九〇三年）、浦和監獄熊谷分監・静岡監獄沼津分監（〇四年）、新潟監獄長岡分監・福島監獄中村分監（〇五年）、神戸監獄洲本分監・横浜監獄小田原分監（〇六年）等と特別幼年監があいついで設置された。また、幼年監ではないが女児及び聾唖者の懲治場として横浜監獄（〇四年）が、女監として八王子分監（〇三年）が指定を受けた（**表6−1**）。

表6−1の特別監獄のうち、とくに懲治人だけを収容した幼年監では小学校令に則った学科教育と実科教育や家庭的な指導が行われ、その名称も「川越児童保護学校」（川越分監）、「中村少年学校」（中村分監）、「洲本育成学舎」（洲本分監）などに代表されるように関係者も監獄的色彩を極力払拭するように努めた。この「学校」や「学舎」等の名の付く各監の教育的処遇については次節で詳述する。

（三）特別幼年監（懲治場）の概況、処遇の方針等(5)

ところで、これらの新しい試みに対する監獄関係者たちの意気込みはどのようなものであったのだろうか。この懲治場を特別幼年監として独立設置した動きについて、小河は「此一事を以て我が獄制上、近年稀れに見る所の英断」、「監獄改良歴史の上に一新紀元を画すべき一大美挙なりとして満腔の同情を以て之を歓迎」

表 6-1｜特別監獄の概要

対象	名称	指定時期
懲治人（男）	川越分監	1902 年 12 月
	熊谷分監	1904 年 11 月
	洲本分監	1906 年 1 月
懲治人（女・聾唖者）	横浜監獄	1904 年 3 月
懲治人・幼年囚（男）	中村分監	1905 年 10 月
懲治人・幼年囚・成年囚（男）	七尾分監	1903 年 9 月
幼年囚（男）	小田原分監	1906 年 2 月
幼年囚・未成年囚（男）	唐津分監	1903 年 10 月
	沼津分監	1904 年 12 月
未成年囚（男）	金沢監獄	1906 年 3 月
	長岡分監	1905 年 8 月
女囚	八王子分監	1903 年 7 月

出典：進藤正直（1906a）「未成年犯罪者と特別監」『監獄協会雑誌』214 を参照して筆者が作成

すると高く評価している（小河 1903b：28）。また、懲治人は「全く教育的感念を以て遇せざる可からず」として「此の点に就ては予て小河先生も親しく同地に臨まれ劈頭第一に詳しく説明の労を採られたる趣にしあれば」（印南 1903：45）という記事からも、小河が懲治場に対して直接的に関与していたことがうかがえる。

　このような小河らの意向に対して、川越分監の総責任者である浦和監獄・典獄の早崎春香は、「唯だ小河氏の教導が暗夜の灯火といふやうな有様であつたのであります」（早崎 1904：19）と述懐し、徹底した教育的処遇を志向した。彼は「懲治」処分を受ける児童の犯罪行為は「未だ意識身体両ながら発育を遂げずして其行為が総て無意に発動するもの」であり、懲治場における教育を通じて「一面公安を保護すると同時に一面にはまた児童を保護するの趣旨に外ならざるべし」と懲治処分の目的を理解した（早崎 1903：22）。

　そして、教育の目的を貫徹するためには「懲治場」なる「往々誤解を免れ難き」名称は不適切であると指摘した。その名称によって「立法者行法者とも大方は一種の刑罰なるか如く誤解」し、「司獄官中にも往々縦令懲治とは謂へ兎に角に悪事を働きたる者なればとて一種の懲罰的取扱をせむとする向も不少」という弊害が想定されたためである。そこで、「強て誤解を生し易き懲治場抔《など》謂ふ名称を止めて寧ろ児童保護学校抔に改められむことを切望」し、実際に「川越児童保護学校」なる看板を川越幼年監に掲げたのは重松（1976：2001）などの先行研究が指摘してきたとおりである（早崎 1903：24–25）。早崎にとって「懲治」とは、あくまでも刑罰とは異なり、「父兄が教育すべき教育時期にある子供」を「国家が父兄に代つて児童を預つて教育」をする「児童教育保護」のための処遇であった（早崎 1904：22）[6]。さらに、この点に関連して司法省属・進藤正直は「小学校令」で「体罰」が禁止されていることにふれ、「幼年監が事実一種の実業学校たる有様なれは、其が懲罰の如きも須らく学校児童の例に準じて取扱ふこそ最も穏当なるが如し」（進藤 1904a：55–56）として懲治人などへの減食や体罰を原則的に廃止するよう主張した。

この川越分監（川越児童保護学校）の指定以降、あいついで懲治人や幼年囚などのための特別監が誕生したのは先に述べたとおりであるが、以下では当時の懲治人の状況について述べていきたい。各特別幼年監（懲治場）の個別的な状況については後述するので、ここでは全国的な状況について確認する。まず、全国の懲治場に収容された懲治人の人数についてみていきたいが、**表6–2**は一八九九年以降の推移について示したものである。この中には刑法の規定によって幼年者とともに「不論罪」の対象となる聾唖者の人数も少数ながら含まれている。

表から、川越分監指定以降、懲治処分に付される児童数が増加傾向にあることがわかる。新規入場者数のピークは一九〇七年であるが、〇八年に新刑法（一九〇七年 法律第四六号）・監獄法（〇八年 法律第二八号）が

表 6-2｜1899～1912 年間の懲治人の出入り（幼年者及び聾啞者等）

	前年より繰越	入場者	退場者					年末現員
			合計	満期	仮出場	逃走	その他	
1899（明治32）年	213	423	462	455	4	0	3	174
1900（明治33）年	174	343	373	365	6	1	1	144
1901（明治34）年	144	294	286	284	1	0	1	152
1902（明治35）年	152	376	313	278	3	0	32	215
1903（明治36）年	215	528	382	280	7	13	82	361
1904（明治37）年	361	566	471	312	58	13	88	456
1905（明治38）年	456	617	519	303	75	14	127	554
1906（明治39）年	554	964	710	270	73	10	357	808
1907（明治40）年	808	1336	913	287	69	13	544	1231
1908（明治41）年	1231	847	791	318	119	13	341	1287
1909（明治42）年	1287	196	817	325	263	25	204	660
1910（明治43）年	660	24	650	208	412	2	28	31
1911（明治44）年	31	5	35	14	20	0	1	1
1912（明治45）年	1	0	1	0	0	0	1	0

※1　表中の数字の単位はすべて（人）

出典：司法大臣官房文書課編（1904）『司法省第四回監獄統計年報』司法省
司法大臣官房文書課編（1905）『司法省第五回監獄統計年報』司法省
司法大臣官房文書課編（1909）『日本帝国司法省第九監獄統計年報　明治四十年』司法省
司法省大臣官房文書編（1910）『日本帝国司法省第十監獄統計年報　明治四十一年』司法省
司法大臣官房文書課編（1911）『日本帝国司法省第十一監獄統計年報　明治四十二年』司法省
司法大臣官房文書課編（1912）『日本帝国司法省第十二監獄統計年報　明治四十三年』司法省
司法省監獄局編（1913）『日本帝国司法省第十四監獄統計年報　明治四十五年大正元年』司法省を参照して筆者が作成

施行、懲治場の廃止が決まったことによって当然ながら入場者数は激減し、一九一二年に最後の懲治人が退場した。ここで注意を要するのは、第一に、「学校的設備の下に感化院的教育を施されつゝある幸運児は僅に全体の三分の一に過ぎずして、多数は今尚旧式の方法に依りて厳かに刑を執行されつゝある有様」（進藤 1906a：48）という批判にみられるように、急増した懲治人のすべてが新設の特別監に収容されたわけではなく、旧来の地方監獄の一画に留置された者が存在していたこと。[7]第二に、懲治人の増加の理由は、幼少年犯罪者に対して実刑ではなく懲治処分に付すケースが増加したと考えられる点である。この点について新規入場者数の変化とともに注目したいのが懲治処分に付される児童の年齢である。進藤が「頗る注意す可き現象と謂ふ可し」（進藤1905a：55）と指摘しているように、懲治処分に付される児童の年齢層については「一二歳未満」と「一四歳以上一六歳未満」とが一九〇三年以降では逆転している（**表6－3**）。

従来、刑法第八〇条「罪ヲ犯ス時満十二歳以上十六歳ニ満サル者ハ其所為是非ヲ弁別シタルト否トヲ審案シ……」という規定により、この年齢層の児童はほとんど刑事責任を認定されることが通例となっており、無条件で責任を問われない一二歳未満の児童が「不論罪」となって懲治人の中の多数を占める状況であった。したがって、懲治人の中に「一四歳以上一六歳未満」の年齢層が増えたということは、同時にこの年齢層の児童が、裁判において「不論罪」とされる判決が増えたことを意味する。[8]

では、いかなる児童が懲治場に入場してきたのか。進藤（1904b）によれば、一八九九年から一九〇三年の五年間に監獄に収容される幼年囚（一六歳未満の受刑者）は平均三七八九人であり、これは学齢児童一万人につき約五人の割合となる。そのうち窃盗によって監獄へ収容されるものが平均一九〇一人でもっとも多く、違警罪一二四二人、賭博一八九人とつづく。また懲治人入場数の五年間の平均は三六五人で、窃盗によって懲治処分を受けた者が平均三一一人で八五％強を占めている。幼年囚・懲治人とともにその大多数は軽犯罪によって上記のような処分を受けていることが理解できる。

つぎに、彼らの「成績」状況はどうであろうか。**表6－4**は、一九〇二年から〇六年まで五年間の出場者の成績（「行状」）である。五年間の平均「改悛率」（成績良好な状態で退場する児童の割合）は約六九・四％である。

表 6-3 | 新入懲治人の年齢構成の変化（1899～1904 年）

年代	新入幼年懲治人（人）	年齢構成比（%）		
		12 歳未満	12 歳以上 14 歳未満	14 歳以上 16 歳未満
1899（明治 32）年	396	63.1	27.8	9.1
1900（明治 33）年	319	51.4	39.1	9.4
1901（明治 34）年	274	50	35.8	14.2
1902（明治 35）年	329	36.5	44.1	19.5
1903（明治 36）年	401	30.4	36.9	32.6
1904（明治 37）年	419	23.1	37	39.9

※1　同じ年において新規入場者の人数が表 6-2 と異なるのは，表 6-2 には聾啞者等を含んでいるためである．

進藤（1905a）「懲治人年齢の大変化」『監獄協会雑誌』197 を参照し、筆者が作成

表 6-4 | 懲治人の行状調（1902～06 年）

	改悛者（人）		再犯者（人）	
	男	女	男	女
1902（明治 35）年	165	26	82	2
1903（明治 36）年	161	22	89	5
1904（明治 37）年	218	18	132	8
1905（明治 38）年	240	27	101	4
1906（明治 39）年	233	25	74	3
合計	1017	118	478	22
改悛率	69.4%			

出典：不詳（1907a）「既往五年間に於ける懲治人の行状調」『監獄協会雑誌』229 を参考に筆者が作成

年代別にみると、幼年監が事実上存在しない一九〇二年で約六九・五％、〇三年で約六六・一％、〇四年約六二・八％となり、〇五年約七一・八％、〇六年約七七％と成績が向上してきている。先の指摘のようにこれらの成績が必ずしも特別幼年監の入場者とは限定できないものの、懲治場全体の処

遇実績が向上してきていることは理解できる。このことは、後に懲治場に対する批判的意見を検討していく上で注意を要する。

以上、懲治場の概況について述べてきたが、次節では各懲治場の個別的な状況についてみていくことにする。

2 特別幼年監(懲治場)の実践——洲本・中村・横浜

(一) 洲本育成学舎(神戸監獄洲本分監)

表6－1に記したように神戸監獄洲本分監は、一九〇六年一月に男子懲治人を収容する特別幼年監の指定を受けた。同監も川越分監と同様に「厳かめしき監獄的観念を去らしむる為め」(横田1907a：1)、「洲本育成学舎」(以下：「学舎」)と別名称を掲げて懲治人への教育を行ったが、同監は国内ではじめて海事訓練を実施した監獄として知られている。本項では同監が発行した活動報告書『淡路島に於ける感化』(一九〇六年調査　以下：「第一報告」)及び『第弐回　淡路島に於ける感化』(一九〇七年調査　以下：「第二報告」)を参考にして、その教育的処遇を明らかにしていきたい。「不詳偶たま感化教養の大任を受け爾来孜々として之が研鑽に当る」(横田1907a：1)という言葉によって始まるこの二つの報告書は、舎長(分監長)横田作蔵の手によって記されたものである。[9]

組織

本学舎については、『監獄協会雑誌』に「洲本旧城内に在り土地閑静にて児童感化に付恰好の地なり」（不詳 1906a：57）と紹介され、職員組織としては、職員は舎長（分監長）一人、教師五人、医師一人、他二四人で構成されていたが、舎長以外の職員は生徒から「先生」と呼ばれていた。

処遇・教育方針・内容等

教育方針について、『第一報告』では「精神教育としては教育勅語を根本とし」、「軍隊手帳に倣ひ最初に教育勅語（其他氏名年齢、行事、工銭貯蓄高等の事項欄あり）を各自に携帯せしめ平素之が精神の涵養に努む」（横田 1907a：4）としている。また、「毎日食事後は舎長の居宅に於て一人宛対話等をなし」、「職員一二名絶へず彼等生徒と寝食を共にし所謂耳より入るの教育よりは目より自覚せしむる」として、舎長の横田をはじめ職員が積極的に生徒との直接的、個別的接触に努めた（横田 1907a：4）。なお、生徒の服装については、昼間は全員浅黄色の洋服に帽子、夜間は縦縞の和服、外出する時は袴を着用させていた（横田 1907a：7）。

『第二報告』では「予及職員一同ガ服膺」する目的で「幼年者教化指針」を定めたことが記されているが、次にその一部を挙げる（横田 1907b：2–4）。

一、吾人カ教化スル幼年者ハ家庭ノ冷淡教育ノ欠乏怠慢放侈不規律不清潔等ノ為メ今ノ境遇ニ陥リタルモノナレハ之ヲ矯正スルニハ此諸種ノ欠点ヲ補フニアリトス

二、彼等ニ接スルニハ愛情ト親切トヲ旨トシ吏員一同ハ之カ父兄タリ又家庭教師タルノ覚悟ナカルヘカラス

三、彼等ノ悪習非行ハ悪マスシテ之ヲ憐ミ其堕落シタル原因ニツキ同情ヲ以テ救済スヘシ

四、陰鬱猜疑ハ彼等心理ノ表彰ナリ吏員ハ虚心坦懐ヲ以テ之ニ接シ彼等ヲシテ光風霽月ニ対スルノ感ア

ラシムヘシ
五、吏員ノ叱咤呵責ハ彼等ヲ殺スノ凶器ナリ宜ク温容和煦之ヲ薫育スヘシ
十二、秩序規律ハ先ツ言語動作ヨリ之ヲ保持セシメ顕ヨリ微ニ及ホシ以テ心理ニ注入スヘシ
十三、彼等ノ課役習学体操ハ紀律ヲ以テ厳粛ニ監督シ精励刻苦身胆ヲ練磨セシムヘシ
十四、遊技放課ノ時ハ主トシテ自由ヲ与ヘ児童天真ノ性情ヲ発起啓暢セシメ苟モ之ヲ羈束スヘカラス
十七、教化ノ要旨ハ信義忠孝ノ大道ニ由リテ公私ノ徳ヲ重ンジ君父ノ鴻恩ヲ解セシムルコトヲ期スヘシ

このように「愛情ト親切トヲ旨」とし、「父兄タリ又家庭教師タルノ覚悟」をもって職員は生徒に臨むこと、また「叱咤呵責ハ彼等ヲ殺スノ凶器ナリ宜ク温容和煦之ヲ薫育スヘシ」という文言から、学舎職員の教育的配慮に関する意識の高さがうかがえる。

学科及び教授については尋常部・高等部が設置された。『第一報告』によれば、「文部省令に則り普通の小学校に準ず」ること、とくに「修身」と「体操」にも力を注いでおり、生徒は「概して読方綴方体操は成績良好の方就中兵式体操は最も得意」とするも「数理思想に乏し」とある（横田 1907a：4–6）[10]。『第二報告』では学舎には年長者が多いため、「一年間ノ程度ヲ半年間ニ授クル」という方法が記されており、横田は児童にこのような学校教育を保障することによって「将来其理想タル感化教育ノ完成ヲ期スルコト蓋難キニアラサルヘシ」（横田1907b：31–32）と評している。

実業教育については、「生徒をして少年時より労働の習慣を養成する」（横田 1907a：8）という目的で実施された。具体的な実業科目としては、指物・製紙・陶器・楊枝・掃除・洗濯と農業・漁業という多彩な科目が設置され、一九〇七年から追加した製紙と陶器については現地の工場に「通勤」させて教育を受けさせていた（横田 1907b：84–88）。このような学科及び実科教育の優秀者に対しては、毎月一回奨励会を開き、「教

員看護ノ下ニ於テ応対挨拶等ノ作法ヲ習ハシメ賞品」を授与する機会を設けていた（横田1907b：4–5）。

特別幼年監の先駆的事例でもあった川越分監では懲治人の外出や遠足を試みたことでも注目されたが、洲本育成学舎では遠足に加え海水浴などが行われている。[11]『第一報告』では、「日曜日祭日の如きは普通学校の如く舎外に遠足運動せしむるに彼等生徒の無邪気なる欲望を満たし兎角沈み勝ちにある性情をして快活ならしむると共に自然界の事物に接触せしめ真美の観念を養成し其他種々の活ける教材を得る等頗る有益なり」（横田1907a：7）として、その効果を挙げている。その他、夏期には毎日一時間、娯楽と練習のために海水浴を行うこと（『第一報告』）、春・秋には校内運動会を開催することなどが紹介されている（『第二報告』）。

生徒の状況（入舎児童数・境遇・成績等）

洲本育成学舎の生徒の状況について、『第一報告』では一九〇六年中の新規収容者数は一四一人、退舎二三人、死亡一人、移送五人で年末時には一一二人とあり、うち約四〇人は後述する練習船「鎮辺号」に乗り込んでいた（横田1907a：2）。また一九〇七年の新規入舎者は六六人、退舎四三人、年末時は一二〇人であり、鎮辺号に乗り込んでいるのは前年とほぼ同様である（横田1907b：1–2）。退舎四三人のうち、通常（満期）退舎は三八人、特別（仮）退舎は三人、重病による臨時退舎及び死亡が二人となり、他は死亡が二人、他監移送四人、脱舎（脱走）一人となっている（横田1907b：89）。

入学前の生徒の状況については学校教育との関連について『第一報告』に記述がある。一九〇六年末に在籍した一一二人中、「ほとんど不就学」であった者が五五％（六三人）と約半数を占めたが、その理由を「家計困難の一事」と報告書は述べている（横田1907a：18）。また、〇七年では「ほとんど不就学」だった者が七三％に増えている（鎮辺号乗船者を除く）（横田1907b：11）。

このような児童の退舎後の成績であるが、『第一報告』では退舎児中「出舎後善良の生活をなすもの百分の四七」(横田 1907a : 21) とある。また『第二報告』では退舎四三人中二人がまもなく死亡、それ以外の四一人は職に就いていたが、後に一〇人が「再犯」、五人が「不明」となったことが記録されている(横田 1907b : 95-96)。これらの点について横田は「親族若クハ他人ノ許ニ帰住セシモノ、成績不良ナルニ見ルモ如何ニ真正ノ愛情ヨリ出ヅル保護ノ有効ナル力ヲ証明スルニ足ル」と分析している(横田 1907b : 93)。学舎側としても「家庭又ハ他ニ血族縁故ナク全ク孤独ナル者ノ如キハ成ルベク当地ニテ職業ニ就カシムルノ方法ヲ取リ之ガ保護ヲ加ヘ居レリ…(中略)…遠キニ帰住スルモノニ対シテハ常ニ書信ヲ以テ其生活状態ヲ聴取リ之ニ対シテ反省ヲ促セリ」という努力をするも、出舎生徒の成績が帰住地の環境、保護者との関係に大きく左右されることが理解されよう(横田 1907b : 8)。

感化練習船「鎮辺号」について

洲本育成学舎の実践に関する特記事項として、練習船「鎮辺号」での海事訓練がある。同学舎では一九〇六年五月より漁船を新造し、生徒らに漕艇術などを学ばせていたが、同年九月からは大型艦船「鎮辺号」を使用して成績良好な生徒四〇人に対して「船術(運用学機関学)」を教授する試みを開始した[12]。教育は一つの学期を四カ月間として、満一年で「普通海員たるの資格を養成する」ことを目指した(横田 1907a : 12)。

この練習船を導入することの経緯について少し触れたい。一九〇五年一一月の『監獄協会雑誌』に掲載された記事「水上の感化事業」(不詳 1905a : 62) には『大阪毎日新聞』上の記事を引き、神戸監獄・典獄の坪井直彦がヨーロッパでの水上感化事業を神戸港にて実施することを計画したことが紹介されている。計画の概要は「不良少年三十名許りを二三百噸《トン》位の汽船に収容して航海其他海上に関する教育を施し規定の年月を経感化の目的を果し成績良好の者は下級海員として船舶に乗込ましむる筈にて感化船に使用する船は海軍省に照会し露国の捕獲船を借入るゝ都合なる」というものである。この記事の内容は実際とは異なる部分が多いものの、本監を預かる坪井が、洲本分監が特別幼年監の指定を受ける以前から練習船の導入を構想していたことがわかる。

鎮辺号については、『第一報告』に「本船は四百二十噸の軽装鋼鉄砲艦にして明治二十七八年戦役清国威海衛陥落北洋艦隊降服に際し我連合艦隊に引取りたるもの近くは海軍学校の練習船なりしが海軍省より交付を受け本年（一九〇六年—筆者）七月十二日呉鎮守府に於て授受を終了」（横田 1907a：10-11）という記述がみられる（改修後は二七九トン）。また、〇六年八月の『監獄協会雑誌』（不詳 1906b：56）にも監獄事務官の真木喬が呉へ受領に赴いたこと、同船がすでに淡路島の由良港に回航していることが記されている。

同船を導入した目的については先にふれたが、練習生として乗船した児童や船上での様子について述べていきたい。『第二報告』によれば、〇七年末時点で同船には一一歳から一七歳の児童三九人が乗船しており、彼らのほとんどは「家庭不和」「貧困」などを背景とした「窃盗」罪によって収容された者であった（三六人）。彼らに対する教育内容は、学舎と同様に「小学校令」に準ずるものであったが、なるべく「日用必須ノ学科或ハ船術ニ密接ノ関係ヲ有スル学科ヲ選択」（横田 1907b：138）して教授され、学科授業以外の時間は船術・実業教育にあてられた[13]。このような教育内容の影響もあり、児童が将来希望する進路先は「海軍」「海員」で占められ、『第二報告』では「本船ノ主旨ニ契ヒタルモノニシテ最モ喜バシキコトナリ」（横田 1907b：122）という感想が綴られている。

乗船児童に対する職員の様子については、「昼間教場ニアリテハ主トシテ厳格ナル規律ノ下ニ師弟ノ礼ヲ取ラシムト雖モ放課後室内ニアリテハ親子ノ愛情ヲ以テ彼等ヲ迎ヘ主トシテ自由ヲ与ヘ多ク羈束セス」（横田 1907b：139）とある。学科教育と海事訓練、日々の訓育を通して乗船児童らは「識ラス知ラスノ間温情厚キ至誠ニ感化セラレ大ニ家族的趣味ヲ有スルニ至リ天真爛漫トシテ無邪気ナル児童特性ノ本心ヲ表ハシ」、

「種々ノ悪戯ヲナサヽルノミナラス諸官衙ニ所用アリシトキ或ハ郵書投函ニ使セシムルモ迅速其用ヲ便シ来ル等純良ナル学童ニ変化」しているという（横田1907b：139）。

懲治処分を終えた者については、家庭状況によってすぐに帰住させず、「予メ乗船時ニ保護者ト協議シ退船後ノ保護ハ成可職員ニ於テ之ヲナスノ方針」をとったようである（横田1907b：104）。その成績についてみると、一九〇七年中の退船者（退学者）の数は八人、成績「不良」は二人で残り六人は船員の職に就くなど「皆品行方正ニシテ職務ニ精励シ独立自営ノ生活ヲナシツヽアルハ斯道ノ為慶賀スヘキコト」という評価がなされている（横田1907b：140）[14]。

以上のように順風満帆にみえた鎮辺号における懲治人教育であったが、一九一〇年七月に四人の懲治人が停泊中の同船から逃走、耐え難い空腹などのためにすぐに全員が保護・帰船するという事件が『監獄協会雑誌』上に掲載されている（不詳1910a：58-59）。新刑法・監獄法の施行によって懲治人自体が減少していく中で、当初のように「成績良好」な児童ばかりを乗船させていたかどうかは定かではない。結局、一九一一年三月には「懲治人は新法施行後漸次釈放となり最早一人も収容中の者なく随つて練習船の必要なきに至りたるより」鎮辺号による懲治教育は廃止となり、同船は公売に付された（不詳1911a：84）（洲本分監自体は一九一九年四月廃止）。

(二) 中村少年学校（福島監獄中村分監）

つぎに、福島監獄中村分監をみていきたい。本監は司法大臣の訓令によって一九〇五年一〇月二五日付で男子懲治人・幼年囚を収容する特別幼年監の指定を受けた。「中村分監ノ門標ヲ撤去シ半公然ニ中村少年学校ナル名称ヲ付シタルハ爾后殆ト一箇年ヲ経過シタル明治三十九年九月ニシテ」（中村分監編1908：2）とあるように、一九〇六年九月に「中村少年学校」（以下：「少年学校」）を名乗り収容児の教育に力を入れた特別幼年監である。[15] 本項では少年学校が発行した『特種教育ノ概況（附退学者ノ保護事業一班）』（中村分監編 1908）等をもとにその教育的処遇について述べていく。同書はその内容から、分監長（校長）松永美樹の手によって記された同校最初の活動報告書である（中村分監編 1908：5–6）。

組織

中村少年学校は、本監である福島監獄の典獄を「大先生」と呼び、分監長・松永美樹を「校長」、他の職員（監獄職員九人、小学校出身者五人、陸軍出身者二人、女教師二人など計二四人）はすべて「先生」と称して児童の教育にあたった。収容された児童は、幼年囚を「一種生」、懲治人を「二種生」、別房留置人を「別科生」と区分けして処遇された。

新入生（新規の収容者）に対しては特別な居室を用意し、教師が家長として「就寝時刻ニ至レバ教師ハ生徒ト枕ヲ並ベテ臥ス斯ノ如ク専ラ家庭的教養ノ間生徒ノ品性ヲ観察シ」、適当な時期に生徒を一般室に移すという方法をとった（中村分監編 1908：6）。また成績優良な生徒は特待生として「自営自活の精神ヲ養成」するため、和室（特別室）で「可成家庭的」な生活をさせ、居室の出入自由、炊事・分監事務所の補助などを担当させている（中村分監編 1908：7）。

処遇・教育方針・内容等

少年学校は一九〇六年一月に教養主義の方針として「教育要旨」を作成しているが、その内容の一部は次に示すとおりである（中村分監編 1908：8–10）。

一、教育ハ心身ノ発達ニ留意シ智能ヲ啓発シ徳性ヲ涵養シ実業ヲ授ケ以テ将来良民タルノ基礎ヲ養成スルヲ要旨トス

二、教育ヲ分テ普通教育、実業教育、家庭教育トス
三、教育ハ各自ノ性質体格、経歴教育ノ程度及父母ノ有無家庭ノ状況等ヲ審査シ可成個人的教育ノ方法ニ依ル
五、就学者ニ対シテハ身体ノ健全ヲ期シ三ヶ月毎ニ健康診断ヲ行フモノトス
七、教育ノ成績ハ三ヶ月毎ニ考査決定スベキモノトス
八、修身科ハ学級別教授ノ外一ヶ月一回以上個人ニ就キ適切ナル教訓ヲ加ヘ怠慢不規律ナル習慣ヲ矯正シ正直勤勉勇気忍耐等ノ諸徳ヲ涵養スルコトニ努ムベシ
九、家庭教育ハ専ラ家事経済社交衛生清潔礼式作法等ヲ実地ニ就キ示教習熟セシム

上記のように少年学校は、教育について「普通」「実業」「家庭」に分けて実施している。まず、普通教育については小学校令に準拠して尋常・高等科を並置しているが、「修身」「体操」及び「訓練」を重視する。また、高等科以上の学力を有する者に対して補習科を用意した。報告書によれば、「修身」と「訓練」は「感化教育」の効果を挙げるための車の両輪のような指導とされる。「訓練」は「日夕起居ノ動作」を詳細に観察するなどという記述から、日常の生活習慣や生活態度に関する指導であったと考えられる（中村分監編1908：12–15）。訓練が重要視される理由は、収容時の児童が「精神発育不完全」「姿勢不規律動作不活発」「不潔」「野卑」などの深刻な状態であったことが挙げられる。しかし、それらは「外界ノ境遇」すなわち「貧困ニシテ衣食ニ窮シタル」こと、「実父母ノ教育意見ノ誤謬」、「親属ノ惨酷ナル取扱」、「孤独ニシテ更ニ依ルヘキナク乞食同様ノ生活」などによって身についたものであるので、「之レ素ヨリ児童ヲ責ムヘキモノニアラス」として、「仁愛的温情ヲ以テ之レニ接シ善行ヲ賞賛」する「感化的訓練」を施すべきだという（中村分監編1908：13–16）。つまり職員は「先ツ十分ニ真実児童ヲ信用シ人格ヲ尊ビ良ヒ児ジヤ、シッカリヤレ、

エライ人ニナレルゾト褒メ励マス」ことが肝要なのである（中村分監編1908：25）。

その他「体操」科では、洲本育成学舎などと同様に「遠足」が実施され、「心気ヲ一変セシメ且ツ身体ヲ強壮ニシ志気ヲ活発ナラシメ不知不識ノ間ニ職員生徒間ノ情交ヲ親密ナラシメ心情ヲ融和」する目的のため海水浴や自然観察、美しい景色を満喫する機会が設けられた（中村分監編1908：18）。

実業教育については、「少年時代ヨリ労働ノ習慣ヲ養成シ自営自活ノ精神ヲ強固ニスル」（中村分監編1908：20）ことを目的として、竹工科、指物工科、桶工科、裁縫科、靴工科、農業科の六科が置かれた（一九〇八年三月、一種生の仙台移送に伴い竹工科廃止、靴工科を追加）。

さらに三大節（四方拝・紀元節・天長節）もしくは二カ月毎に職員と児童全員による茶話会を開催し、「児童ノ無上ノ楽ニシテ職員ト児童トノ親密ナル情交ノ度ヲ厚クスルト同時ニ児童平常ノ行為ト感情ノ発動スル動機ヲ観察スル点ニ於テ大ニ得ル所アルヲ認ム」とその意義について記されている（中村分監編1908：35-36）。

また、同校開始三カ月間は、食事量を児童の希望通りに供与する「満腹主義」を採用したが、胃腸を患う児童が続出しその方針を撤回している。「感化教育ハ家庭的組織トナスヲ最良ノ方法ナリト信スルガ故」に炊事施設、食事場面や方法についても職員の試行錯誤が続いたようである（中村分監編1908：28-30）。

家庭教育については少年学校の中で特筆すべき活動として、一九〇八年一月から行われた校長・松永宅における不良児童に対する試みを挙げたい。対象となる児童は生徒中「最モ不良ナルモノ」二人で、甲児（一五歳）は、「高等二学年ナレドモ成績勿論不良」「如何ナル因果カ大人ニモ子供ニモ嫌ハル可キ多クノ悪癖」をもつ児童で、もう一人は、「目ニ一丁字ナク真ノ野生児ニシテ」「行動獣的ニシテ殆ト全ク是非ノ弁別ナキカノ如ク」、生徒たちから「山ノ伯父サン」と綽名された乙児（一四歳）である。この二人は「一般生徒ノ風儀親睦ヲ害スルコト大ナル」ゆえに、校長宅で家庭教育を行い「日々本校ニ通学セシム」という方法をとった（中村分監編 1908：31-32）。

松永によれば、自宅においては校長夫妻を「『オトーサン』『オカーサン』ト言ハシメ」、「立派ナ児ヨト人ニ褒メラル、様ニ成リテ呉レ」という思いで養育するも、当初は二人の「素行不良」、家人との喧嘩、家の物品の損壊など困難を呈したという。しかし、しだいに「彼等ニ対スル愛情ハ深大トナリ苦慮嘆息等ノ感念ハ反比例ニ薄ラキ行キ児童モ次第ニ家風ニ染ミ来リ」という感想を述べている。その効果について二人は「喧嘩口論ハ稀」、「礼儀作法モ不十分ナカラ出来書生役モ間ニ合ヘリ」、「不正直少ナシ」、母（校長の妻）に対しては不作法やわがままを言うが、甲乙児ともに「隣家ヨリ苦情モ忠告モ受ケシコトナシ」、校長宅の五歳と三歳の男児に「格別悪感化ナキ」というものであった（中村分監編 1908：33-34）。甲児は退学後も校長宅での生活を希望し、乙児は別の教師宅で実業教育を続けて受けることを希望しており、校長・松永の児童の教育にかける苦労と情熱が垣間見られる一つの事例である。

生徒の状況（入所児童数・境遇・成績等）

本項では、少年学校の教育対象であった収容児童について追ってみたい。本報告書によれば一九〇五年一一月から〇七年一〇月の入学者は一種生（幼年囚）五二人、二種生（懲治人）一〇六人の計一五八人であったが、同校は〇八年三月以降二種生のみの専門監となっている。その懲治人である二種生の年齢や家庭の経済状況、収容理由と家庭の経済状況との関係などについては**表6−5・6・7**のとおりである。

まず興味深いのは旧刑法八〇条の対象となる入学時満一二歳以上一六歳未満の児童が七九人で約七五％を占めていることであり、先の進藤（1905）の指摘と同様の傾向がみられる。また、二種生一〇六人のうち「窃盗」による入校者は八二人で約七七％、「屋外窃盗」二人を含めると約七九％となる。さらに、家庭状況が「貧困」である入校者は八五人（約八〇％）、窃盗による入校者で家庭状況が「貧困」の者も六六人（約八〇％）

表 6-5　中村少年学校二種生の入学時年齢

入学時の年齢	人数（人）
9 歳	1
10 歳	4
11 歳	15
12 歳	14
13 歳	24
14 歳	24
15 歳	17
16 歳	4
17 歳	1
18 歳	2
合計	106

出典：中村分監編（1908）を参照して筆者が作成

表 6-6　中村少年学校二種生の家庭の経済状況

家庭状況	人数（人）
貧困	85
普通	18
富裕	2
不詳	1
合計	106

出典：表 6-5 に同じ

表 6-7　中村少年学校二種生のうち窃盗による入場者と家庭状況との関係

家庭状況	人数（人）
貧困	66
普通	13
富裕	2
不詳	1
合計	82

出典：表 6-5 に同じ

表 6-8　中村少年学校二種生の「退学後ノ状況」

成績	人数（人）
良	9
普通	6
不良	1
行方不明	2
再入場	2
合計	20

出典：表 6-5 に同じ

となっており、報告書の指摘した児童の「外界ノ境遇」とは、これらのデータを根拠としていることがわかる。

このような児童の退学（懲治処分終了）後の成績については、**表6-8**のような結果となっているが、二〇人中「良・普通」が一五人で七五%を占めている。

また、少年学校では「退学者ハ

総テ本校職員付添ヒ出張ノ上保護者ニ引渡シ」、「在学中ノ行績如何ヲ告ゲ且ツ将来ノ保護監督上ニ付相談的忠告ヲ与ヘルハ勿論其行況ニ照シ必要アリト思料シタルトキハ他ノ親族若クハ町村長ニ対シ児童ノ将来ヲ委嘱スルコトトナシ」とあるように、退学時の手続きに細心の注意を払っている様子がうかがえる（中村分監編 1908：35）。退学者の帰住先がない、もしくは帰住先が存在しても貧困・養育能力がないなどと判断される場合は本監・福島監獄の典獄が会長を務める出獄人保護会（中村にも支部設置）などへ委託することもあった（中村分監編 1908：82–84）。

（三）横浜根岸学校女子部（横浜監獄）

最後に女子懲治人に対する特別幼年監であった、横浜監獄についてふれておく。同監も他監と同様に独自で「横浜根岸学校女子部」（以下：「女子部」）と名乗り、女子児童及び聾唖者の教育にあたった。本項では同監が発行した報告書『第二回　横浜根岸学校女子部報告書（明治四十一年四月）』をもとにその処遇をみていきたい。

組織

横浜監獄は一九〇四年三月に女子懲治人を収容する特別監の指定を受けており、同報告書によれば、横浜監獄が「女懲治人を組織的に教育するの端を開」いたのは同年四月頃である（横浜監獄編 1908：1）。一九〇五年一〇月より東京八王子分監収容の女子懲治人を収容することとなったが、その後関東・中部・東北など各地域の女子を収容・教育した（横浜監獄編 1908：1）。また、女子部は事務室、教室、実業室、作法室、炊事室、独慎室、生徒居室、運動園などが整備され、「其設備全く普通の学校及其寄宿舎に倣ふ」というものであり、職員は教育主任一人、学科教育教師二人、実業教育教師三人が配置された（横浜監獄編 1908：4–5）。

処遇・教育方針・内容等

横浜根岸学校女子部の教育方針等について述べよう。同部のいう「精神教育」は普通小学校の「修身」を指しているが、男子特別幼年監とは異なり、それらを重要視するという記述はみられない。反面、「女子」という性別の問題などから学科教育は尋常科のみの設置で、「貧困の家庭にして出場の日より直ちに生活の為め奮闘せざるべからざるものなれば早く裁縫其他一般の家事を授け習熟せしむる」、「他日或は下女として或は主婦として不都合なからしめん為め」などとして実業教育に重きを置いている（横浜監獄編 1908：7–15）。

その他、土曜日には職員全員の昼食を作るため、食料品は「市中」へ出かけて買い出しをさせたこと、成績優秀者には監内の電話交換や看護などの業務を教師指導のもとに担当させたことなどが報告書に記載されている。また、他監と同様に「遠足」や「幻灯会」なども年に数回実施された。

生徒の状況（入所児童数・境遇・成績等）

女子部は「女懲治人」の特別幼年監であるが、同部に収容される女子は男子懲治人の年齢層とほとんど違いはなく、先述の中村分監と同様に一二歳以上一六歳未満の者の構成比が多い。本報告書が調査した一九〇四年度から〇七年度までの四年間に入場（あるいは再入場）した女子は計七三人（表6－9参照）、収容時の職業は「下女」一八人、「無職」一七人、「子守」一一人、「淫売」七人、「女工」七人などと続き、収容にいた
った犯罪歴は「窃盗」四一人、「放火」一一人と続いており、「窃盗犯」の構成比（約五六・二％）が男子よりも小さい（横浜監獄編 1908：38–40）。また収容前の学歴についても「無教育」二五人、尋常科一・二年が三六人（計六一人）と無教育・低学歴（「ほとんど不就学」）の割合が約八四％と大きいところに特色がある。

このような女子生徒らに対して女子部は個別的調査を行い、同報告書も全生徒の実名を挙げ、家庭状況・学歴・嗜好などの調査結果を掲載している。「各其個性によりて教育を施す所に寧ろ当場の教育の興味は存

表 6-9｜根岸学校女子部生徒の入学時年齢

入学時の年齢	人数（人）
10 歳	3
11 歳	2
12 歳	6
13 歳	16
14 歳	16
15 歳	15
16 歳	13
17 歳	1
18 歳	1
合計	73

出典：横浜監獄編（1908）を参照して筆者が作成

表 6-10｜根岸学校女子部の退学生徒の出場種別と成績

氏名	退学時期／種別	成績
T	1905 年 7 月／仮出場	成績良
I	1905 年 7 月／仮出場	消息不詳
A	1905 年 12 月／仮出場	就労中
T	1906 年 5 月／満期出場	再入場
S	1906 年 5 月／満期出場	消息不詳
T	1906 年 8 月／仮出場	成績良
K	1906 年 12 月／仮出場	成績普通
I	1907 年 3 月／仮出場	成績良
M	1907 年 4 月／仮出場	成績良
O	1907 年 4 月／満期出場	成績良
A	1907 年 5 月／仮出場	死亡
A	1907 年 9 月／仮出場	成績普通
N	1908 年 1 月／満期出場	行方不明
K	1908 年 2 月／仮出場	成績普通
M	1908 年 2 月／仮出場	成績良
K	1908 年 2 月／仮出場	成績良
A	1908 年 3 月／仮出場	成績稍良
M	1907 年 12 月／仮出場	成績普通
U	1908 年 1 月／仮出場	成績普通

出典：表 6-9 に同じ

す」（横浜監獄編 1908：9）とあるように、職員は調査に基づいた個別的処遇に努めるほか、彼女らの「境遇」の転換を図ることにも力を注いだ。女子部へ入学することによって「境遇一変」、「入場後二三ヶ月或は四五ヶ月後には此暖かなる待遇に感じて恰も入場前の自己を忘れたるもの〻如く畏縮したる性情は快暢平和となり学科実業をも励み日常の動作又活発に末頼母敷考へ」られるなどという報告書の評価が、そのことを物語っているといえよう（横浜監獄編 1908：18）。

この点に関して、本報告書の調査対象期間に退学した一九人の具体的な退学後の成績は表6－10のとおりである。同報告によれば、上記四年間で二人が逃走、一人が病気のため自宅療養となり、正式な「退学（懲治処分の終了）」者は一九人である。そこでは「成績良・普通」などが一四人で、対象人数こそ少ないものの改悛率が約七八％（死亡者除く）と決して成績「不振」とはいえない状況であった。

3　特別幼年監における感化（懲治場）教育の終焉──実績と反動

本章はここまで、特別幼年監における懲治人教育の状況についてみてきた。そこでは、職員の高い教育的配慮の下に児童の処遇が行われていたこと、より端的にいえば特別幼年監の職員は自らの実践を「感化教育」と自認し、懲治人である児童と向き合った。そして、しだいに懲治処分を受ける児童が増加し、またその年齢層に変化が生じ、従来は刑事責任を問われて成人同様に処罰を受けたような児童が、その責任を認定されない（不論罪）ケースも増えた。

このことは刑罰（自由刑）よりも、「感化教育」（早崎の言葉では「保護教育」）のほうが児童を更生させ、独立自営を実現させる可能性があると関係者が期待を寄せた結果に他ならない。ただし、帝国議会における花井卓蔵の指摘（矯正協会編 1984：233）のように、窃盗の初犯者を（監獄における）懲治処分に付すことに対して批判的な意見が存在したこともまた事実である。[16] いっぽうで、軽度な非行（犯罪）事実であっても、家庭状況をはじめ困難な生活環境に置かれていた児童の境遇の転換を図るには、このような施設（懲治場）の処遇でしか方法がなかったとも考えられるのである。「感化法は有れども無きが如く、僅に二三府県の間に、名ばかりの施行を見て居ると云ふ憐れな有様であるから、物の四五十年たつて、全国に於ける感化事業が大に発達するまでは、姑息ながら、監獄の居候たる懲治場を、面倒見て行くより外あるまい」という進藤正直の言葉が当時の事情と苦衷を示していると思われる（進藤 1906b：42）。

しかし、冒頭で述べたように特別幼年監における試みも長くは続かなかった。「一四歳ニ満タサル者ノ行為ハ之ヲ罰セス」（第一四条）と規定した新刑法（一九〇七年 法律第四六号）、監獄法（一九〇八年 法律第二八号）が施行となり懲治場廃止が決定した。一九一二年に最後の懲治人が札幌監獄を去って全ての懲治場は閉鎖、特別幼年監はもっぱら一八歳未満の少年受刑者を収容する少年監獄（後の少年刑務所）へと姿を変えた[17]。

そこで本節では、特別幼年監（懲治場）を舞台にした「感化教育」がかくも短期間のうちに終焉を迎えた経緯について、先行研究による指摘をふまえながら考察を試みたい。

（一）刑法改正と監獄法制定

上記のように懲治場による教育的処遇の廃止に直接的な役割を果たしたのは一九〇八年の（新）刑法及び監獄法の施行である。刑法については旧刑法の制定後いく度もその改正が帝国議会で議論されたが法案の成立にはいたらず、一九〇七年になって改正が実現した。その間、「刑事責任能力」を認定する年齢については関係者のあいだで多くの時間と労力を費やして議論されたが、ここではその議論の経緯については割愛し、結果として「一四歳」という年齢に設定された点に議論の焦点を絞りたい[18]。

刑事責任年齢を旧刑法第七九・八〇条の規定（第四章・注(2)参照）から、「一四歳」という条件のみで区別を行うという規定に変更する理由について、第二三回帝国議会（貴族院・特別委員会 一九〇七年二月四日）

に出席した倉富勇三郎（政府委員）はつぎのように説明した。まず年齢の設定については、「十四歳以上ト致シマスレバ数ヘ年デアレバ十五歳或ハ十六歳ト云フコトニナリマシテ、一通リ其人ノ知能モ発達シテ居リマス」と述べているが、旧八〇条「是非の弁別」能力の判定が事実上困難であったということもこの変更の背景にある。さらに従来のように刑事責任を問えない幼年者に対して懲治処分を科すことは「幼年者ヲ感化スル上ニ於テモ決シテ適当デナカラウ…（中略）…他ノ法律ニ於テ完全ニ是等ノ事ヲ規定スルノガ宜カラウト云フコト」で、刑法において懲治処分は削除されることとなった。この改正により一四歳未満で懲治処分相当の児童については改正感化法（一九〇八年法律第四三号）によって拡充するはずの感化院で対応することとなった。

渡邊一弘は『少年の刑事責任』の中で、「幼年者に対する刑罰の悪影響や刑事未成年層に対する処遇制度の充実こそが、一四歳という刑事責任年齢に設定させた主たる要因であると考えられる」、また「草案理由書を見る限り、基本的には、感化教育の成功をふまえた特別予防上の有効性の追究という刑事政策的な発想を基礎とするものと評価すべき」と分析する（渡邊 2006：180–181）。彼の指摘する「感化教育の成功」という評価が一九〇七年の時点で存在したとは考えにくいが、仮に感化院の代替としての特別幼年監（懲治場）における教育的処遇がそのような評価を受けていたとしても、なお「一四歳」という線引きには疑問が残る。[19]その理由として、当時懲治人教育に関わった人物の多くが刑事責任年齢を一四歳以上に設定することを主張していることが挙げられる。たとえば早崎は川越分監の実践に関わり始めた段階から一貫して「罪の責任年齢を少くも十六歳以上に高めむことを切望する」（早崎 1903：24）と主張しており、刑法改正後には小田原分監を預かる有馬が「吾国の今日の実況は十四歳以上十五歳の間に於ける不良少年の跋扈を以て最も甚しとするのであるから之を感化法に依らずして刑法が問ふに至つたことは頗る遺憾」と一四歳という設定に批判を投げかけている(有馬 1909:12)。同様に、刑法学者・泉二新熊も、人間は一四歳で「完全の発達」をするものとは認められず、一四歳以上二〇歳未満の者の処分を一緒に取り扱うことは「事実上日本の今日の状態に於て日本人の発達の状態に於て無理であります。でありますから今日新しい立法上の提案としては、決して日本の刑法の如く十四歳で打切主義を執らうといふものは殆ど一つもないといふてよからうと思ふ」という批判を新刑法施行の直後に展開している(泉二 1908:10-11)。また、先に指摘したとおり、特別幼年監での懲治人教育を拡充していく過程において、一四歳以上一六歳未満の幼年者の懲治場収容は増加している傾向にあった。このような懲治場教育の実績を根拠とするならば、刑事責任年齢の設定は一六歳前後でなされるべきであったろう。さらに、幼年者への刑罰による悪影響を避けるという側面からも一六歳前後まで刑事責任未成年の範囲を拡大しても何ら不思議ではない。しかし、現実には懲治教育関係者の期待に反して、刑事責任年齢は一四歳に設定された。この改正により、これまで個別的に刑事責任の有無を判定された一二歳以上一四歳未満の者については刑事責任を問われることはなくなった反面、一四歳以上一六歳未満の者は自動的に刑事責任を有する者として扱われた。この影響について守屋は、刑罰を回避する方途としての「執行猶予」は当時ほとんど機能していないと指摘した上で、「十四歳以上の未成年者も起訴便宜主義の恩恵を受けたもののほかは刑法実施時の厳罰主義の対象から逃れることはできなかったと解するのが自然であろう」(守屋 1977:64)と述べている[20]。

以上、刑事責任年齢の変更をめぐる法改正について述べてきたが、一四歳という設定に関して特別幼年監(懲治場)の実績等がどのような影響を与えたのか、現在のところ明確に論じることは難しい。しかし、現実問題として刑事責任年齢の変更とともに懲治場自体も廃止されるにいたった。そこで次項では、この経緯について検討していきたい。

（二）特別幼年監（懲治場）への批判

一九〇二年の川越分監に始まる懲治人への「感化教育」の試みは、わずか一〇年のうちに完全に姿を消した。この期間の特別幼年監の実践について、印南於菟吉・坪井直彦・留岡幸助の批判を引きあいに出し、「一部の人の眼には破天荒な処遇と映る点もあった（矯正協会編 1984：67）」と司法省内部からの批判が存在したことが示唆されており、これ以降の研究は同書の見解を踏襲しているようである。しかし、後の小山温などの激烈な主張にみられるように司法省上層部からの批判は確かに存在するが、これら懲治場に近い立場にいた三人の主張を単純に「批判」と理解するのは疑問が生じる。たとえば、川越分監における生徒の呼称や衣服などについて「余り急激の進歩と云ふことはいけないから、順序を追つて進行することにしなければなるまい」（留岡 1904：8）と批判した留岡も、特別幼年監の実践そのものについては「日本開国以来」の「頗る進歩した制度であつて、殆ど教育的の取扱をして居る」、「もう十年も経たならば、余程見るべき報告を社会に出すことが出来るであらうと想像する」（留岡 1904：6-7）などの高い評価をし、川越分監は「主義が健全で、思想が新しいのであるから、吾輩は頗る称賛するのである」（留岡 1904：19）と視察記の終わりに述べている。また、印南についても川越で行われている「遊戯」の内容について苦言を呈したものの、「署員は署内に在ては制服の儘なるも佩剣せす、懲治生をして単独に使等の小用を為さしめんが為めに外出せしめ又は共同に郊外散策を試むる抔は適当の事」と評価する。さらには「睡眠労作其他授学等各々特別に家庭毎に之を異にし以て個人的処遇の実を挙るに至らむことを望まざるを得ず」として、家庭的寮舎や個別的処遇の徹底を図るよう提言をしているのであり、批判というよりも幼年監における感化教育をより充実させるための主張が目立っている（別天生〔印南〕1904：68-69）。残る坪井については、その「回想」録の中での幼年監に対する批判は痛烈である。彼は小河とともに川越・小田原を訪ね、川越の「懲治教育は最も新らしき試みであるとかで境遇転換、個性啓発」、「収容者は成るべく自由の境地に置くと云ふ」主義にふれ、収容児の服装、外出、舞踏などについて疑問を呈した。また、小田原分監についても「紀律粛正など窮屈なことは強ひず自由に任すと云ふので少年監と云ふ感じはせぬ」として、両分監の教育について「今日より見れば想像にも及ばぬ滑稽極まるものがあつた」と断じている（坪井 1937b：80-81）。では、坪井自身が監督した洲本分監の実践はどう評価されるか。坪井は「関西地方の懲治場では紀律ある教養と云ふことを主として居たやうで、困苦に堪え労務に屈せざる訓練を施し」（坪井 1937b：81）と述べているが、洲本分監も「育成学舎」と名乗り、細心の教育的配慮の下に川越分監などと同様の感化院的処遇を行っていたのは先にみたとおりである。しかも、洲本分監が監督責任者である典獄・坪井の意図に反してこのような処遇を行ったとは考えにくく、そのような意味で坪井自身が、第三者のような立場から他の分監批判をすること及びその批判内容にはあまり説得力がない(21)。

特別幼年監における感化教育に対して、司法省上層部からの批判が明らかとなったのは、新刑法公布からわずか数日後の一九〇七年五月一日の典獄会議席上である。司法大臣・松田正久は訓示の中で「近年に於ける改良的施設の一端として認むべき特別監即ち女監、幼年監、懲治場。未丁年監等の成績に就きましては実施の日猶浅きを以て未だ其良否を断定するにも苦むのである」として、これまでの実績について積極的に評価をしなかった(22)。さらに、特別監獄であることを理由に処遇を寛大にすることは誤りで、「飽までも厳正摯実の要義を保つて紀律と労動《ママ》使役とに依り教養感化を加ふべく、決して学校的普通教育を主眼とするが如きことなきを要する」と主張した（松田 1907：8）。このことは司法省のトップが懲治場（特別幼年監）の実践に対して明らかに反対の意思を表明したと捉えることができる。この訓示を受け、『監獄協会雑誌』も「動もすれば既往現在の家庭を除外したる普通学校に於ける形式的智育に拘泥し、紀律と労動を軽視し、仮令軽視せざるも、知らず識らず実質を失ふの観を呈するは、斯業の前途に遺憾を感ずる所」（不詳 1907b：2）として大臣を支持する論説を掲載している。

さらに新刑法と監獄法施行直前の一九〇八年六月、典獄会同席上における監獄局長・小山温は特別幼年監における「感化教育」に対して徹底した批判を行った。それは、犯罪児童は「教育を施し作業を課する上に於て大人と同視することが出来ないから別の監獄に容れるのである。故に矢張り監獄」であって、「紀律の府」である監獄は「感化院でもなく学校でもない」というものであった。したがって、「監獄官吏が幼年監獄を感化院とし、或は学校と為した」というこれまでの特別幼年監（懲治場）の実践に対して「監獄官吏が国家の法制を自己の説に従はしめたのである。国家の紀律を破つたのである」と激しく批判する（小山 1908：6-8）が、これらが誰に向けられたものかは容易に想像がつくだろう。

この小山による批判は翌年の典獄会同でも続いた。次のような「威嚇」的ともいえる彼の主張は、とうてい小河らの教育的志向と相容れるものではないことが理解できる。小山は、感化主義は「刑罰は犯罪行為に対する制裁でなくして国家の費用を以て可愛がつて貰ふと云ふ」誤った認識を生むものであり、「一度監獄の門を潜つた」受刑者を更生させることだけが刑罰執行の目的ではないという。さらに、刑罰の犯罪に対する予防的効果を発揮させ、「初犯をも絶滅」するためには「刑罰の執行は其人に対して行ふのみでない、一人に刑罰を行ふのは国民全体に対して行ふのである」という考えを開陳している（小山 1909：4-5）。

もう一つ小山による批判の中で注目すべき重要な主張がある。それは、監獄官僚（司獄官）が「立法問題」に関わることへの批判である。つまり、幼年者を処罰しない、監獄に入れないという議論は「国家が如何に制度を立てるといふ時の議論であつて、立法問題」であり、「既に国家が刑罰を科すべきものとして監獄に容れました時に司獄官が云々する問題ではない」と主張するのである（小山 1908：7-8）。「法律を確守」する手本となるべき司法省官僚が、立法問題に口を出し、現行法規を否定することなど許されない（小山 1909：7）とする小山の主張はあまりにも巧妙であり、松田・小山コンビで成立させた新刑法・監獄法に対する批判を封じると同時に、その後の監獄官僚の立場性を規定してしまったと評価しても誤りではないといえよう。[23] 懲治場閉鎖以降、「刑務所長会同で、未成年者に対する教育的処遇が独立の関心を惹くことは殆んど見られなくなる」（守屋 1977：52）という守屋の指摘は、このような小山発言の影響力が背景にあったと考えられるのである。一連の法改正によって特別幼年監は一八歳未満の幼年犯罪者を収容する施設へと変更されたことは先に述べた。この点について有馬は、「行刑上に於ても十八歳未満の幼年者に対して特に設備を異にし感化教育を主として軟化の中に罪悪を撲滅せんとしつゝあることは今後幾年の後ちに期待すべきことゝ思つて喜んで居る」（有馬 1909：5-6）と楽観論を述べているが、先の小山の主張からして有馬の期待が実現されることはなかった。

このような動きに対して、特別幼年監における感化教育の指導者ともいうべき小河は、「行刑は立法を指導す」という見解を表明している。つまり、行刑現場における「実験上の必要は必す近き将来に刑法をして監獄法に追随するの余儀なきに至らしむ」として、処遇の第一線にいる監獄官僚が、立法に対して「モノ言う」存在であることを求めたのである（小河 1908：4）。しかし、小河は清国政府の招聘に応じ日本を去った。先述の小山（1908）の批判は小河が去った後に行われたもので、結果的に小河の主張が小山によって全面的に否定された形で結末を迎えるのである。小河とともに特別幼年監（懲治場）における感化教育を推進した早崎はやがて司法省を去るが、横浜監獄の有馬はその後も行刑の第一線に残り続けた。有馬は、早崎の「非紀律論」（軟派）に対して、自身は幼年者に対する紀律重視の「紀律主義」（硬派）であったと表明し、「紀律は苦痛なれども紀律を励行するときは鍛錬は精確に行はるゝものにして紀律なければ処遇方法とならず」と論じた（有馬 1910：7-8）。このように小河・早崎らとの立場性の違いを表明した有馬だが、先の坪井による小田原分監批判と同様、横浜根岸学校女子部の様子からしてこの発言が彼の本意なのかどうかは判断が難しい。

以上、特別幼年監（懲治場）における感化教育の試みに対して、どのような批判が展開されたのかという点について論じてきた。これまで述べた処遇の実績（改悛率や収容人員に対する逃走者数）等から判断して、本章の冒頭で紹介した刑務協会の評価、「逃走は頻出し而かも出獄後の成績等に至りても頗る不振」（刑務協会編 1943：946）という内容は信頼性が乏しい。むしろ、特別幼年監（懲治場）の状況・実績とは離れた局面、つまりは行刑・監獄というものに対する捉え方、主義・主張の相違が根底にあって、批判的な司法省上層部が法改正を利用して、自らの意向、すなわち紀律主義・威嚇主義などともいうべき行刑制度への修正を図ったこと。その結果としてかかる短期間に特別幼年監（懲治場）での教育的処遇に終止符が打たれたのだと考える方が妥当であろう。

4 まとめにかえて

本章では、特別幼年監（懲治場）の設立およびその概要、そして三つの特別幼年監（懲治場）における教育的処遇の状況について、さらにはそれらの試みへの批判と終焉にいたる経緯などについて述べてきた。ここでは、約一〇年間の特別幼年監（懲治場）における感化教育実践の意義とその限界についてまとめる。

まず、国庫支弁法と同じ一九〇〇年の感化法制定に向けた議論において、感化教育は行政権（地方長官の決定）に基づいて実施されることが必要（行政権主義）であると小河らは強く主張していた。教育的配慮が期待できない司法官（裁判官）が対象児童に関わりをもつことの弊害を彼らは懸念していたのである（ただし、小河〔1989〕では司法官庁による決定も容認）。しかし、感化教育推進派だった人々のほとんどが監獄費国庫支弁の実現と同時に司法省へ移籍したために、現実的選択として行政権主義を取り下げ、特別幼年監における感化教育の早期実現を優先したのではないかと考えられる。さらに一九〇〇年代からの懲治場における感化教育の実践では、四章で論じたような犯罪を未然に防ぐ「予防」機能が弱い（備わっていない）。そのため、小河らが感化教育推進の根拠として主張したこの部分が抜け落ちていることも懲治場における感化教育の理論的な脆弱性を増している。そのような妥協によって、行政権主義とは関係のない特別幼年監（懲治場）という施設の内部だけで行われる実践を感化教育と位置づけたのであるが、これらを感化教育と呼ぶに値するのかどうかは今後も検証が必要であろう。

別の問題として、本章で見たような特別幼年監における学科教育や家庭教育などの内容は、一八九九年の改正監獄則・同施行細則にあった教育規定を最大限に拡大解釈することによって実現したものである。前章における小河の主張にみたように、懲治処分は刑事責任を問われない（不論罪の）児童が対象であるため、「刑罰」ではないという理屈が立つ反面、懲治場はあくまでも「監獄」であると法令に定められていた。監獄における紀律保持と分類処遇の徹底が重視されるドイツ監獄学の権威・小河滋次郎が、児童に対して寛大な教育的処遇を行うことを想定した場は監獄とは「別種」の感化院であった。なぜなら小河の監獄学の知見からして監獄としての懲治場で純然たる教育を行うのは不可能であり、「尋常一般なる監獄官吏管掌の下に一任するが如きは無法も亦た極れりと謂はざるを得ず」として、かつて監獄官僚が懲治場の児童に関わることを強く批判してきたのである（小河1897e：9–10）。さらには、小山の「威嚇」による方法とは異なるにせよ、児童による犯罪（初犯）を予防することは懲治場には期待できない。そのために彼らは感化法の制定を強く主張した経緯がある。

したがって特別幼年監（懲治場）で感化教育を行うという試み自体、法の解釈においても、彼らが主張してきた感化教育論においても十分な理論的説明がつかない不安定なものであったと考えられるのである。そして、感化教育の実践の場であると同時に監獄でもあるというあいまいな存在＝懲治場自体は廃止され、監獄という場において「感化教育」を行ってきたことが誤りとして、その「逸脱」ぶりを小山などが声高に非難したのは先にみたとおりである。さらに、花井や進藤の指摘にあるように、懲治処分を受ける児童が増えた反面、なお地方監獄で混合収容・処遇を受ける懲治人は多く存在した。このことが専門の特別幼年監における懲治教育と地方監獄のそれとの実績を混同させ、実績に対する懐疑的な意見が出される隙を作った要因だったとも考えられる。

以上のように、小河・早崎らの試みが挫折したことに変わりはないが新刑法と監獄法制定に連動して感化法が改正される。そして、廃止される懲治場に代わり全国の府県に公立感化院が設置され、新刑法によって刑事責任を問われない児童は行政判断によって感化院に入所することになった。つまり、かつて小河らが主張した感化教育の本来の仕組み（行政権主義に基づく感化教育）が全国的に整備されていく途が開かれたのである。この点に関連して、特別幼年監（懲治場）における感化教育の実践が一九〇八年の感化法改正以降の公立感化院へと継承されていった可能性を含んでいることも考えられ、今後検証を要する。現に二井が「感化院における教育の本質をより明確に表現しようとする」（二井2009a：4）ために当時使用された呼称と説明する「保護教育」という言葉は、元来特別幼年監における懲治教育を適切に表現するための用語として早崎春香らが用い始めた言葉でもある（早崎春香・杉浦覚竜・斎藤廉清1907）。

そのような意味で、特別幼年監（懲治場）における感化教育の試みは、後に菊池俊諦が「感化教育睡眠時代」（菊池1940：102）と評した低迷期における貴重な感化教育実践の蓄積として十分に評価され得る。それまで一部の民間施設での実践に限られ、机上の理論に近しい状態にあった感化教育を非行・犯罪児童の処遇の場で実践し、かつ実績を積んだという意味においても同様である。以上の点から特別幼年監（懲治場）における非行・犯罪児童に対するこれらの公（官）的な教育・福祉的処遇は、後の少年教護をはじめとする児童保護事業へ繋がる先駆的事例として位置づけることが妥当であろう。

注

（1）この点について守屋は、「懲治場の現状に対する批判が感化院設置運動を惹き起し、感化法が制定されたのに、教育的処遇の充実強化はかえって懲治場からはじまるという皮肉な現象」（守屋1977：48）と述べている。

（2）重松（1976）、坂東（1995）など先行研究における特別幼年監の記述は刑務協会編（1943）や矯正協会編（1984）等の掲載資料に基づいている。ただし、伊藤（2010）における横浜監獄根岸学校聾唖部の分析については有馬ら同校関係者の講演記録が用いられている。

（3）二井・倉持（2010）に掲載された特別幼年監に関する資料は次のとおりであるが、これらは特別幼年監における感化教育の実践について記述された第一次史料として貴重である。また、本章では原史料を分析対象に用いている。
『特種教育ノ概況（附退学者ノ保護事業一班）』（中村分監）
『小田原懲治場報告書』（小田原分監）
『淡路島に於ける感化』（洲本分監）
『第二回横浜根岸学校女子部報告書』（横浜監獄）

（4）「幼年者」「幼年囚」などの用語にある「幼年」とは原則として一六歳未満の者に使用される表記である。監獄法制定以降は一八歳未満を示す用語として変更された。

（5）本論では本節以降、とくにことわりのない限り「懲治場」と「特別幼年監」を同意として取り扱うこととする。なお、一九〇三年三月の監獄官制によって全国に四八カ所の特別幼年監を含む懲治場が存在した。

（6）早崎は他に当時の懲治処分を表す用語として「保護教育」という言葉を用いている（早崎春香・杉浦覚竜・斎藤廉清1907）。

（7）特別幼年監以外の地方監獄の懲治人教育の状況については重松（1976）を参照のこと。

（8）たとえば、進藤には、懲治処分の割合が増えた理由について、「其主因は所謂是非の弁別審案上、当該司法官が心目の加減に由れるものゝ如し。現に新入懲治人の多数を占むる地方の如きは、概ね思慮深き司法官ありて、予て幼年者の犯罪救治に就て研究せらるゝ所あり。其結果法規の認容する限りに於て、可成懲治処分に付するの方針」（進藤1904b：26）を選択していることによると分析している。

（9）『第二報告』の冒頭にも「予感化事業ノ大任ニ従事シ」（横田1907b：1）という横田の言葉があり、これらのことからも彼が学舎の実践を「感化教育」と自認していたことがうかがわれる。

（10）横田（1907b：32-33）に掲載の学科時間割には、尋常部・高等部とも毎日一時間目体育・二時間目修身の授業であることが明記されている。

（11）矯正協会編（1984：62）は、川越分監の生徒の郊外散策・遠足が「我が国行刑にとって初めての試みとして意味のあるところ」と指摘している。

（12）横田（1907a：11）によれば、九月一九日から順次生徒を乗船させ一二月一六日迄に四〇人の乗船を完了した。

（13）海事訓練の際の航路については、『監獄協会雑誌』上に「航行する区域は大阪湾内より南は紀淡海峡に至り西は淡路の沿岸を渉りて明石海峡を限りとす由良港を定繋所として碇泊し毎月一回抜錨して洲本に航し年々二回神戸に航し以て実地の練習」（不詳1910c：53）を行うという記述がある。

（14）『少年矯正の近代的展開』（矯正協会編1984：88-89）によれば、一九〇七年四月から〇九年三月までの間に鎮辺号で訓練を受けた児童七〇人の、一九二九年時点の「成行調査」を掲載している。そこでは海員として勤務する者二七人、元海員で他職種の者一〇人の所属先と身分を公表している。

(15)当時は同校に対して「監獄ニ泥棒学校ナル異名」「監獄学校ノ生徒」という社会的な評判が立ったため、松永は少年たちへの悪影響を懸念し、「感化院設置ノ急要ナルヲ感ゼリ」という意見を開陳している(中村分監編 1908:4)。

(16)第二四回帝国議会・衆議院における監獄法案・特別委員会(一九〇八年三月五日)の中で、花井は、隣家の池のウナギ二尾を盗んだ一二歳の児童が懲治処分四年、六〇銭の入った財布を拾って届け出なかったために懲治三年を受けた児童などの例を引き、監獄同様の場所に長期間収容しておくことが「刑法ノ理義ニ添フモノデアルカ」という批判を展開した。

(17)司法大臣・訓令「十八歳未満ノ受刑者拘禁監獄ノ件」(「従来十六歳未満ノ受刑者ヲ拘禁スヘキ監獄ハ爾今十八歳未満ノ受刑者ヲ拘禁ス可シ」)。ただし、暫定措置として「懲治場留置ノ執行ハ刑法施行後ト雖モ従前ノ例ニ従フ但司法大臣ハ何時ニテモ其留置ヲ解キ又ハ感化院ニ入院セシムルコトヲ得」(刑法施行法一六条)、「監獄則ハ之ヲ廃止ス但懲治人ニ関スル規定ハ当分ノ内仍ホ其効力ヲ有ス」(監獄法付則)とされ、一九一二年まで懲治場が存在したのは先に記したとおりである(矯正協会編 1984:236)。

(18)刑事責任年齢をめぐる刑法改正案の変遷等については、矯正協会編(1984:223-228)、渡邊(2006)を参照のこと。

(19)渡邊(2006)は懲治場(特別幼年監)の実践を「感化教育」として認識してはいない。

(20)他に刑法改正によって厳罰化へ変化したという根拠として長期受刑者の増加が指摘されている(守屋 1977、不詳 1910b)。

(21)ちなみに坪井は感化船「鎮辺号」について、当時の収容児の家庭などはその状態から帰住先として適切ではないため、「いつまでも船に乗らせて置くが万全の策」で、「チンピラの生活を更正《ママ》せしむるために海員養成を企てた」(坪井 1937b:82)とその発案の理由を回想している。
また、別の視点からの批判として帝国議会での監獄法案審議(一九〇八年三月五日)における花井卓蔵の批判がある。花井は視察した小田原分監について「完クドウモ立派ナル官立学校ニ這入ッテ、完全ナル教育ヲ受ケテ、此所デ強制教育ヲ施サレタナラバ、嘸真人間ニナレルダラウト思フ程愉快ニ感ゼラル」と賛辞を送った上で、旧来の地方監獄に残された懲治場の状況との処遇格差について批判を行った(印刷局『第24回 衆議院監獄法外四件委員(委員中特別調査委員)会議録(速記)』4、1908.3.5)。

（22）松田が懲治場（特別幼年監）の成績に懐疑的な意見を述べるいっぽうで、小河滋次郎は川越分監の成績（普通退場＋特別退場→約六五％が善良）などをふまえて「収容少年ノ過半数ノ前途ハ之レカ恵ニ浴シテ罪悪ヨリ防止シ得ラルヘキノ事実ハ恐ラク何人モ之ヲ否認スル能ハサル所ナルヘシト信ス」とその実績に自信を見せていた（小河 1989：19章6）。

（23）監獄協会雑誌には以前から司法省移管後の監獄官僚の微妙な立場や、司法省による画一的な法運用の弊害、感化教育を軽視する風潮を批判する次のような指摘は存在した（不詳 1904a：83–84）

司法部を見れば検事正は既に我が配下に属したるものゝ如く漫に干渉を試みむとするの情勢なきに非ず…（中略）…殊に吾人の最も杞憂とする所は監獄の司法部に属してより以来、法律を楯として形式を重んじ行政の運用に就て比較的思慮を費すこと少きに在り、司法省出身者は其職務の性質上法律の適用を専にするに慣れ取捨斟酌を加ふるの観念乏しきは免かれざる所、吾人は宜く職責上行刑の運用を完からしめんが為めに警察裁判の官庁と能く連絡を保ち、互に協商し進んでは彼らに行刑思想を鼓吹する所なかる可からず、此点に一層の責任を加へたると自覚す…（中略）…一面司法部内の短所として理論に拘泥し実際に遠かるの弊を看取し罪囚の処遇をして摯実公平に且改良感化の実を挙けむことを庶幾せざる可からず…（中略）…改良感化を庶幾するの迂なるを嗤ふ者あり。

第七章

監獄に住まう乳幼児たち
――近代日本における「携帯乳児」の実態

窓の格子をにぎる乳児（和歌山刑務所。『月刊刑政「橋」特別号』1950 年 11 月より）

はじめに

「携帯乳児」――児童福祉の研究に携わる人々にあってもその名を知る人は少ないだろう。それは、明治以降の日本の監獄（現在では刑務所）に収監された母親（「母囚」）に連れられてくる乳幼児、もしくは妊娠した女囚が獄内などで出産しそのまま養育する乳幼児の呼称である。このことは同時に、その子らが囚人たる母とともに監獄内において生活をすることを意味する。(1) 彼らは自らが非行や罪を犯したわけではないが、生まれながらにして監獄に住まうことを運命《さだめ》とされた存在であった。これまでの社会福祉史や行刑史等、あらゆる歴史学領域で見過ごされてきた、監獄における重大な児童問題である。本章では、非行・犯罪児童とは異なる「もうひとつ」の監獄における児童問題――携帯乳児について検討していきたい。

この携帯乳児たちに注目した人物の一人に自由民権運動の指導者として有名な板垣退助がいる。彼はその短い内相時代（一八九六年四月一四日―九月二〇日、九八年六月三〇日―一一月八日）にあって監獄改良に熱心なあまり「監獄狂」（不詳 1898 : 42）と呼ばれたが、獄内に住む乳幼児らの境遇にも胸を痛めた。そして一九〇二（明治三五）年六月には、妻・絹子とともに携帯乳児らを母囚から預かり、里親養育する組織・東京女囚携帯乳児保育会を設立（板垣絹子は会長、板垣自身は顧問）し、彼らを養育する事業の必要性を世の慈善家に広く訴えた。同保育会の設立趣意をみると、「世間不幸の極にして且つ憐れむべき携帯乳児の猶獄舎の中に至るは実に監獄の一大汚点ならずや…（中略）…即ち我が国家の一大汚点なり」とあり、乳幼児が監獄内で生活している事態を「国家の一大汚点」と断じている（安形 2001 : 12）。今から約一一〇年前のことである。

板垣はいう。「人類同胞の至情よりしてこれを観る時は、世に不幸なるもの多しと雖も、未だ嘗て女囚携帯乳児に勝りて不幸なる者はあらさる也」と。また、「生まれ乍らにして人生の最大悲惨に遭遇」した携帯乳児について世間は「猶ほ之を憫むの心なく、却て罪人の子なり穢れたるものなりと為して之を賤しむ」と、その境遇を憂えた（板垣 1919：277–283）。板垣の述懐は保育会創立九年を迎えた一九一一年のものであるが、我が国の携帯乳児は過去の遺物とみなすことができるのであろうか。その答えは否である。

小河滋次郎らによって起草され一九〇八年に公布された監獄法（法律第二八号）には、携帯乳児に関する規定が設けられている（第一二条）。さらには、およそ一〇〇年ぶりの大改正によって成立した「刑事収容施設及び被収容者等の処遇に関する法律」（二〇〇五年法律第五〇号）にも携帯乳児の規定は残されており（第六六条）、実際に近年にいたってもなお刑務所に生活する乳幼児は存在する。つまり、この携帯乳児の問題は長い歴史的経緯をもつきわめて「現代的」な問題でもあることを指摘しておきたい[2]。

以上をふまえて本章ではまず、携帯乳児をめぐる法令の内容と変遷について述べていく。ついで、その法令の下で母と共に監獄で暮らす子どもの実態やその問題性、つまり「最大悲惨」と呼ばれた事態の一端を明らかにしたいと考えている。また、上記のような板垣の主張がありながらも、なぜ現代にいたるまで携帯乳児の規定が残されてきたのかという点についても若干ふれておきたい。研究目的を達成するための分析対象となる期間は明治期（一八六八－一九一二年）を主な対象とし、分析する資料については『監獄雑誌』や『監獄協会雑誌』など当時の監獄行政に関わる資料を用いていく[3]。分析期間の中心を明治期においた理由としては、①現在にいたる携帯乳児の制度が同時期に確立し、②このような乳幼児たちに関する議論が明治期にもっとも活発に行われているためであるが、監獄法制下での携帯乳児の状況を検討するにあたっては補足的に大正期以降の資料を用いることもある。ただし、大正期から児童福祉法制が整備された戦後を経て現在にいたるまで、安形（2001）や脇（1985）などの一部を除き携帯乳児の問題に関する研究はほとんど存在せず、このことが本研究の分析期間の設定に少なからずの影響を与えていることも付け加えておきたい。

1　携帯乳児をめぐる法令とその変遷

(一) 一八七二年「監獄則並図式」から一八八九年改正監獄則まで

明治期以降、なぜ乳幼児が他の受刑者に混じって監獄に存在していたのだろうか。通常、監獄に収容される条件はその国の法令によって厳しく規定されている。とすれば、当然我が国の行刑法令にもこのような乳幼児を収容する規定が設けられていたということである。そこで、本節ではこれら乳幼児を収容する法令の内容及びその変遷を辿っていくが、一八七二年の「監獄則並図式」から現行法にいたるまでの法令をまとめたのが**表7-1**である。(4)

本表にみられるように明治政府の発足以降、最初に行刑について設けられた法令は一八七二年の「監獄則並図式」（太政官達第三七八号）であり、携帯乳児に関する規定は早くもこの規則からみることができる。すなわち「獄囚モシ其幼孩ヲ携ンコトヲ願ヒ情実ノ巳ムヲ得サル者ハ之ヲ聴シ亦官費ヲ以テ之ヲ養フ」（懲役一二条第一〇条食料）というものがこれに該当する。この「幼孩ヲ携ンコト」という表現をもって、これ法令以降、監獄にて母と暮らす乳幼児たちを「携帯乳児」と監獄関係者は呼んだ。また、この規定には乳幼児を収容しておける期間に定めがなく、監内の乳幼児に係る費用は「官費」によって支出するという部分に特徴があり、

表 7-1｜「携帯乳児」に関する法令の変遷

監獄法名称	公布時期	携帯乳児に関する規定
監獄則並図式 （太政官達第 378 号）	1872 年 11 月 29 日	懲役 12 条第 10 条食料 獄囚モシ其幼孩ヲ携ンコトヲ願ヒ情実ノ已ムヲ得サル者ハ之ヲ聴シ亦官費ヲ以テ之ヲ養フ
旧刑法 （太政官布告第 36 号）	1880 年 7 月 17 日	第 15 条　死刑執行の延期 死刑ノ宣告ヲ受ケタル婦女懐胎ナル時ハ其執行ヲ停メ分娩後一百日ヲ経ルニ非サレハ刑ヲ行ハス
第 1 回改正監獄則 （太政官達第 81 号）	1881 年 9 月 19 日	第 11 条 入監ノ婦女乳児（三歳未満）ヲ携帯セント請フ者アルトキハ之ヲ許ス
第 2 回改正監獄則 （勅令第 93 号）	1889 年 7 月 12 日	第 7 条 在監ノ婦女其子ヲ乳養セント請フトキハ其齢満三歳ニ至ル迄之ヲ許ス
第 3 回改正監獄則 （勅令第 344 号）	1899 年 7 月 19 日	第 7 条 在監ノ婦女其ノ子ヲ乳養セント請フトキハ其ノ齢満一歳ニ至ル迄之ヲ許スコトヲ得
刑法 （法律第 45 号）	1907 年 4 月 24 日	
刑法施行法 （法律第 29 号）	1908 年 3 月 28 日	第 48 条（死刑執行の延期） 死刑ノ宣告ヲ受ケタル婦女懐胎ナルトキハ分娩後司法大臣ノ命令アルニ非ザレバ執行ヲ為スコトヲ得ズ 第 49 条（懲役、禁固、拘留）刑の執行猶予） 3　受胎後七月以上ナルトキ 4　分娩後一月ヲ経過セザルトキ
監獄法 （法律第 28 号）	1908 年 3 月 28 日	第 12 条 新ニ入監スル婦女其子ヲ携帯センコトヲ請フトキハ必要ト認ムル場合ニ限リ満一歳ニ至ルマテ之ヲ許スコトヲ得 監獄ニ於テ分娩シタル子ニ付テモ亦前項ノ例ニ依ル 第 44 条（準病者） 妊婦，産婦，老衰者及ヒ不具者ハ之ヲ病者ニ準スルコトヲ得

表 7-1｜(続き)

監獄法名称	公布時期	携帯乳児に関する規定
監獄法施行規則 (司法省令第 18 号)	1908 年 6 月 16 日	第 12 条 「新ニ入監スル婦女ニ子ノ携帯ヲ許ササル場合ニ於テ相当ノ引取人ナキトキハ其子ヲ監獄所在地ノ市区町村役場ニ引渡ス可シ 携帯ヲ許シタル子カ満一歳ニ達シ又ハ他ニ在監ヲ許ス可カラサル事情アル場合ニ於テ相当ノ引取人ナキトキ亦同シ」 →「当然、監獄ニ於テ之カ処分ノ責任ヲ負フヘキモノト解釈セサルヲ得ス」(小河 1912, p.108)
刑事収容施設及び被収容者等の処遇に関す法律(被収容者処遇法) (法律第 50 号)	2005 年 5 月 25 日	第 66 条(子の養育) 刑事施設の長は、女子の被収容者がその子を刑事施設内で養育したい旨の申出をした場合において、相当と認めるときは、その子が一歳に達するまで、これを許すことができる。 2　刑事施設の長は、被収容者が、前項の規定により養育され一歳に達した子について、引き続いて刑事施設内で養育したい旨の申出をした場合において、その被収容者の心身の状況に照らして、又はその子を養育する上で、特に必要があるときは、引き続き六月間に限り、これを許すことができる。 3　被収容者が前二項の規定により子を養育している場合には、その子の養育に必要な物品を貸与し、又は支給する。 4　前項に規定する場合において、被収容者が、その子の養育に必要な物品について、自弁のものを使用し、若しくは摂取し、又はその子に使用させ、若しくは摂取させたい旨の申出をした場合には、刑事施設の規律及び秩序の維持その他管理運営上支障がない限り、これを許すものとする。 5　被収容者が第一項又は第二項の規定により養育している子については、被収容者の例により、健康診断、診療その他の必要な措置を執るものとする。

とくに「官費ヲ以テ之ヲ養フ」という見解はこれ以降の法令のスタンダードとなった。

一八八一年九月には監獄則が改正（太政官達第八一号）され、携帯乳児については第一一条で「入監ノ婦女乳児（三歳未満）（原文は割書表記—筆者）ヲ携帯セント請フ者アルトキハ之ヲ許ス」となり、携帯の期間は満三歳にいたるまでと条件が変更された。ただし、小原重哉は『監獄則註釈』の中で携帯の条件として、「携帯スル所ノ小児歯牙已ニ生スルモ未タ能ク食セス」、乳養（母乳による養育）を中断できないこと。また、当該児を託する相手のいないケースに限るという条件を述べている（小原 1882：49）。ここから「乳養」できない父親は子を携帯することが許可されないこと、またいっぽうで母乳を与えることが事実上必要でなくなった幼児についてもその監内での養育が規則上許されたことがわかる。ついで二度目の改正が行われた監獄則（一八八九年勅令第九三号）でも「在監ノ婦女其子ヲ乳養セント請フトキハ其齢満三歳ニ至ル迄之ヲ許ス」（第七条）とされ、一見すると八一年監獄則をそのまま踏襲したかのようにみえる。しかし、小河滋次郎によれば、乳児は実子か養子かを問わず、「母囚ノ入監当時ニ携帯スルト否トヲ論セス」（小河 1894：323）としており、本改正によって携帯乳児の適用範囲が拡大されたことが理解されよう（八一年の規定では「在監」中の女性が出産した新生児を携帯する際に不都合が生じるという事情があったとも考えられる）。また、携帯許可の条件について小河は、八九年の改正当初は「乳養ヲ請フ者アルトキハ能ク其情状ヲ審査」し、先の小原のような条件にあたらない場合は「其請ヒヲ拒否スルヲ得ヘキ」というような解釈を行っていた（小河 1890：31）。しかし、後の『監獄学』では、「苟クモ其齢三歳以下ニシテ母囚之ヲ乳養センコトヲ請願シ且ツ母囚ニ於テ実際乳養スルヲ得ルノ生力アリト認メタル場合ニ於テハ総ヘテ之ヲ許可スヘキモノトス」（小河 1894：323）として、母親からの請願があれば原則的に携帯を認める方針を打ち出している。このように携帯乳児の適用が拡大されていくことによって、実際に収容される乳幼児は増加し、監獄関係者の間でも携帯乳児の存在は座視できないものと変わっていった。

(二)一八九九年改正監獄則から現行法まで

既述のとおり、二度にわたる監獄則改正によって乳幼児の収容を認める条件が拡大したが、同時にさまざまな問題も浮上した。乳幼児自身に関わる問題については後述するが、法令に関するものとしては刑法の規定と整合性がとれないことが問題の一つとしてあがっている。

旧刑法(一八八〇年太政官布告第三六号)では、その一五条で、「死刑ノ宣告ヲ受ケタル婦女懐胎ナル時ハ其執行ヲ停メ分娩後一百日ヲ経ルニ非サレハ刑ヲ行ハス」として女囚が子を出産して一〇〇日の間は死刑の執行を行わないという規定を設けている。しかし、博愛生のように「此一百日の猶予期限は暗に嬰児の哺乳期限と看做したると其母の回復期間之か執行を停止するの意に出たること世の刑法を解する者の共に認むる所なり」(博愛生 1894:35)として、同じ子を携帯する母親でありながら、刑の種類や法令によってその許可される期間が異なる事態を批判する意見も存在した。この件に関連して一八九六年に愛知県の僧侶とその妻が起こした殺人事件で、九八年六月には一審で死刑判決(九九年二月に刑確定)が出された事例がある。本件では裁判期間中に妻が獄内出産をしていたが、刑確定の二カ月後には愛知県監獄で死刑が執行されている。つまり刑法一五条の適用が優先されたということになる。当時二歳だった遺児は「赭色の獄衣を着て、この日(母親の刑執行日―筆者)も他の子供と余念なく遊んでいた。突然母の姿が見えなくなったので、泣き叫び、看守がいくらすかしても聞き入れず、はためにも痛ましかった」(森長 1975:16)という証言が残されている。

このような矛盾が解消されたわけではないが、一八九九年七月には三度目の監獄則改正が行われ、子の携帯が許可される期間が「満一歳」までと大幅に短縮されることになった。この改正によって監獄に収容される乳幼児の多くが母親の手もとを離れて出監することになるが、子らの出監手続きについては後述したい。

ついで、一九〇八年三月には監獄法（監獄則の大改正）が成立する。監獄法に合わせて成立した刑法施行法（法律第二九号）によれば、妊娠している女囚は出産後「司法大臣ノ命令アルニ非ザレバ執行ヲ為スコトヲ得ズ」として死刑執行を延期する具体的日数が削除された（第四八条）。また、懲役刑などについても「受胎後七月以上」と「分娩後一月ヲ経過セザル」期間は刑の執行を猶予する旨が定められている。また、監獄法では第一二条で「新ニ入監スル婦女其子ヲ携帯センコトヲ請フトキハ必要ト認ムル場合ニ限リ満一歳ニ至ルマテ」これを許可し、「監獄ニ於テ分娩シタル子ニ付テモ亦前項ノ例ニ依ル」と明記された。監獄法の起草者であった小河滋次郎は「携帯児ハ之ヲ入監セシメサルヲ以テ原則」とし、「分娩児モ亦タ総テ入監携帯児ノ例ニ依テ之カ収容ヲ許否スルコトヲ得ヘシ」と述べ、在監中の母親からの携帯申請は「絶対ニ之ヲ否認」するという。さらには「母子ノ愛情ト云フカ如キ単純ナル事由ハ以テ本条ニ所謂『必要ト認ムル場合』ヲ決定スルノ要件トナスニ足ラス」と述べ、入監者及び乳児の身分、境遇、健康、刑期、その他の個人関係を精査すること、仮に許可された場合でも「成ルヘク相当ノ方法ヲ講シテ一日モ早ク監獄以外ニ扶養ヲ託スルノ道ヲ得セシムル所アルヲ要ス」（小河 1912：107–110）として子の携帯許可を厳しく制限する方針を打ち出している。

しかし、このような方針転換によって収監されていた乳幼児らはどのように引き取られたのだろうか。小河によれば、携帯を許されなかった子らについては「当然、監獄ニ於テ之カ処分ノ責任」を負い、「相当ノ引取人ナキトキハ其子ヲ監獄所在地ノ市区町村役場ニ引渡ス」（監獄法施行規則第一二条）ことになる。この「相当ノ引取人」とは「法定ノ扶養義務者其他ノ親族故旧ノ外、尚ホ信頼スヘキ一個人又ハ慈善団体ヲモ包含スルモノ」とし、引取人の指定について母親の同意は必要ないという（小河 1912：108–109）。

しかし、この法令は戦後、児童福祉法制の整備がなされた後もおよそ一〇〇年という期間にわたり大きな改正がなされることはなかった。したがって同規則第一二条も「相当ノ引取人ナキトキハ都道府県知事ニ通報シ其指定スル児童福祉施設又ハ里親ニ其子ヲ引渡ス可シ」と改正され、乳幼児の預託先についての文言は児童福祉法制との整合性をもったものの、携帯乳児の制度そのものはいき続けていた。そのため、少数ながらも行刑当局者から携帯乳児に関する問題提起がなされてきた。

たとえば麓《ふもと》刑務所に勤務していた原巧は一〇人の携帯乳児の扱いに苦心し、「乳児が現実において刑法の世界に入つてくることについて何故人々はもつと深刻に、この実相を、この法制を、凝視しえないのであろうか」と述べる。そして、「授乳婦に対する人間らしい考慮が配られることが当然」であり、究極的には「監獄法から『携帯乳児』という語がなくならない限り、またこの乳児たちのみのため、法律が定められない限り、人のためにある刑法がある故に起る乳児のこの問題は、ただ母親と乳児の苦しみ」にとどまるものではないと主張したのであった（原 1954：28-29）。

また、香川和も検察事務官として受刑者の出産に関わった経験をもとに「社会福祉の発達している現代社会において、もう携帯乳児なる制度は時代おくれの感がする。…（中略）…携帯乳児なる変則を監獄法から削除することはできないのであろうか」（香川 1973：53）という疑問を呈している。しかし、そのいっぽうで社会福祉学界においてこの携帯乳児の問題が議論されてきた経過について筆者は寡聞にして知らない。

本節の最後に、本論の研究対象期間とは直接的に関係はないが、現行の「刑事収容施設及び被収容者等の処遇に関する法律（被収容者処遇法）」（法律第五〇号）を確認しておきたい。本法は二〇〇五年と〇六年に監獄法を全面改正して成立したものである。しかし、同法第六六条（子の養育）には、依然として携帯乳児の規定が残り、「刑事施設の長は、女子の被収容者がその子を刑事施設内で養育したい旨の申出をした場合において、相当と認めるときは、その子が一歳に達するまで、これを許すことができる」とされている。また必要に応じて携帯期間を最大六カ月延長することも可能となった。現行の規定について鴨下守孝によれば、子どもを連れての入所は「客観的な家庭の事情、経済的理由、乳児の発育状況、当該被収容者の刑期等を考慮して相当と認められる場合」に許可され、一九〇八年三月の監獄法で制限された母親の「入所後に引き取って養育する子も、対象になり得る」（鴨下 2009：318）として、規定上は子どもと一緒の入所を許可する条件を再び拡大したともとれる説明を行っている。また、現行法においても乳幼児らは「母親である被収容者に付属する存在であるので、子の養育に必要な措置は母親である被収容者に対して執られることになる」（鴨下 2009：319）という言葉をみるとき、われわれは現代社会においても文字通り「携帯」乳児が存在することを思い知らされるのである。

2 携帯乳児の実態

（一）携帯乳児の入監数、出監後の対応等

前節では、携帯乳児の収容をめぐる法制度の内容と変遷をみてきたが、本節では携帯乳児などの収容生活の実態について迫りたい。そこで、まず本書が分析対象とする明治期の携帯乳児数について明らかにしていきたい。当時の司法当局の統計や、『監獄協会雑誌』に掲載された資料をもとに筆者がまとめた携帯乳児の入監数等は**表7-2**のとおりである。携帯乳児に関するデータが確認できたのは一八七六年からであるが、

表 7-2 明治年間の携帯乳児の入監数等

年次	新入乳児数（人）	年末時の在監児数（人）	死亡児数（人）	監内出産児数（人）
1876（明治 9）年	405	69	3	
1877（明治 10）年	548	109	16	
1878（明治 11）年	667	127	10	
1879（明治 12）年	825	148	16	
1880（明治 13）年	873	160	16	
1881（明治 14）年	770	134	26	
1882（明治 15）年	906	149	21	
1883（明治 16）年	1357	202	22	
1884（明治 17）年			22	
1885（明治 18）年			22	
1886（明治 19）年	1902	272	99	
1887（明治 20）年	1309	222	67	
1888（明治 21）年	1062	228	30	
1889（明治 22）年	1342	346	33	
1890（明治 23）年	2090	366	90	
1891（明治 24）年	2225	341	83	
1892（明治 25）年	2270	367	107	
1893（明治 26）年	2310	392	104	
1894（明治 27）年	2321	401	93	
1895（明治 28）年	2189	344	101	126
1896（明治 29）年	1889	341	75	
1897（明治 30）年	2015	352	90	
1898（明治 31）年	2141	332	94	
1899（明治 32）年	1158	102	42	130
1900（明治 33）年	743	100	23	143
1901（明治 34）年	791	93	33	147
1902（明治 35）年	713	100	22	129
1903（明治 36）年	577	111	22	109

表 7-2｜（続き）

年次	新入乳児数（人）	年末時の在監児数（人）	死亡児数（人）	監内出産児数（人）
1904（明治 37）年	430	67	29	93
1905（明治 38）年	268	47	18	73
1906（明治 39）年	343	70	18	81
1907（明治 40）年	321	55	7	84
1908（明治 41）年	328	58	10	72
1909（明治 42）年	393	93	32	86
1910（明治 43）年	429	82	24	84
1911（明治 44）年	387	69	15	65
1912（明治 45・大正 1）年	324	52	15	36

※1　1884・85 年については死亡児数以外は不明。
※2　1899 年 7 月より改正監獄側が実施され、携帯乳児の年齢が満 1 歳までとされた。
※3　「新入乳児数」とは、その年度内の「携帯入監＋監内出産」人数である。また監内出産児が必ずしも携帯乳児になるとは限らない。
※4　年末時の在監児数は、当年中の［新入乳児数－（出監児数＋死亡児数）］の数値である。
出典：『監獄協会雑誌』14（3）、99-102／同 15（2）、52-4／同 16（2）、63-5／同 17（2）、41-4／同 18（2）、34-7／同 18（5）、47-8／同 19（2）、33-5／同 20（3）、58-62／同 21（2）、46-9／同 22（2）、35／同 23（2）、38／同 24（2）、76／同 25（2）、65／同 26（2）、15
司法省大臣官房文書編（1910）『日本帝国司法省第十監獄統計年報　明治四十一年』司法省
司法省監獄局編（1913）『日本帝国司法省第十四監獄統計年報　明治四十五年大正元年』司法省
以上を参考にして筆者が作成

一年間の新入児数がもっとも多いのが一八九四年の二三二一人で、全体的にみれば平均年間新入児数は一一〇三・四人であった。ただし、先述のように一八九九年の監獄則改正によって携帯許可年齢が満一歳に変更されたため、同年から入監する乳幼児の人数は大幅に減少した。いっぽうで、一九〇八年には子の携帯を厳しく制限しようとした監獄法が制定されたが、新入児数は目立って減少していない。同表から乳幼児の出入りのはげしさがうかがいしれるが、多数の乳幼児が監獄内で生活していた現実には変わりがなく、このことの問題性は後に述べていきたい。

受刑者である母親のもとにいた携帯乳児でも、法令で定められた年限を迎えれば出監することとなる。そこで、この子らの出監手続きについて確認しておきたい。これまでみたように、建前上は監獄の外に引き取り手が存在しないことを前提とした携帯許可であるから、容易に親族などの縁者が引き取りに現れるとは想像できない。したがって、小河滋次郎が「其子ヲ引取ルモノナキ等ノ場合ニ於テハ地方税救育費ヲ以テ相当ノ養育方」（小河 1890：32）を取り計るべきだと述べたように、現実的には身ひとつで出監した乳幼児に対しては何らかの救済制度が対応することになる。

そこで、まず前提になるのは「携帯乳児」自身の戸籍や彼らの親族関係である。子どもたちがおかれた条件は大きく分けて三つある。一つは母親とその子が戸籍を有しており、家族・親族が健在であること。つぎに有籍者であるが、引取人たる家族などが存在しない、または拒否しているか貧困等で引取が不可能な場合。最後が無籍者でなおかつ引取人が存在しない場合である。たとえば、一八八三年二月に滋賀県により母親の受刑者及び携帯乳児が無籍で引取人が存在しない場合の対応について内務省に伺いが出されたケースでは、内務省指令として「拘引ヲ受ケシ地ノ戸長へ引渡スヘシ」と子どもは母親の逮捕地で対処するよう返答がなされている（福島県第一部庶務課編 1888：144-145）。また、有籍であるが引取人のない、もしくは無籍で監獄を出る子どもに対して恤救規則による救済を行うことの可否を問うた愛知県伺（同年五月一四日）に対して、内務省からは「引取人ナキモノ及本籍不分明ナル者ハ監獄則三十条ニ準シテ処分スヘキ事」、すなわち「別房留置」を適用するよう指示を出している（福島県第一部庶務課編 1888：143-144）。別房留置とは、刑の執行を終えた者のうち出監しても貧困等で自活の見通しが立たないために、再犯に陥りやすい者を受刑者とは別の監房に留めおいて生業等に従事させる制度である。

このように一八八〇年代前半では、救済制度ではなく、行刑の範囲内での対応を優先しようとする姿勢がみられた。しかし、監獄内に留め置かれる元受刑者らと三歳までの幼児を一緒にしておくことは現実的でなく、しだいに恤救規則などを適用していく方向性に変わっていった。一八八七年一月の鳥取県伺では、引取人がいない三歳児への対応が問われたが、内務省側は母の原籍地（無籍の場合は母親の逮捕地）の戸長へ引渡し、恤救規則か地方税救育費で対処するよう指示した（土生編 1887：119–121）。また、一八九五年には三歳児の引取人が出頭するまでの比較的短い期間でも「監獄の別房に留置するの義は相成らす」という方針を内務省は示している（不詳 1895a：51）。

さらに一八八七年以降は、監獄を出された子どもを引き取ることでその家庭そのものが自活困難に陥る場合、「恤救規則ヲ適用シ家族乳児共ニ救助」するよう指令を出している（東京府学務部社会課編 1935：20）。恤救規則を適用する場合、年七斗の米代では監獄を出された子どもの養育に不足するという伺いを立てた府県もあったが、その場合は「地方税救育費ヲ以テ支弁」することで対応するものとした（福島県第一部庶務課編 1888：145）。

以上のように、監獄を出された乳幼児への対応はその戸籍や家族の状況さらには年代によってケースバイケースであったが、適当な引取人をみつけることの困難さは、子らに常につきまとっていたと思われる。このことは戦後になっても例外ではなく、久我澪子によれば、「母親が抱いて出所できるとか、母親から家族へバトンタッチされる子はきわめてまれ」であり、入所前の住所が明確であれば児童福祉につなぐことはスムーズであるが、住所不定の場合、費用負担などの問題で刑務所所在地の福祉施設につなぐことが難航すると指摘する。また久我は「人見知りする様になってからの別れは、生木を裂くようなもので、泣くことも忘れたようにおびえている子を見送ることはかなしい」と述べ、携帯乳児の規定を残す限りは「育児にふさわしい場所を、塀外に設けるべきである。そこから母親を塀内の工場へ通勤させる」こと、もしくははじめから児童福祉施設等に任せて定期的に母と子を交流させる手立てを講ずるべきだと主張した（久我 1967：50）。

(二) 携帯乳児の生活状況

つぎに監獄内で生活する乳幼児の様子について述べていきたい。携帯乳児が収容される監獄は女囚のみがいる「女監」であったが、子どもの生活状況は母親の受刑者に科せられた監獄の紀律というものに少なからずの影響を受けたと思われる。たとえば監房内における受刑者の振舞について、小河は「静粛且ツ緘黙ハ在監人ノ常ニ服膺スヘキ第一ノ要義タリ此要義ハ昼夜ニ論ナク且ツ同房者ニ対シテモ亦タ堅ク之ヲ遵奉セシメサルヘカラス」（小河 1890：233-234）と述べており、この言葉にしたがえば、監房内において母子らしいやりとりをすることは難しい状況であったように思われる。前田貞次郎も雑誌『児童研究』の中で「在獄中は其の母が談話を禁ぜらるゝよりして、殆んど唖の如き聾の如く自然に受けたる機能をして発達せしむるの機会なきなり」と母子の様子についてふれている（前田 1900：51）。

その携帯児の食料などについてはどうか。年代によって子の携帯許可そのものに関する条件は異なってはいたが、ひとたび携帯許可をした乳児については「母乳ノ有無ニ拘ハラス当然監獄費ヲ以テ其健康ヲ保ツニ必要ノ給養ヲ与フルハ勿論、衣類、臥具其他育児ニ関スル総テノ事項モ亦タ監獄行政ノ責任ニ帰シタルモノナリト謂ハサルヲ得ス」（小河 1912：106）という対応で共通していたようである。給与される食料については監獄則で一〇歳未満の幼年者と同等の食料と規定された[5]。ただし、監獄法及び同法施行規則では分量が明記されることはない。小河は「乳児ノ処遇ハ病者ニ準シ其糧食及ヒ飲料ノ如キモ亦タ医師ノ意見ヲ聴キ典獄ニ於テ適宜之ヲ定ムルコトヲ得セシムルヲ至当トスヘシ」（小河 1912：417-418）という見解を記しているが、この見解は神戸監獄典獄・有馬四郎助の要請によって司法省監獄局長が発した「乳児携帯者ニ食料増給ノ件

（一九一四年監発一二八一号）」にそのまま踏襲されている。[6] なお、寝具などについても監獄法には別段の規定がないが、母親の「自弁ヲ以テ本則トシ若シ自弁シ能ハサル場合ニ於テハ之ヲ官給スヘク其地質、製式、色彩等総テ普通児童用ノ衣類ト同一ナラシムヘシ、各乳児ニハ乳母車様ノ簡単ナル寝台ヲ与ヘ相当ノ臥具」を使用するなど、普通一般の児童と同様の衣類や寝具を整えるべきであるという見解を小河は示しているが、監獄則時代の対応については不明である（小河 1912：398）。ただし、このような食料に関する配慮などがあったとしても、獄内における生活水準の概準は「細民生活ノ程度」（小河 1890：108）であり、「下等社会ノ良民」とつりあいがとれるものであった（小河 1890：270）。したがって乳幼児にとって十分な環境であったとは考えられず、「乳児の顔色を見るに、多くは、蒼白痩立し、彼の愛らしき美貌あるもの、稀なり」（不詳 1895b：15）という状況は当然であったが、この問題は後にもふれる。

（三）職員・支援者たち

女監取締

上記のような携帯児やその母親たちと直接的に関わる監獄職員は「女監取締」と呼ばれる女性たちであった。監獄内においては女性受刑者への関わりは同性である女性職員が対応することは法令で定められていたため、女監取締の職務は男性である「看守」と同様の職務を担うことになっていた。本項では、このような母親でもある受刑者や携帯乳児と関わる女監取締、そして監獄の外にあって母子を支援しようとする人々について若干ふれていきたい。

まず、女監取締については一八八一年の「司獄官吏傭人設置程度」の中に記された「傭人分課例」では、その業務を「女監ヲ監視」、「飲食ヲ配与シ及ヒ女囚ノ作業ヲ督励ス」と定められた。しかし、一八八九年の

「看守及監獄傭人分掌例」（内務省訓令第二九条）では、女監取締は「看守長ノ指揮ヲ受ケ女監ノ戒護其他婦女ノ取締ニ関スル一切ノ事務ニ従事スルモノトス」（第五八条）と定められ、より具体的には「女監ニ関スルノ事務ハ戒護上ハ勿論病者ノ看護、食物ノ配与、獄衣其他給与品及差入品並ヒニ作業器械及素品製品ノ受渡ニ至ル迄渾ヘテ女監取締ノ分掌ニ属スヘキモノナリトス」と多岐にわたった（小河 1894：910）。また、出産前後の妊産婦に対する世話と合わせて、子どもたちに対しても「須ラク己レ其母タルノ心得ヲ以テ成ルヘク愛憐ヲ垂レ身ヲ其母ニ代ツテ鞠養ヲ加フル程ノ注意アルヘキコト必要ナリ」と親身に対応するよう求められている（小河 1894：912-913）。このことは女監取締らの力量が携帯児らの待遇に少なからずの影響を与えることを意味している。

このように広範な業務を担う女監取締であったがその配置数は少なく、定員については拘禁者二五名以下の小監獄では二名を採用し昼夜交代で一名ずつが勤務することとなっていた。しかし、「囚人監並拘置監を守衛」し、「万般の取締即ち監内の巡監、在監人並監房常置器具等の点検、行状の視察、配役、作業の督励…（中略）…自書するに能はざる者の代書等列記し来らば殆んど際限なく監獄取締に関する一切の事総て一名をして弁ぜしめざる可らず」という激務であることに批判が出され、一八九六年一一月には二五名以下の小監獄で一名増員するよう定員が改正された（不詳 1895c：47，不詳 1896a：44）。

当然のことながら女監取締に適当な人物を得ることも重要な課題であり、「其身体ノ健全ナルヲ要スルハ勿論同時ニマタ勉強忍耐ノ力ニ富ミ厳正、信実、文筆ヲ能クシ兼テ普通ノ職芸ヲ備フル」人物がその条件とされた。しかし、待遇面などの問題で「斯クノ如キ完備ノ人物ヲ女子ニ求メント欲スルハ頗フル至難」というような状況であった（小河 1894：910-911）。当初の女監取締は看守の下働きである「押丁」と同等の扱いであり、この点について関係者から批判があいついだ。これらの中で芳香女史は「夫れ我国の如き男尊女卑の弊たる一国の固疾となり容易に洗除し不能るの国柄」と述べ、男性の看守は判任官であるにもかかわらず「等しく一国の行政事務に属する刑執行の任に該る女監取締をして日傭人と同一の待遇を為し刑執行の目的を達せんと欲する」のは矛盾があると主張した（芳香女史1897：53-54）。また、職務向上のために女監取締が「研究会に会同する者あるも、却りて、之を生意気などと、誹謗する者多きが如く」、天下斯道のための熱心な議論も女監取締のことでは「度外視するの情況なり」という現職の女性たちと思われる人々からの批判も存在した（大坂府堺監獄支署詰女監取締某1895：47）。このような議論を経て、女監取締の待遇が看守と同程度（判任官待遇）に改善されるのは一九〇三年四月のことであった（刑務協会編1974：340）。

支援者たち

監獄内で生活する乳幼児が多数存在するいっぽうで、入監している母に代わりその子らを養育する支援者たちも少なからず存在した。板垣退助と妻絹子らが中心となって設立した東京女囚携帯乳児保育会については本章の冒頭で少しふれた。板垣がこのような支援に動き出したのは内務大臣在任中のことで、一八九九年二月の『監獄雑誌』には「板垣前内務大臣閣下は嘗て在官中大に此事に同情を寄せられ令夫人をして率先此好範を示されんとにて調査せしめられ」、その「考案には先以て伯の令夫人をして在警視庁監獄の携帯乳児を救育し全国に其模範を示し…（中略）…斯囹圄の可憐なる嬰児をして天性の幸福を得せしめ尚成長後忠良なる国民同胞を作ることを得」という記事がみられ、「予輩は切に希望す世の典獄諸君率先以て板垣伯の素志に倣ひ此事業の発端を計図熟案あらんことを」という言葉で締めくくられている（不詳1899d：47）[7]。

板垣らが実際に保育会を設立したのは、これより三年後（一九〇二年）の六月のことになる（所在地は東京市京橋区築地三丁目一五番地）。板垣は会創設について「女囚の携帯せる所の乳児にして、他に保護者無き者に至つては、国家として其女囚と共に獄舎に収容するの外、他に其責務として為すべきの道なしと雖も、之を単に国家の為すが儘に放任することは、同胞人類として堪ふべきことにあらず」（板垣 1919：278–279）と述べ、監獄内に置かれた乳幼児を「同胞」として放置できない問題と考えた。そして「女囚携帯乳児の保育を以て婦人の慈善事業として最も適当なるものと断定」（板垣 1919：276）し、絹子らに保育会の運営を任せたのである。(8) 本会を創立した五年後の一九〇七年四月に救世軍大将ウィリアム・ブースが来日しているが、彼はロンドンのある女性から日本の携帯乳児を保護するための団体設立のために一〇万円を付託されていた。ところが、すでに東京女囚携帯乳児保育会が存在したため、それらは救世軍の事業に充てられることになったというエピソードがある。(9)

同保育会は東京府下の監獄にいる携帯乳児を引き取り、母親が刑期を満了するか児童が満七歳になるまで里親委託などを活用して養育を行った（安形 2001：不詳 1919）。『監獄協会雑誌』には創立から一九〇四年一二月までの保育実績（男女計一七名）、慈善会の実施などの活動に関する記事が掲載されている（不詳 1903：不詳 1905b）。さらに子らの様子についても「放免せられたる母親に返還する際には色素一変肥肉満々たる愛児となりしより母は自分の子にあらすとて霎時引取りを逡巡せるもありとかや」というエピソードを紹介し、その活動が「母親をして前非を懺愧せしめ感化の導火となるへし」と賞賛をおくっている（不詳 1904b：61–62）。

板垣は当時、東京だけでなく各県知事とその妻らにも地方組織の創設を促していたようであるが、ほとんど反応がなく、足下の東京においても脱会する女性が続出した。その言い分は「世の良民の子にして憫れむべきものあるに、何ぞ罪人の子に及ぶの遑《いとま》あらんや」というようなものであったが、この「罪人の子」という世人らのまなざしは、後述するように携帯乳児らの人生に暗い影を落とすのであった（板垣 1919：282）。

しかし、わずかながらではあるが一八九九年からの板垣の動きに呼応したかのように始まった事業も存在した。同年三月設立の「防長婦人相愛会育児所」や同年八月に設立された「讃岐保育場（現・讃岐学園）」である。

もちろん両施設の設立背景には同年の監獄則改正によって一歳以上の幼児のすべてが出監しなくてはならないという状況もあったであろう。前者の「防長婦人相愛会育児所」は、山口県徳山町徳応寺の赤松安子が山口県及び広島県監獄から四名の幼児を引取り、寺内に育児所を設立したのがその始まりであるが、一九一三年に安子が死去し閉鎖となっている。[10]後者の讃岐保育場は、香川県監獄の女囚の子を教養保護するために創設された施設であり、会長は香川県監獄の典獄が務めた（初代会長は高木光久）。後に経営不振のため真言宗が施設経営を受け継ぎ、一九一〇年に現在の名称「讃岐学園」に変更している。そしてこの保育場は、板垣が「各地方長官夫人に尽力を依頼したるも誰も応ずる者なく」という当時の状況にあって、「唯一人香川県の鈴木新四郎氏夫人が賛成して高松に一の会を設け今日も尚継続し居れり」（不詳 1912 : 50）と述べた施設であると判断して間違いなかろう。

さらに一九〇八年三月には、岡山監獄の石井光美典獄の要請に応じて岡山孤児院の石井十次が乳幼児の受け入れを開始した。孤児院側は監獄近くに家屋を借り、そこで養育を行った。これに対して石井典獄は「朝夕生母に接見哺乳せしむる為め特に救育所を弓之町に設定したるか如き注意周到寔とに吾意を得たり」として石井十次に感謝状を出したが、その後孤児院による事業存続は不明である（角田 1908 : 8）。

3 携帯乳児の問題点

上記のように板垣らは監獄にいる母親から乳幼児を預かり養育するという事業を設立・普及させようとした。それでは携帯乳児とそれに関連する問題とは何なのか。本節ではこの点について検討していきたいが、資料の分析を通じておおよそ次の三点、すなわち①獄内出産、②乳幼児の健康、成長や発達、③警戒と差別などという問題が浮かび上がった。

(一) 妊婦と獄内出産

まず、携帯乳児の問題を論じるにあたり、最初にふれておくべきはその子らを胎内に宿した母親の受刑者の問題である。監獄則、監獄法においては妊娠した女囚は「準病囚」として扱われ、監獄法では「臨月期ニ在ル妊婦ニハ産婆ノ素養又タハ経験アル女囚ヲ選ヒ看護婦トシテ之ニ付添ハシムヘク若シ必要アリト認ムルトキハ典獄ハ分娩ノ際ニ限リ特ニ産婆専業者ヲシテ手当ヲ行ハシムルコトヲ得ル」と定められている(監獄法施行規則第一一七条第二項)。しかし、分娩設備や新生児を適切にケアする設備・人員が監獄内に整備されているはずもなく、実際の獄内出産は母子ともに苛酷な状況の中で行われていたことは想像に難くない。そのため、監獄関係者を中心に獄内出産に対する批判は明治期からみられるが、少なくとも一九六〇年から七〇年代の初頭にかけては獄内(刑務所内)出産したケースが存在しているので、獄内出産の問題は早期に解消されたわけではないことを先に述べておく必要があるだろう[11]。

獄内出産によって生まれた子の人数については**表7-2**でふれたとおりである。小河滋次郎は、「我国にては婦女の在監中に分娩するの事珍しからず否寧ろ普通の如く思ひ居り我も彼も一向平気なれども欧州にては殆んど絶無」と述べ、獄内出産が行われている日本を特異な存在であると指摘した。その上で、「元来獄舎内に於て分娩せしむる如きハ随分無残極まる事なれバ将来之れを避くる方法に就てハ当局者の大に講究を要す」と主張した(小河 1897g:33)。では、「無残極まる」というのはどのような状況であるのか。その点については進藤正直の論述を参考にしたい。進藤は司法省の監獄官僚として携帯乳児に関心を寄せた希有な存在であり、監獄衛生や統計などに関する論稿を『監獄協会雑誌』に多数発表した人物である。

進藤によれば監獄内で「流産死産」が多いのは「掩ふ可からさる事実」であり、「監内出産児の死亡は乳児死亡総数の六割七分を占め」、携帯乳児の死亡率は一〇〇分の一人の割合であるが、「監内出産児は其百人中不幸鬼籍に上れるもの実に十二人の多きに達せり」と述べる。この死亡児が、死産か生後まもなく死亡したのかは厳密には不明であるが、出産前後の死亡割合としては非常に高い数値であることに変わりはない。進藤は「生まれなからにして囹圄の人となり、嘗て青天を仰きたることなく、又終に父なる人の恩恵に接するを得すして、同胞の一人罪なきに獄死す、人生の悲惨も亦た極まれる」と死亡児に対して同情を示すいっぽうで、この事実が局外者以外に知りえないであろうことに憤りを感じるのである。

そこで彼は獄内での死産・流産の「根底的廃滅」と、「狡猾なる貧賤婦女か殊更に軽微の罪を犯して入監し、監獄は遂に分娩所に供せらるゝか如き弊害をも、自然防止」するために、妊娠した女囚の収監を禁止する「妊婦保護法」の制定を強く求めた（進藤 1903：37-38）。同じように、自ら生んだ新生児を殺害し、収監された少女が獄内で酷く精神を患う事態を目の当たりにした滋賀県監獄の教誨師・本多澄雲も、妊娠・出産したばかりの女性の収監や法廷に出廷させることも禁止するよう求めた（本多 1907）。

（二）乳幼児の健康、成長や発達

監獄内における乳幼児の生活状況については先に述べた。本項では「監獄の紀律」の中で生活する子らの健康、成長や発達などについて関係者らがそれらをどのように問題視したのか追っていきたい。

前項の進藤の記述でも死亡児についてふれたが、**表7-2**によると一年間の死亡児数は一八九二年の一〇七人がピークで、明治期（一八七六年から一九一二年までの三七年間）を通じての平均死亡児数は四三人である。

また、表に記載はないが、携帯児の死亡率をみるともっとも高いのは一九〇九年の八・一四%で全期間をとおしての平均死亡率は三・八四%であった（流産・死産等を含むかは不明）。直接的に比較できる数値ではないが、厚生労働省の「人口動態統計」によると一九〇〇年の乳児死亡率が一五・五%、一九一〇年のそれが一六・一二%であったため、監獄といえども携帯児の死亡率が突出して高いとはいいきれない。しかし、彼らの中には母親によって命を絶たれる者もあった。夫に見捨てられた、実家に迷惑をかけられないなど、思いつめた母親が自分の子どもを殺めたケースがいくつか報告されているが、獄内において罪を重ねねばならないほど深刻な状況に追い込まれた彼女らの境遇とは如何なるものなのであろうか。[12]

さらに、小河滋次郎が大日本私立衛生会総会で行った「監獄衛生に就て」という講演をみると、携帯乳児らが統計的な数値だけでは理解し得ないような困難な状況におかれていたことがわかる。小河は講演の中で当時の監獄内部の衛生状態、食料と栄養不足、病囚と死亡囚の実態などについて紹介し、約一割の在監者が死亡（一八九七年）するという日本の監獄が「全世界無比」の劣悪な環境であり、現状を改善するには多くの衛生学関係者の協力が必要だと主張した（小河 1897h：19）。彼は、ドイツの統計学者・エンゲルの「異名の死刑」という言葉を引き、監獄で拘禁することによって却って囚人の生命を危険にさらすことの矛盾を嘆いた。監獄での拘禁（自由刑の執行）は、在監者の生命を奪う目的で行われるのではないのだ、と小河が強く訴える監獄内部の環境のもとで、乳幼児たちの健康や発達が十分に保障され得ないことはおおいに想定されることだと筆者は考える。

成長や発達の状況に関する初期の著述として博愛生は、一八八九年監獄則第七条の「満三歳以下」の規定は「余り長きに失する」ため、「携帯乳児の年齢を満一年と改められんことを我当局者に望まん」と主張した。その理由は、三歳という年齢の児童はすでに母乳で栄養を摂る時期は過ぎ、自由に歩き回り発声・応答の能力も備わっており、さらにこの「理解力を有する良心の発達初期にして其母と共に監獄内に放置するありとせんか其将来の教育上に関係を及ほすこと少なからす」であるためだという（博愛生 1894：34-35）。その他「其齢満三年に至る迄と云ふが如きは甚だ長きに失し却て無垢善良の嬰児をして監獄を以て常住の社会視せしむるが如き」事態を未然に防ぐために、携帯乳児は「廃止」もしくは「満一歳」までに制限すべきであるという主張はいくつかみられた（不詳 1896b：18）。

また、小河滋次郎の携帯乳児の玩具に関する論述は、乳幼児の獄内生活の弊害を次のように端的に記している。それは、「独り監獄に拘禁せらるゝ所の婦女の膝上に在る幼児を見るに一の玩弄物を与へあることなし、…（中略）…一の遊戯を為すを得ず、只彼の可憐なる純白無垢の幼児の耳底に達するものは、官吏の号令と督責の声のみ、目に映するものは官吏の壮厳なる武装と母親等の愁然畏縮唯々として其命に従ふの状のみ」であり、そのために乳幼児は「母親等の悽愴たるを看、之れに倣ひ愁然として吏員等に辞儀するの状、之を看る者誰か一滴の涙を注がさらん、又是等小児か成長の後、社会に於ける状態を思念せは誰か戦栗夏尚ほ寒きを感せさるものあらんや」という様子から理解されよう（小河 1897i：43）。このような子らの様子は戦後の久我（1967）の中でも記されており、いかにいびつな光景が日々乳幼児たちの眼前にあったのか見当がつくのではなかろうか[13]。

この点に関して、元教誨師で当時は東京市養育院にて孤貧児養育に携わっていた山本徳尚は、携帯乳児を認める理由は「其乳児を養ふものなき」と「親子の心情憫れむべき」という二点であると指摘する。しかし、「此憐憫は却て乳児の上に大害を及ぼす」と述べ、そもそも「罪囚ならざる者を司獄官に托するは其筋道を誤まるもの」という彼は、哺乳の時期を監獄で過ごすことに対して次のような批判を展開している。

児童教育上最も大切なるは心理的に生理的に最も完全円満の発達を遂げしめて其自然を障害せざるに在

り然るに哺乳の時代に在りては児童の心意は専ら受感に止まりて総て外物の刺激を受けて其感覚を生ずるものにて此外物の刺激より生ずる感覚如何は教育上最も注意せざる可からざることにて…（中略）…已に母体を脱したる児童を罪囚たる母と共に在らしむるのみならず罪囚をのみ収容す可き監獄に同居せしむるとせば其害悪の恐るべきこと言ふまでもなからん之を比ふるに伝染病室に乳児を携へしむるに等しく其伝染を免れんと欲するは蓋し無理の希望ならんのみ（山本 1899：26-27）

よって、山本は携帯乳児の全面廃止を求める。板垣が広く民間に携帯乳児の保護を求めたのに対して、山本は「日本の国情に在りては単に彼等民間の有志の士を待つのみにあらずして公に於て之が方法を立てんことを切望せざるを得ず」、「一歩を進めて獄内には乳児と雖も携帯を許さゞることとし其児童は遺児と認めて市町村長若しくは区長が公費により相当の養育をなすこと寧ろ適当にはあらざるか或は公設の救育所を設けて之に入るゝも可也」（山本 1899：27）と主張した。この行政主導によって乳幼児保護を進めようとする視点は、同時期に発表された彼の感化教育論とも共通するが、乳幼児の受入れ先としても東京市養育院などの公設施設が想定されているところに特徴がある。[14]

(三)「警戒」と差別

先述のような子どもの発達を危惧する言及は、彼らを同情すべき対象と規定すると同時に罪人の母を出自に持ち害悪の伝染が免れがたい監獄内で育った子らが、いずれは社会にとって危険な存在となることを警戒視するような性質をも含んだものであったといえよう。

先述のように母親の請願によって三年間の携帯許可は認めざるを得ないとした小河は、そのいっぽうで「三才位の時に一旦感じたる事柄ハ畢生脳裡に銘せられ到底忘るゝ事なかるべければバ将来自身を害し社会を損ふ事蓋し小少にあらざるべし」という。「将来の害毒となるべき分子を未萌に防がん」ためには、満一歳以上の幼児については「之れが引渡に力を尽く」すことが肝要だとする彼の言葉の背景には携帯乳児を「危険な存在」とする見方があることは否定できない（小河 1897j：32-33）。また、本多も「一たび呱々の声を鉄窓の下に挙げたりと云ふの故を以て世人の指笑排斥をうけ成長の後と雖も社会の人と伍する能はず自暴自棄の結果彼れ亦た禁網を犯かすの徒となるべく」（本多 1907：7）と携帯乳児の将来を案じているが、このような警戒感が、その子らに対する差別と排斥に結びついていったということは考えられまいか。

携帯乳児がどのような排斥などに遭ったのか。その状況については個々人によって違いがあるのは当然で一般化することは難しいが、当事者の証言をみることは本項を論じる上で重要であろう。先に紹介した進藤正直は、「親友」と呼ぶ一人の「獄内出生者」（以下「出生者」）という人物から書簡を受け取り、その過酷な内容から『監獄協会雑誌』に公開することを決めた。以下、その書簡から当時の携帯乳児がおかれた状況をみていきたいが、これにより彼らの境遇の一端は理解できよう（進藤 1905b：36-40）。進藤が書簡を受け取ったのは一九〇五年であり、送り主である「出生者」は二〇代の青年で日露戦役に従軍中であった。

彼の母親は一八八一年監獄則時代に妊娠五カ月で収監され、男児（＝「出生者」）を出産した。ところが「悪人の腹に宿り候児は吾が子に非す」として、出産時にはすでに母は実父から離縁されている。実父からその存在を否定された「出生者」は自身を「純粋なる監獄出身」「暗黒なる人」と呼ぶが、同時に「小弟に何の罪あるか」とその出生時の境遇を嘆いた。また、母子の在監中の状況については、「母の最も困難致候は子持の身なるにも拘わらず始終他と同一の課役に服したる」こと、「就役中は殆ど哺乳の自由を与へられざりし」こと、「同房囚よりは子持が五月蝿しとて痛く嫌忌せられたること」などと述べる、さらに、このような監獄内の状況では「所詮乳養もなりがたく活かして苦を見せんよりは一層の事一と思ひ此世を先きたゝせなば却て此児の為めにも功徳なる可し」として、母親が幾度となく獄内で「出生者」を殺そうと思い悩んだことを吐露している。

この「出生者」は監獄則の規定により満三歳にて監獄を出る。自分を拒否した実父など父方の親族はもはや他界しており、母方の伯父の家に引き取られたが彼の境遇は簡単には好転しなかった。「出生者」はいう、伯父家族に「筆紙にも尽しがたき迷惑相掛け申候」と。この迷惑の内容は「寧ろ近所近辺に対し外聞が悪るかりしに由るもの」であった。たとえば小学校入学時には、「近所の小供等が先鋒となりて異口同音にヤレ監獄《ママ》さんが来た々監獄太郎《ママ》までが学校へ来たなどゝ口を極めて侮辱し嘲笑し」、ともに通学する従兄までが「悪口憎言」「殴打」される目にあった。このようなことで入学三日目に「退校」を余儀なくされ、「此時の無念さ死んでも忘れられぬ」と彼は述べる。書簡には母親との再会やその後の度重なる困難などについて綴られていた(15)。この書簡を送られた進藤は「此悲惨なる事実が、寧ろ監獄に於ける当然の副産物たるかの観なき能はす」と述べ、携帯乳児に適当な支援を行うことにより「其境遇は改良し且つ適当の保護を加へ教育を施すに於ては必すや夫れ相応の用材たるを得ん」と主張する。と同時に「其保育問題に就ては当局者に於ても未た曾て多くの考慮を費されたる所あらさるが如し、豈に慨嘆の至りならすや」と監獄当局者らに反省を求めた（進藤 1905b：36–37）。

その他携帯乳児を問題視する意見としては、乳幼児らが監獄に存在することが刑の執行の妨げになるというものもあった。芳香女史は「携帯乳児の制たるや動もすれば刑執行の基礎たる監獄の紀律に抵触し如何に女監の紀律秩然たらん事を欲し叱咤激励するも一人の乳児の為め女監全体の紀律を紊すが如き」で、乳幼児はまるで「刑執行の苦痛を緩うするの機関とするなきやを疑ふ」と述べる。そのため、この「監獄に於て刑執行上の一大障害物」である携帯乳児を「除去」するためには携帯乳児のための「保護会社」の設立が必要だと主張した（芳香女史1896：35）。このように刑の厳正な執行、紀律の保持、監獄費（乳幼児への給与費）の節約という側面からの批判はいくつか存在している（博愛生1894：不詳1894b：不詳1895d）。

しかし、先の進藤（1905b）のような主張の後に監獄関係者の間で携帯乳児問題に関する議論がどのようになされていったのか、筆者はその詳細を述べることができない。『監獄協会雑誌』等で携帯乳児に関する記事を確認することができないのであり、そのことから実際に活発な議論が存在したとは考えられないが、この点については後に少しふれたい。

4 まとめにかえて

以上、本章では明治期を中心として、携帯乳児に関する法令や収容者数、彼らが監獄に生まれ生活することの実態について検討してきた。具体的には健康や発達、差別や社会からの排斥など、子らが抱えた困難についても言及してきた。

ここで締め括りとして、二〇世紀初頭まで存在した携帯乳児への関心や議論は、なぜそれ以降にみられなくなったのかという問題について考えてみたい。この件については、監獄の移管問題が少なからず影響していると考えている。これまでみたように、携帯乳児にとっては行刑制度もさることながら、恤救規則や保育・養育事業など慈善・社会事業との接点も重要である。犯罪予防やその撲滅などは監獄のみで達成することはできず、他の行政事務（救貧・慈善・警察等）と「常ニ同統一系ノ連鎖ヲ保全」（小河1892c：14）することによって貫徹でき、そのためには監獄事務を含めた上記の行政事務すべてを内務省が所管する必要がある。これは内務省系監獄官僚の代表格たる小河滋次郎の持論であり、彼らが監獄外における感化教育や児童保護などの必要性を主張する根拠としてよく述べられるものであるが、携帯乳児についても同様のことがいえるだろう。携帯乳児を監獄から引き離し社会の中で生存させていくためには、地方税救育費などの救貧制度や慈善事業へのアクセスは必要不可欠であるが、監獄が内務省及び各府県の監督下にある時期はそれらが比較的容易であったと考えられる。[16] 小河ら監獄官僚が携帯乳児のための里親や保育事業などの協力を世に求め、携帯許可のための母親の身辺調査や乳幼児らの取扱い（親族、行政や救貧制度への橋渡しなど）は監獄の責任で行うという発想が生まれるのはこのような背景があったと考えられる（不詳 1899d：小河 1912）。

しかし、一九〇〇年の監獄事務の司法省移管（勅令一六六・一六七号）と〇三年の司法省による監獄の直轄化によってこれらの状況は変わった。小野修三はこの移管によって「確かに司法省では内務省の時とは違って『他ノ行政事務即チ救貧、感化、慈善、警察等ノ事項ト共ニ同党一系ノ関係』は想定できなくなった」（小野 2011：146）と指摘する。反対に、監獄の「司獄官を挙て司法大臣に隷属せしめ」（不詳 1897：64）、犯罪者処遇を検察―監獄ラインだけで完結（＝司法行政の統一）させようとする司法省にあっては、監獄法令の中に携帯乳児の規定が存在するという事実以上に、取り立てて乳幼児問題を議論の俎上に上げる必要性が認識されていなかったと考えられる。司法省が監獄を所管する以上、先の山本徳尚の主張とは逆に携帯乳児に関わるのは司獄官（監獄職員）以外に存在しなくなり、「監内出産児か其如何に悲む可き運命に在るやは、恐くは局外者の想像にだも及はさる所ならん」という進藤（1903：37）の嘆きはますます現実的になっていったのである。

ただし、少なくとも戦後の児童福祉法制の成立以降は、刑務所と児童相談所・施設などの実務者レベルでの交流・連携は存在したはずである。他方で明治期から現在にいたるまでの携帯乳児の実態を扱った学術研究はほとんど確認することができなかったことは冒頭で述べたとおりであった。つまり、子どもの人権や福祉に関わる研究に身を置くわれわれの関心の低さも、この携帯乳児の制度が現在もなお日本の矯正に存在し続けていることと無関係ではないと考えている。

●――注

（1）本論で使用する「携帯乳児」という用語には、その時期の法令によって満三歳までの幼児を含む場合がある。また矯正施設や収容者等の用語についても、明治期の呼称をそのまま用いている。

（2）参考に、近年の刑事施設（刑務所等）における携帯乳児の一日平均収容人数を記す。平成以降は一九八九（平成元）年：五八九人、九四年：三七四人、九九年：一六一人、二〇〇四年：五八人、〇九年：七人と減少傾向にあり（坂井2012：19）、法務省矯正統計によれば直近の三年間の年末収容人員は〇人である。いっぽうで一九九二年一二月末に一五一四人だった女性受刑者の数は二〇〇九年末には約三倍の四五五七人に急増しており（坂井2012：22）、近年の女子刑務所の収容率は一二〇～一三〇％（鴨下2010：18）で、代表的な女子刑務所である和歌山刑務所では二〇〇七年九月に約一三八％と全刑務所中最高収容率となっている（外山2010：155）。過剰収容となった女子刑務所では集会室や図書室などの施設を受刑者の居住スペースに変更して対応しており携帯乳児のための「育児室」なども例外ではない。この過剰収容が常態化したことが、近年の携帯乳児減少の一つの要因であることに留意しておく必要がある。なぜなら、仮にこの過剰収容問題が解決に向かえば再び刑務所内で生活する乳幼児が現れることも十分に考えられるからである。またAndrewは、現在も多くの国の司法管轄において母親は新生児を刑務所内において養育することが許されている（Andrew 2009）と指摘しており（携帯乳児は〝Mothers with infants〟と表記）、国連の「被拘禁者処遇最低基準規則」（一九五七・七七年）においては監内出産については原則禁止となっているものの、乳児と一緒に監内で生活すること自体は禁止されていない。

（3）『監獄協会雑誌』は大日本監獄協会（現：財団法人矯正協会）によって、一八八八年五月より発行されている機関誌であり、当初の名称は『大日本監獄協会雑誌』、一八九九年七月に『監獄雑誌』と合併し『監獄協会雑誌』へ改称。いっぽうの『監獄雑誌』は、警察監獄学会が一八八九年一一月に発刊した機関誌である。両雑誌の合併時には読者数は一万人を越えており、名実ともに日本を代表する監獄学や監獄行政の専門（学術）誌である（倉持2008：2012a）。

（4）小河らによれば「幕政時代ニ在テハ小児ヲ携ヘ獄舎ニ入ル、カ如キ例規アルヲ見ス、若シ乳児携同ノ入監者アルトキハ住所役所名主庄屋等ニ其小児ヲ引渡セリ是等ハ五軒組合ニテ各其責ヲ負フノ定メアリ、若シ此組合ニシテ責務ヲ尽ササルトキハ町村費用ヲ以テ之ヲ扶養セリ、又妊婦監内ニ於テ出産シタルトキハ大概二十日間許リ母囚ヲシテ産児ヲ乳養セシメ其以後ハ五軒組合又ハ親属等ニ之ヲ交付セリ」（小河1912：110-111）として、江戸時代には携帯乳児の規定がなかったとされている。また、諸外国の妊娠した女囚や携帯乳児等に関する規定については、小原（1882）や小野田（1889）、小河（1894）などによって日本へ紹介されている。

（5）たとえば一八八九年監獄則（第二八条）では、携帯乳児の一日分の食料は「十歳未満ノ幼者」と同量で下白米四割麦六割の混合米を三合と一銭以下の「菜」と規定された。

（6）戦後以降の携帯乳児の食事の状況について久我は、離乳食などの調理設備も十分でないため家庭や保育所のように対応できない（久我1967）と指摘している。

（7）同保育会の成立事情については「此会の起りは先年板垣伯が内相時代に各監獄巡視の際女囚の携帯乳児が獄内に在て嘻々として戯れ居るを見て深く之に同情し有志の貴婦人諸氏に話し其尽力に依りて成立せしもの」と、清浦奎吾も同様の述懐をしている（不詳1912：49-50）。

（8）日本婦女通信社編（1918：81-84）には東京女囚携帯乳児保育会（一九〇二年七月創立）の名簿が掲載されており、庶務主任に板垣絹子、役員に板垣絹子、清浦錬子、水野万寿子（錬太郎夫人）、渋沢兼子（栄一夫人）など、顧問には板垣退助、清浦奎吾、下田歌子（実践女学校長）の名が挙がっている。

（9）ブースの来日の際のエピソードに関して板垣は、「ブース氏の来れるに方り、我邦未だ女囚の携帯乳児を保育する所の慈善的設備なかりしとせば、其一国の恥辱たるや大にして、加之もこの恥辱たるや我邦の女性の負ふべきものたるやを忘るべからず」（板垣1919：280-281）と指摘している。

（10）防長婦人相愛会育児所及び赤松安子の事蹟等については脇（1985）を参照のこと。

（11）前野育三によれば、一九七〇年代初頭はすでに「被拘禁者処遇最低基準規則」にしたがって「実際上は施設外分娩、専門家による育児が行なわれている」（前野1972：19）と述べる。ただし、「携帯乳児に関しては、独立の保育室のない女子刑務所が多く（全国で四つの女子刑務所のうち保育室があるのは一施設のみ）、舎房の一角で、経験ある職員の下に、受刑者中から選定された者が世話係として世話する。携帯乳児は満一才まで許され、その後は乳児院等にあずけられ、母親は三カ月に一回面接を許される」（前野 1972：34）とも記述されており、保育に関しては先の記述と矛盾する。また、香川（1973）の記述からもこの時期が、施設外分娩への過渡期であったと考えられる。

（12）参考までに数例を記す。一八九二年に重禁固四月監視六月の処分を受けた女性が監内で女児を出産、子の父親へ連絡が取れず、女児を養育する望みを失い監房内で殺害（読売新聞社 1892）。一九一一年、長崎監獄島原分監に懲役五カ月で収監されていた二四歳の女囚（上の二人の子は女囚の両親が養育中で夫は窃盗により収監中）は、出監してもさらに実家の両親に迷惑がかかることに苦慮し携帯した乳児を殺害（不詳 1911b）。また、原因はどうあれ実際に子が死亡した場合は受刑者の場合と同様に扱われた。一八八九年の監獄則（第三七条）では「其遺骸ハ親族若クハ故旧ノ之ヲ請フ者ニ下付ス但死亡後二十四時間以内ニ在テ其下付ヲ請フ者無キトキハ監署ニ於テ之ヲ仮葬シ其姓名ヲ記シタル木牓ヲ立ツヘシ」とあり、仮葬後三年に渡り引取人のない場合は、他の受刑者と合葬（本葬）された（監獄則施行細則第八二条）。これらの費用はすべて監獄費から支弁された。

（13）久我は、当時の携帯乳児について「制服姿の職員と収容者にしか接しえない毎日から、いつしか制服を見かけると頭を下げる子」などもおり、「塀の中の保育室」は「美しい音がなく、動きのない環境は、子の知的情緒的な発達に影響がないとはいえないであろう」、「子が成長するにつれて、表情がとぼしく、動きの活発でないのが気になってくる」（久我 1967：49–50）と指摘している。

（14）山本の経歴と彼の感化教育に関する論稿については倉持（2008）を参照のこと。

（15）書簡の送り主は、この後七歳で奉公に出され母は翌春病死。九歳のとき在神戸の清人により人身売買され一三歳のとき清国内で進藤の恩師にあたる人物に救出された（進藤 1905b：39–40）。

（16）当時の監獄は一八八〇年太政官布告第四八号により府県地方税によって管理運営されることになっており、監獄職員も直接的には各地方長官（知事）の指揮下に置かれた。一九〇〇年に監獄費国庫支弁法が成立し、監獄は国費によって管理運営されることになったが、同年内務省から司法省へ移管され、〇三年には司法省によって直轄管理されることになった（倉持 2012b）。

終章

1 論点整理

ここまで本書では明治期における監獄とその周辺に存在する児童の問題について論じてきた。近代国家としての体裁を整え、不平等条約を改正し欧米諸国との対等関係を築きあげたい我が国においては、監獄（行刑）制度の近代化がそれらを実現するための有力な手段の一つとして認識された。そのことが監獄改良という朝野をあげての運動を巻き起こしたが、日本史上これほどまでに監獄（行刑）制度が国民の関心を呼んだ時期はおそらくなかったであろう。

いっぽうで、西洋化・近代化・資本主義化への急速な社会変動は深刻な社会問題を生み出し、国内に多数の犯罪者を発生させた。つまり、当時の監獄（行刑）制度の近代化（監獄改良）は、外交面と内政面双方の要請によって進められて行くことになるのである。この運動の過程において、非行・犯罪児童への注目とそれらへの特別な配慮や教育的処遇が生まれたことは既述のとおりである。そこで、習慣的犯罪者を減らすため成人犯罪者とは異なる処遇をスタートさせた場は、監獄則の規定による懲治場（監）であった（論点①）。

しかし、府県の監督下に置かれる当時の監獄では制約が多く、成人犯罪者と厳格に区分して処遇を施すことは現実的に不可能であった。そこで、諸外国の動向を参考にしつつ、監獄という劣悪な環境の外部において非行・犯罪児童への教育的処遇を行う感化院の設立が志向されたのであった（論点②）。この感化院は、いまだ犯罪にまで手を染めていないようなグレーゾーンにいる「不良」（非行）児への対策としても期待された。監獄費国庫支弁法と同時に成立した感化法によって、感化教育が非行・犯罪児童の中核的存在となることが期待されたが、現実的には公立感化院の設置は進まなかった。他方、監獄費国庫支弁の実現は、それまで十分な設備を整えられなかった懲治場の改革を可能にする。そして、「期待はずれ」ともいうべき感化院に代わる「感化教育」の場として、独立設置の懲治場が特別幼年監として幼少年犯罪者らの受け皿となるのであるが、この試みは刑法改正と監獄法制定によって終わりを迎えることになる（論点①）。

さらに、監獄に収容される児童を極力その「外部」で養育しようという議論は、非行・犯罪児童ばかりではなく、母親の受刑者と監獄に居住する「携帯乳児」にも向けられたものでもあった（論点③）。しかし、これらの乳幼児の問題は現在まで持ち越されることになる。懲治場（特別幼年監）の消滅とともに監獄という場で福祉的・教育的処遇を行うという方向性は潰えたが、くしくもこの動きとほぼ同時期に、監獄関係者らによる携帯乳児問題への関心は急速に失われてしまったのであった。

2 本研究の成果

上記の論点をふまえ、序章で述べた五つの課題にできるだけ即して本研究における成果を述べていきたい。第一に本研究が対象とする懲治場における処遇、感化教育、携帯乳児問題と、それらの背景にある監獄改良運動、監獄費国庫支弁、監獄の司法省移管問題などに関する議論の舞台としての『大日本監獄協会雑誌』と『監獄雑誌』及び両誌の発行団体について、その結成された背景や活動内容、機関誌発行の意図など、従来研究が言及しなかった実態について明らかにすることができた。

とくに監獄事業に関わる当事者（監獄官僚）が両団体に多く参加し、監獄法制や行政の外部から種々の議論や監獄改良運動を巻きおこしたことは注目に値する。彼らは現行法制度の執行者でありながら、同時に法制度から自らを相対化させ、ときに現行制度を堂々と批判し、ときに政策提言を果敢に行っていった。しかし、やがて国庫支弁法や感化法制定など改良運動による一定度の改革の達成がみられたこと、監獄官僚の司法省移籍、合併後の監獄協会が司法大臣や司法省監獄局長という行政のトップを会長にいただいたことなどから、徐々に運動体としての姿勢が失われ、司法行政に対する翼賛団体へと変質していった。そのような経過を考慮に入れれば、両雑誌が鎬《しのぎ》を削り、自由闊達な政策議論などを行いつつ監獄改良に邁進した国庫支弁実現までの期間こそ「内務省型」監獄改良期と呼ぶにふさわしい時代であったかもしれない。この点については後でもふれる。

第二の成果として、日本における監獄改良の「クライマックス」と呼ばれた監獄費国庫支弁の必要性に関する議論とその実現に向かうプロセスを検証できたことである。そこでは、監獄行政の当事者たる監獄官僚らによる政策提言や、小河滋次郎などの監獄学研究の知見が、議会における審議の中ではほとんど影響力をもち得なかったという点も指摘することができる。

他方で、帝国議会開設期のような民党と藩閥政府との対立によって国庫支弁の実現が遅れたという単純な説明も妥当ではない。むしろ、治外法権撤廃という外交事情と政府の財政事情（地租増徴法案の成立）が、国庫支弁実現の直接的な契機となった側面は否定できない。反対に国庫支弁法成立を最大の好機として成立した感化法も、結局は地方政府（府県）が新たな財政負担を忌避したことにより、公立の感化院を整備するという監獄官僚らのもくろみは蹉跌をきたすことになるのであった。

第三の成果は、感化法制定にいたる議論について、とくに『監獄雑誌』上における議論を整理できたことである。そこでは従来研究ではふれられなかった山本徳尚などの感化教育論を検討した。また、監獄費国庫支弁法成立に引きずられる形で感化法もその制定をみたわけであるが、同誌上の議論をみるかぎり、感化教育に関する理念的な説明はともかく、具体的な教育内容やプログラム、感化院運営等に関する明確なビジョンを当時の監獄官僚たちが提示できていたとはいいがたい。このような事情も、感化法成立後も多くの府県が感化院設立に向けて動かなかった要因であると考えられるのである。

また、感化教育の「予防」機能についての議論とその問題性についても考察を行い、感化法成立を当時の治安維持や公衆衛生のための諸法令（精神病者監護法など）と同様の目的を持って誕生したという可能性を提示した。すなわち、感化教育は一義的には、当時の監獄内懲治場で不十分ながらも行われていた教育的処遇を、監獄の外部（感化院）で実践しようとした試みであった。と同時に、単に再犯を防ぐという目的よりも、より積極的な「予防」という機能を前面に打ち出したものでもあった。感化法の制定によって、従来は身内（「父兄等」）によって判定されていた児童の「不良」性が、身内とはまったく違う部外者（警察官・市町村吏等）によって判定されるという変化の過程を本論では明らかにした。そして、予防の対象となる「不良」なるものは、児童の個人的な性質をいうのではなく、彼らの境遇や環境、つまり家庭や近隣すべてを指す包括的な概念に拡大していくというプロセスを検討した。感化教育論における非行・犯罪児童は、劣悪な家庭・地域環境、貧困と無教育、虐待（小河の言葉では「遺棄状態」）などの被害者として語られるいっぽうで、彼らが生まれ育つ貧民社会で生きる人々（小河の言葉では「害民」）を監視し取り締まるための根拠ともされたのである。

第四の成果は、感化法制定以後における監獄官僚らの感化教育実施構想について検討したことである。とくに感化法制定後に起こった司法省による懲治場改革（特別幼年監の設置）に焦点をあて、それらの改革がまさに幼少年犯罪者に対する「感化教育」の実践であったことを明らかにした。さらに、その試みが日本における児童福祉実践史の中に位置づけられる性質のものであったことも指摘しておきたい。本研究では、従来研究では用いられてこなかった神戸監獄洲本分監、福島監獄中村分監、横浜監獄女子懲治場の資料を分析し、各懲治場の教育方針や体制、学科教育及び生活指導の状況などを明らかにした。つまり、懲治場（特別幼年監）における感化教育の試行は、川越分監（川越児童保護学校）にとどまるものではなく、当時の懲治場改革によって誕生した特別幼年監に共通のものであったのであり、それらの方針や指導体制、方法等については小河の学究と指導に支えられたものであったと考えることができる。

さらに、司法省の監獄統計や各施設の報告書によって、当時の特別幼年監（懲治場）の処遇成績を提示できたことにも大きな意義があったと考える。本論でも述べたように、当該施設の収容児童はそのほとんどが窃盗を中心とする軽犯罪歴しか有していなかった。しかし、現在の刑法では刑事責任が問われる一四歳以上を含む、いわゆる「幼少年犯罪者」（犯罪児童）に区分される子どもたちに対して、刑罰的要素を極力廃した「感化教育」によって彼らの更生と自立を果たすことが可能であったことを証明する事例として、今日的にも大きな意味を持っているのである。

つづいて第五の成果としては、これまでの児童福祉領域の史的研究において言及されることがなかった監獄における「携帯乳児」の実態やその問題性について検討したことを挙げる。当該問題に関しては本研究こそが、まさに先駆的研究の一つであると考える。

具体的には、携帯乳児に関する法規定の変遷を追いながら、一時期は年間約二三〇〇人もの乳幼児が監獄に収容された実態、その子らの居住環境と対応する職員、出監の際の手続き等について明らかにしてきた。さらには女囚の獄内出産問題、乳幼児の発達の阻害や、社会一般からの深刻な差別と排斥についても言及した。ただし、本論で指摘したように、乳幼児が監獄で暮らすことの重大な問題性については、すでに明治期から多くの批判が存在したにもかかわらず、現在もなお同様の規定が現行法に残されていることには驚きを禁じ得ない。

そこで、本研究の締めくくりとして、本論を展開していく上で生じた疑問、すなわち懲治場改革（特別幼年監の設置と感化教育の試行）の停滞や、携帯乳児問題の放任といった、いわば監獄改良の逆コースともいうべき事態がなぜ起こったかという点について述べてみたい。本論でも述べたように監獄費国庫支弁の実現や司法省移管の断行によって、感化法の実現（と失敗）、懲治場改革の実施などが促されたという面では積極的な評価も可能であろう。ただし、これらの出来事と併行して、これまで監獄改良運動の推進者だった内務省系監獄官僚や監獄協会といった組織の立ち位置が少しずつではあるが変化していったことに注目せねばならない。

従来、内務省系監獄官僚である小河らは行刑現場における実践や課題、つまりは現場で培われた「実践の知」も法令を改正（改良）させる根拠となり得ると考えた。監獄協会や警察監獄学会の結成、機関誌発行はそのための有力なツールであり、現場からの発信という手法は英国のJ・ハワード以来の監獄改良運動のスタンダードともいうべきものであった（倉持 2012c）。しかし、第六章で言及した小山温監獄局長に代表されるように、法令遵守の模範たる司法省属の官僚が立法問題に口を出し、現行法令を批判するなど許されないとする司法省上層部の主張は（小山 1908：1909）、それ以後において監獄官僚らをモノ言わぬ人々へと変質させた。監獄局長をトップに据えることを慣例としてしまった監獄協会やその機関誌上においても現行制度への批判的意見や政策提言を行うことが困難になったとするのが現実的な見方であろう。そのような意味では、一九〇七年二月の『監獄協会雑誌』の刑法特別号（二一九号）と翌月号において、留岡幸助をはじめとする協会の有力者約一〇〇名が論説を投稿し、刑法改正案に対してそれぞれの主張をぶつけ合ったことが監獄協会の活動としての「クライマックス」であったのかもしれない。やがて、小河も一九〇八年三月に最後の論説（小河 1908）を執筆し『監獄協会雑誌』誌上から姿を消した。監獄法成立とこの小河の協会からの「退場」は、内務省型の監獄改良が終焉したことのメルクマールであったともいえるだろう。

議論をもとに戻そう。松田正久司法大臣と小山温監獄局長コンビで成立させた刑法改正と監獄法制定以降、「刑務所長会同で、未成年者に対する教育的処遇が独立の関心を惹くことは殆んど見られなくなる」（守屋 1977：52）という守屋克彦の指摘と同様に、ほぼ同時期より『監獄協会雑誌』上には携帯乳児に関する記事をほとんどみることができなくなった。さらには司法行政の統一を標榜する小山らの監獄運営は、感化教育と少年行刑を明確に分断し、前者が社会事業（児童保護事業）の一領域として発展していく契機をつくりだしたといえる反面、われわれ社会福祉に関係する人々も行刑領域から閉め出されてしまう事態を生んだ。つまりは、感化教育の理論と感化院における実践の積み重ねの成果を少年行刑に反映させることが不可能となってしまったのである。

そしてわれわれ自身もいつの間にか行刑領域を社会福祉領域の埒外に置くことを当然のこととしてしまい、目の前に閉ざされた司法の重い扉を叩くことさえなかったのである。歴史の中に埋もれてしまった監獄で生まれ育つ乳幼児の存在が、このような筆者の推論を生み出す何よりの証拠となるであろう。

あとがき

本書は、二〇一四年に同志社大学に提出した博士学位請求論文に基づいています。本書を構成する各章の多くは既発表論文を加筆・修正したものになっており、初出掲載雑誌を挙げると次のようになります。

初出論文
第一章　『大日本監獄協会雑誌』と監獄改良運動
「『大日本監獄協会雑誌』の書誌的研究――大日本監獄協会の組織・活動と監獄改良論を焦点として」『天理大学学報』第63巻2号、二〇一二年
第二章　『監獄雑誌』上における感化教育論
「監獄関係者たちの感化教育論――『監獄雑誌』上の議論を焦点として」『社会福祉学』第48巻4号、二〇〇八年
第三章　帝国議会における監獄費国庫支弁問題
「帝国議会における監獄費国庫支弁問題」『天理大学社会福祉学研究室紀要』第14号、二〇一二年

第四章　感化法制定と犯罪予防の論理
「明治中期における感化教育論の様相――犯罪という『病』に対する予防」『同志社社会福祉学』第16号、二〇〇二年
第六章　監獄に残る子どもたち――特別幼年監（懲治場）における「感化教育」
「懲治場（特別幼年監）における『感化教育』の試行と挫折―洲本分監・中村分監・横浜監獄の実践に焦点をあてて」『天理大学学報』第66巻1号、二〇一四年
第七章　監獄に住まう乳幼児たち――近代日本における「携帯乳児」の実態
「監獄に住まう乳幼児たち――明治期における『携帯乳児』の実態」『社会福祉学』第54巻4号、二〇一四年

序章・第五章・終章は学位請求論文のための新稿です。右記論文について転載を承諾いただきました日本社会福祉学会、同志社社会福祉学会、天理大学関係者の皆さまに御礼申し上げます。また、本書を出版させていただくにあたっては社会事業史学会より刊行助成（第7回吉田久一研究奨励賞）を頂戴しました。このような機会を私に下さいました故吉田久一先生・吉田すみ様、そして同学会員の皆さまに心より御礼申し上げます。

今、この時期に本書を出版させていただく背景として、ここ数年加害行為を行った障がい者や高齢者などの自立支援について、社会福祉専門職が積極的に関与していく流れが作られようとしていることがあります。しかし、子どもの領域においてはなかなかそのような議論は進んでいません。ところが、本書で述べてきましたように明治期においてこのような問題は積極的

に議論されていました。本書のテーマは「監獄」ですが、当時の監獄関係者は子どもに対する刑罰の限界を認識し、むしろ司法と慈善事業や社会事業、学校教育との連携を模索していきます。私の研究ではそのような改革の動きを追い、加害性を有する子ども（と彼らが抱える問題）へのとらえ方や支援の有り様が、現代の児童福祉実践の前史として評価・検討されるべきであると考えました。また同時に司法が社会事業（社会福祉）との連携を忌避し、現代にいたる「携帯乳児」や「累犯障がい者」などの問題を生じ（残存）させた遠因についても検討してきました。当時「暗黒」といわれた監獄に生まれ、そこで幼少期を過ごす子どもたち。さまざまな状況に翻弄されて「不良」・犯罪行為に手を染めた子どもたち。その子どもたちと向き合い、困難と格闘しながら支援する人々。その人たちの思いを汲み取り共感するには筆者の研究はまだまだほど遠い状況です。

この領域では遺された史資料を丹念に検討し、実証することが重要です。昨今の社会福祉研究では量的調査などを用いた実証研究が多数見受けられます。いっぽうで、われわれ社会福祉史の領域も膨大な史資料に立脚して実証を積み重ねていく研究です。統計調査などと異なり収集したデータをＰＣに読み込ませても分析や解釈はできません。つまり、人間の叡知や失敗、進歩と悲劇などの歩みを紐解き、その意味を見出すのはわれわれ現在に生きる人間の知恵をもってするしかないとこれまでの研究を通して思うにいたりました。それが社会福祉学における歴史研究の面白さであり、重要性であると思います。先に述べた私の課題とともに今後も一生懸命学びを深めていきたいと思います。

本書の出版にいたるまでには、多くの方のご指導とご支援をいただいたことはいうまでもありません。まず、指導教員として博士論文の主査をしていただきました同志社大学の黒木保博先生には、大学院入学から長きにわたってご指導いただきました。博士号取得まで私を見捨てずにずっと励ましつづけていただいたことには、ただただ深く感謝するばかりです。また、副査をしていただきました木原活信先生にも同志社在職中からずっとお世話になりました。先生から直接ご指導をいただけましたことも私にはとても貴重な経験でした。そして、とくに今日までの私の研究活動と不可分の関係にありますのは、関西学院大学の室田保夫先生の存在です。大学院における室田先生との邂逅は、同時に「歴史研究」との出会いでもありました。二〇年近くの間、いろいろな研究の場において室田先生や大学院の先輩である今井小の実先生（関西学院大学）や木村敦先生（大阪産業大学）の近くで勉強させていただいたことで、歴史研究の学問的意味を理解し、研究に対する姿勢・方法などをなんとか自分の中で形づくっていくことができました。加えて、私は職場や教育・研究環境でもいろいろな方とのご縁に恵まれました。同志社大学で研究職としてのキャリアをスタートできましたこと、その後、天理大学の一員に迎えていただいたことで私の研究活動は大きく進展させることができました。すでにご退職された先生もいらっしゃいますが同志社大学社会福祉学科ならびに天理大学社会福祉専攻の先生方に御礼を申し上げます。また、研究のために必要な史資料についても学生時代より矯正図書館の飯島来紫江氏や平松智子氏、上田市立図書館の方々から多くのご助言をいただきました。

本書の出版については六花出版の山本有紀乃氏にお世話になりました。氏とは『子どもの人権問題資料集成　戦前編』（不二出版）を室田先生や二井仁美先生、蜂谷俊隆先生と共に編んだときにご一緒させていただきました。以来、私に著書を出す機会がおとずれた際には山本氏にお世話になりたいと願っておりましたが、それが実現できたことは大きな喜びです。

最後に、私が博士号を取得した約二年前、そのお祝いとして娘から小さな手紙をもらいました。当時の彼女はおそらく学位の意味などよくわかっていなかったと思いますが、私はその手紙を毎日肌身離さず持っています。布結、大耀、深寛。三人の子どもの存在は意志の弱い私が研究を進めていくためのとても大きな支えになりました。残念ながら娘から求められていた返事を書くタイミングを逸してしまったままです。

学術研究の成果は広く社会に向けてこそ意味のあるものです。それでも、いつか彼女たちが私のつたない勉強の跡を少しでも目にしてくれる機会があればと切に願います。

二〇一六年九月三日

倉持史朗

文献（引用・文中で言及した文献含む）一覧（アルファベット順）

安形静男（1996）「東京女囚携帯乳児保育会のこと」『刑罰史研究』23、11－15
アッペール・G（1887）「罪囚減少策一般」矯正協会編（1984）『少年矯正の近代的展開』矯正協会、100－104
荒川章二（2002）「規律化される身体」『岩波講座近代日本の文化史4　感性の近代1870－1910年代2』岩波書店、169－204
有馬四郎助（1909）「新法の監獄事業に及したる影響並に一般刑事政策に関する意見」『監獄協会雑誌』245、1－13
――（1910）「幼年犯罪者の処遇と紀律の意義」『監獄協会雑誌』261、5－9
葦名ふみ（2010）「帝国議会衆議院における建議と請願――政府への意見伝達手段として」『レファレンス』60（11）、93－115
坂東知之（1994）「吾が国の少年保護制度の沿革（一）　懲治監の創設にはじまる三つの流れ」『矯正講座』17、58－87
――（1995）「吾が国の少年保護制度の沿革（二）　懲治監の創設にはじまる三つの流れ」『矯正講座』18、33－49
別天生〔印南於菟吉〕（1904）「川越懲治場を観る」『監獄協会雑誌』182、65－70
薇峰樵夫〔留岡幸助〕（1894）「北米合衆国監獄大会議」『監獄雑誌』5（8）、14
痴獄漢（1890）「囚人ノ教育上教師ノ必要ヲ論ス」『警察監獄学会雑誌』9、53－56
Coyle, Andrew（2009）*A Human Rights Approach to Prison Management: Handbook for Prison Staff 2ed*, International Centre for Prison Studies
独学人（1893）「東京感化院教務一班（承前）」『監獄雑誌』4（4）、39－42
――（1894）「感化院等の参観」『監獄雑誌』5（1）、44－55

遠藤興一（1981a）「開明官僚と社会事業1　小河滋次郎の生涯と思想」『明治学院論叢』316、183－216
――（1981b）「開明官僚と社会事業2　小河滋次郎の生涯と思想」『明治学院論叢』321、1－60
――（1982a）「開明官僚と社会事業3　小河滋次郎の生涯と思想」『明治学院論叢』324、35－101
――（1982b）「開明官僚と社会事業4　小河滋次郎の生涯と思想」『明治学院論叢』331、1－67
――（1983）「開明官僚と社会事業5　小河滋次郎の生涯と思想」『明治学院論叢』338・39、117－201
――（1984）「開明官僚と社会事業6　小河滋次郎の生涯と思想」『明治学院論叢』366、27－94
Foucault. M.（1975）*Surveiller et punir: naissance de la prison*, Gallimard.（＝1977　田村俶訳『監獄の誕生――監視と処罰』新潮社）
「府県監獄費及府県監獄建築修繕費ノ国庫支弁ニ関スル法律案」『公文類聚』第15編、明治24年、第20巻
「府県監獄費及府県監獄建築修繕費ノ国庫支弁ニ関スル法律案右領収候也」『公文類聚』第15編、明治24年、第20巻
「府県監獄費及府県監獄建築修繕費ヲ国庫支弁ニ移スノ件」『公文類聚』第15編、明治24年、第20巻
福島県第一部庶務課編（1888）『身代限褒賞恤救棄児行旅死亡人ニ関スル令達類集』福島県
福沢勇太郎（1896）「斯誌斯号」『大日本監獄協会雑誌』100、23－24
不詳（1892a）「監獄費は学理上国庫費支弁たらさるへからす」『大日本監獄協会雑誌』45、31－33
――（1892b）「感化保護状況」『監獄学雑誌』3（14）、33－35
――（1893a）「監獄の改良を如何せん」『大日本監獄協会雑誌』67、1－3
――（1893b）「監獄学雑誌の改題に就て」『監獄雑誌』4（5）、1－4
――（1893c）「東京感化院教務の実況」『監獄学雑誌』4（2）、32－33
――（1894a）「普国の強制教育」『監獄雑誌』5（5）、57－58
――（1894b）「携帯乳児に就て」『監獄雑誌』5（8）、51
――（1895a）「携帯乳児の処分方に就て」『監獄雑誌』6（7）、51
――（1895b）「携帯乳児（生育に注意すべし）」『大日本監獄協会雑誌』90、15

――（1895c）「女監取締の補員に就て」『監獄雑誌』6（10）、47－48
――（1895d）「携帯乳児の取扱」『監獄雑誌』6（12）、32
――（1896a）「女監取締定員の改正」『監獄雑誌』7（11）、43－44
――（1896b）「乳児携帯の制限法を望む」『監獄雑誌』7（12）、17－18
――（1897）「獄政を司法省の管轄に移す可し」『監獄雑誌』8（5）、64
――（1898）「内務大臣の更迭に就て」『監獄雑誌』9（11）、42－43
――（1899a）「独逸連邦ハンブルグ・ホルン養育院（ラウヘスハウス）見聞記（1）」『監獄雑誌』10（3）、3－7
――（1899b）「独逸連邦ハンブルグ・ホルン養育院（ラウヘスハウス）見聞記（2）」『監獄雑誌』10（4）、19－26
――（1899c）「府県監獄費国庫支弁問題」『監獄協会雑誌』133、1－10
――（1899d）「典獄の慈善事業（携帯乳児の救育）」『監獄雑誌』10（2）、46－47
――（1900a）「監獄費国庫支弁と監獄管理法」『監獄協会雑誌』134、1－3
――（1900b）「監獄局長の更迭」『監獄協会雑誌』134、82
――（1900c）「典獄招集の期日確定に就て」『監獄協会雑誌』135、47
――（1901）『欧米感化法』警醒社
――（1903）「東京女囚携帯乳児保育会の慈善演芸会」『監獄協会雑誌』175、62－63
――（1904a）「三十六年監獄史」『監獄協会雑誌』182、83－85
――（1904b）「女囚携帯乳児保育会」『監獄協会雑誌』191、61－62
――（1905a）「水上の感化事業」『監獄協会雑誌』204、62
――（1905b）「東京女囚携帯乳児保育会の事蹟」『監獄協会雑誌』195、49
――（1906a）「洲本懲治場の事情一班」『監獄協会雑誌』210、57
――（1906b）「懲治人の練習船」『監獄協会雑誌』213、56
――（1907a）「既往五年間に於ける懲治人の行状調」『監獄協会雑誌』229、75

――（1907b）「司法大臣の訓示を読て所信を明かにす」『監獄協会雑誌』223、1－3
――（1910a）「洲本の練習船より逃走」『監獄協会雑誌』260、58－59
――（1910b）「昨今の司法問題に就て」『監獄協会雑誌』254、63－69
――（1910c）「神戸監獄のカード式領置金整理と練習船」『監獄協会雑誌』260、52－54
――（1911a）「練習船設備の廃止」『監獄協会雑誌』269、84
――（1911b）「監内にて嬰児殺」『監獄協会雑誌』272、75
――（1912）「女囚の児の法要」『成人』138、49－50
――（1919）「女囚の生んだ赤児」『大正八年度監獄志林・監獄世界』16
博愛生（1894）「携帯乳児に就て」『監獄雑誌』5（7）、34－36
土生柳平編（1887）『万民宝典』浜島精三郎ほか
原巧（1954）「十人の乳児のために」『九州矯正』9、27－29
畑良太郎（1892）「祝詞」『大日本監獄雑誌』47、3－4
鳩山一郎・佐々木秀司（1908）『警務練習新書』警察学会
早崎春香（1903）「刑法改正案に対する所見」『監獄協会雑誌』179、21－26
――（1904）「児童談」『監獄協会雑誌』182、16－22
早崎春香・杉浦覚竜・斎藤廉清（1907）「刑罰主義に対する意見」『監獄協会雑誌』219、59－61
姫嶋瑞穂（2010）「不平等条約改正後における外国人処遇対策と明治二二年『監獄則』改正」『奈良法学会雑誌』22（3・4）、53－108
――（2011）『明治監獄法成立史の研究――欧州監獄制度の導入と条約改正をめぐって』成文堂
平田嘉兵衛（1893）「犯罪防制論」『監獄雑誌』4（9）、36－42
ひろたまさき（1998）『差別の視線――近代日本の意識構造』吉川弘文館
芳香女史（1896）「携帯乳児に就て」『監獄雑誌』7（12）、35

――(1897)「女監取締の待遇に就て」『監獄雑誌』8(4)、53―54

本多澄雲(1907)「産婦及び妊婦を監獄に拘禁するの不可なるを論ず(刑法改正の一参考)」『監獄協会雑誌』219、5―13

穂積陳重(1896)「監獄の改良策(2)」『大日本監獄協会雑誌』97、21―26

IK生「三好君感化学(旧)校設立之趣意に就て」『社会雑誌』3、22―24

稲田雅洋(2009)『自由民権運動の系譜』吉川弘文館

印南於菟吉(1901)「不良少年に関する監獄問題(3)」『監獄協会雑誌』151、23―27

――(1903)「幼年監に対する希望」『監獄協会雑誌』171、44―48

印刷局(1899a)『第一三回帝国議会　貴族院議事速記録』8・10・41

――(1899b)『第一三回帝国議会　衆議院議事速記録』5・11・33・41

――(1899c)『第一四回貴族院府県監獄費及府県監獄建築修繕費ノ国庫支弁ニ関スル法律案特別委員会議事速記録』1・2・3

――(1899d)『第一四回帝国議会　貴族院議事速記録』6・8・11

――(1899e)『第一四回帝国議会　衆議院議事速記録』3・5

――(1900a)『第一四回　衆議院議事速記録』30

――(1900b)『第一四回　衆議院感化法案審査特別委員会速記録』1

――(1900c)『第一四回　貴族院感化法案特別委員会議事速記録』1

――(1907)『第二三回　貴族院刑法改正案特別委員会議事速記録』1

――(1908)『第二四回　衆議院監獄法外四件委員(委員中特別調査委員)会議録(速記)』4

石田氏幹(1892)「祝詞」『大日本監獄雑誌』47、4

磯村政富(1899)「謹告」矯正協会編(1990)『財団法人　矯正協会百年年譜資料(矯正協会百周年記念論文集別巻)』矯正協会、310―311

———（1924）「身上書」矯正協会編（1990）『財団法人 矯正協会百年年譜資料（矯正協会百周年記念論文集別巻）』矯正協会、535

磯村松元（1890）「警察監獄学会規則」『警察監獄学会雑誌』1（7）

板垣退助（1919）「女囚携帯乳児保育会の事業」『独論七年』広文堂書店、275－284

伊東思恭（1902a）『欧米不良少年感化法　第一編』文明堂

———（1902b）『欧米不良少年感化法　第二編』文明堂

———（1906）『感化術』沙村書房

伊藤照美（2010）「横浜監獄内にあった盲唖懲治場をめぐって」『日本聾史学会報告書』8、82－92

伊藤鉄次郎（1888a）「貧民の原因及ひ貧民救助法の主義（1）」『大日本監獄協会雑誌』4、12－17

———（1888b）「貧民の原因及ひ貧民救助法の主義（2）」『大日本監獄協会雑誌』6、3－18

香川和（1973）「哀れや、携帯乳児」『研修』303、法務総合研究所、51－53

角田竹治（1908）「携帯乳児哺育所設置」『監獄協会雑誌』233、86－87

鴨下守孝（2009）『全訂2版　新行刑法要論』東京法令出版

———（2010）『受刑者処遇読本——明らかにされる刑務所生活』小学館集英社プロダクション

「監獄事務ノ主管ヲ司法省ニ移ス儀ニ付詮議」『公文類聚』第24編、明治33年、第30巻

川越児童保護学校編（1985）『保護児童ノ研究（日本児童問題文献選集25）』日本図書センター

Key. E.（1927）*The century of the child*, Albert Bonniers Förlag.（＝1979、小野寺信・小野寺百合子訳『児童の世紀』冨山房）

刑務協会（1948）「現下の犯罪問題と刑務協会再発足にあたり世に訴へる」矯正協会編（1990）『財団法人 矯正協会百年年譜資料（矯正協会百周年記念論文集別巻）』矯正協会、113－119

刑務協会編（1943）『近代行刑史稿　下』刑務協会

———（1974）『日本近世行刑史稿　下（復刻）』矯正協会

警察監獄学会（1891）「講義録ヲ廃シ雑誌ヲ増刊スル義ニ付広告」『警察監獄学会雑誌』２（1）
――――（1892）「本誌改良広告」『警察監獄学雑誌』３（9）
経世新聞（1892）「昨日の東京市会」（1892.5.6）
木戸照陽編（1890）『日本帝国国会議員正伝』田中宋栄堂
菊池俊諦（1940）「本邦少年教護事業の発達概観（1）」『児童保護』10（3）、86－104
木下鋭吉（1892）「国庫支弁に関する監獄と地方税支弁に関する監獄との経費の比較に就て」『大日本監獄雑誌』47、8－10
清浦奎吾（1890）「監獄官練習所設立ニ関スル清浦警保局長演説筆記」『大日本監獄協会雑誌』号外、1－13
――――（1892）「司法次官清浦奎吾君の演説」『大日本監獄雑誌』54、12－20
――――（1896）「清浦司法大臣の獄制意見」『大日本監獄協会雑誌』102、21－22
――――（1900）「会頭清浦司法大臣閣下演説大要」『監獄協会雑誌』136、附録２－８
小林英義・小木曽宏編著（2009）『児童自立支援施設　これまでとこれから』生活書院
小林英義・吉岡一孝編著（2011）『児童自立支援施設の子どもと支援――夫婦制、ともに暮らす生活教育』明石書店
小林丈弘（2001）『近代日本と公衆衛生――都市社会史の試み』雄山閣
高知市土陽新報（1894）「東京府民と監獄費国庫支弁」（1894.2.23）
国会新聞「監獄費国庫支弁同盟会」（1892.4.13）
小松原英太郎（1892）「監獄改良の話」『大日本監獄雑誌』47、30－35
小森陽一（2002）「差別の感性」『岩波講座近代日本の文化史４　感性の近代１８７０－１９１０年代２』岩波書店、1－46
小崎弘道（1880）「懲矯院ヲ設ケザル可ラザルノ議」『六合雑誌』3、129－137
久保田寛一（1900）「内務次官訓達久保田監獄局長代（明治三三年）」上田茂登治編（1933）『刑務所長会同席上ニ於ケル訓示演術注意事項集』刑務協会、64－70

久我澪子（1967）「塀の中の赤ちゃん」『罪と罰』13（3）、49－50
久米金弥（1911）「監獄改良と監獄協会」『監獄協会雑誌』275、13－24
倉持史朗（2002）「明治中期における感化教育論の様相――犯罪という『病』に対する予防」『同志社社会福祉学』16、96－114
――――（2003a）「少年非行をめぐる議論への批判的検討――『青少年育成施策大綱』の策定とその方向性を焦点として」『同志社大学大学院社会福祉学論集』18、1－18
――――（2003b）「小河滋次郎と『上田郷友会月報』――一地方機関誌にみる足跡」『評論・社会科学』71、183－231
――――（2006）「小河滋次郎」室田保夫編著『人物でよむ近代日本社会福祉のあゆみ』ミネルヴァ書房、156－162
――――（2008）「監獄関係者たちの感化教育論――『監獄雑誌』上の議論を焦点として」『社会福祉学』48（4）、43－55
――――（2009）*The "Correctional – Education Theory" of Persons Concerned with Prisons – A Study Focusing on the Discussion of the Magazine* "KANGOKU ZASSHI" JAPANESE JOURNAL OF SOCIAL SERVICES No.5, 189－200
――――（2010）「菊池俊諦」室田保夫編著『人物でよむ社会福祉の思想と理論』ミネルヴァ書房、113－119
――――（2012a）「『大日本監獄協会雑誌』の書誌的研究――大日本監獄協会の組織・活動と監獄改良論を焦点として」『天理大学学報』63（2）、87－107
――――（2012b）「帝国議会における監獄費国庫支弁問題」『天理大学社会福祉学研究室紀要』14、41－50
――――（2012c）「ジョン・ハワードと監獄改良運動」『刑政』123（10）、68－75
クルーゼン（1899）「ドクトル、クルーゼン氏挨拶（小河監獄事務官口訳）」『監獄協会雑誌』133、53－56
矯正協会編（1984）『少年矯正の近代的展開』矯正協会
――――（1985）『近代監獄制度の指導者　クルト・フォン・ゼーバッハ』矯正協会
――――（1990）『財団法人　矯正協会百年年譜資料（矯正協会百周年記念論文集別巻）』矯正協会

矯正図書館編（1970）『月刊刑政目次総覧』矯正協会
――――（1989）「『刑政』百巻の歩み」『刑政』1157、254－276
前田貞次郎（1900）「携帯乳児」『児童研究』2（5）、51
前野育三（1972）「被拘禁者処遇最低基準規則と刑事施設の実態」『法と政治』23（1）、15－59
松田正久（1907）「松田司法大臣訓示（典獄会議席上に於て）」『監獄協会雑誌』222、3－9
三浦貢（1900）「国庫支弁後に於ける監獄の管理」『監獄協会雑誌』134、18－19
三好退蔵（1897）『感化学校設立之趣意』
森長英三郎（1975）「黒田水精謀殺事件――あわれを誘う女囚携帯乳児」『史談裁判　第四集』日本評論社、10－16
守屋克彦（1977）『少年の非行と教育――少年法制の現状と歴史』勁草書房
森田明（1999）『未成年者保護法と現代社会――保護と自律のあいだ』有斐閣
――――（2005）『少年法の歴史的展開――〈鬼面仏心〉の法構造』信山社
泉二新熊（1908）「幼年犯罪者に就て」『監獄協会雑誌』241、4－24
室田保夫（1998）『留岡幸助の研究』不二出版
――――（2008）「近代日本の社会事業雑誌――岡山孤児院の機関誌『岡山孤児院新報』を中心に」『キリスト教社会問題研究』57、1－37
――――（2010）「留岡幸助と家庭学校機関誌『人道』――近代日本の社会事業雑誌」『キリスト教社会問題研究』59、121－154
――――（2011a）「博愛社の機関誌『博愛月報』――近代日本の社会事業雑誌」『*Human welfare*』3（1）、5－21
――――（2011b）「近代日本の社会事業雑誌――『教誨叢書』」『関西学院大学人権研究』15、1－17
――――（2012）『近代日本の光と影――慈善・博愛・社会事業をよむ』関西学院大学出版会
長沼友兄（1997）「明治十年代の感化事業への胎動」『非行問題』203、76－92
――――（1998）「明治初年代における欧米感化事業との出会い」『非行問題』204、81－112

――（2000）「感化法案の作成過程とその背景」『非行問題』206、100－121

――（2010）「東京感化院設立当時の欧米社会事業情報――訳書『万國囚獄公會事務録』『佛國監獄改良論』などの紹介を通じて」『東京社会福祉史研究』4、5－27

――（2012）『近代日本の感化事業のさきがけ――高瀬真卿と東京感化院』淑徳大学長谷川仏教文化研究所

内閣官報局（1891）『第二回帝国議会　衆議院議事速記録』3・4・12

――（1892a）『第三回帝国議会　貴族院議事速記録』2・6

――（1892b）『第三回帝国議会　衆議院議事速記録』8・23

――（1892c）『第四回帝国議会　衆議院議事速記録』7

――（1893）『第五回帝国議会　貴族院議事速記録』3

――（1894a）『第六回帝国議会　貴族院議事速記録』2・3・10

――（1894b）『第六回帝国議会　衆議院議事速記録』5

――（1897）『第一〇回帝国議会　衆議院議事速記録』28

――（1898）『第一二回帝国議会　貴族院議事速記録』16

――（1891a）『第一二回帝国議会　衆議院議事速記録』6・8

――（1891b）『第一二回帝国議会　衆議院地租条例中改正法律案外一件審査特別委員会議事速記録』1

――（1891c）『官報号外』（1891. 12. 26）

――（1912）『法令全書（第一五冊　明治一三年）』内閣官報局

中江兆民（1892）「祝詞」『大日本監獄雑誌』48、4

中村分監編（1908）『特種教育ノ概況（附退学者ノ保護事業一班）』福島監獄中村分監

中村正直（1889）「大日本監獄協会を賛成するの旨意」『大日本監獄協会雑誌』13、36－40

中村襄（1899）「監獄学会の廃刊に就き告別を舒す」『監獄協会雑誌』32（1）、19－22

――（1900）「謹て新年を祝し併せて斯業の諸士に所感を啓上仕候」『監獄協会雑誌』134、12－17

名村泰三（1888）「名村泰三の講演」矯正協会編（1984）『少年矯正の近代的展開』矯正協会、111－113
中洲生（1892）「監獄改良策」『監獄学雑誌』3（12）、10－14
日本監獄協会（1899）「監獄雑誌合併之辞」『監獄協会雑誌』128、1－2
――――（1900）「監獄制度の改良を如何せん」『監獄協会雑誌』136、1－8
日本婦女通信社編（1918）『婦人社交名簿』日本婦人通信社
二井（小林）仁美（1990）「1900年の感化法制定に関する一考察」『人間文化研究科年報』5、39－49
――――（1992）「感化教育の概念に関する一考察」『教育学論集』21、21－32
二井仁美編（2009a）『子どもの人権問題資料集成　戦前編第4巻　子どもの保護教育Ⅰ』不二出版
――――（2009b）『子どもの人権問題資料集成　戦前編第5巻　子どもの保護教育Ⅱ』不二出版
――――（2009c）『子どもの人権問題資料集成　戦前編第6巻　子どもの保護教育Ⅲ』不二出版
二井仁美（2010）『留岡幸助と家庭学校――近代日本感化教育史序説』不二出版
二井仁美・倉持史朗編（2010）『子どもの人権問題資料集成　戦前編第7巻　少年保護』不二出版
西山健一（2011）『「非行少年」のレッテルの向こうに見えるもの――児童自立支援施設からのメッセージ』文芸社
大日方純夫（2000）『近代日本の警察と地域社会』筑摩書房
小河清雄（1943）「父岳洋の日記」『上田郷友会月報』678
小河滋次郎（1886）「罪囚ノ待遇如何」『上田郷友会月報』7、35－38
――――（1890）『日本監獄法講義』磯村松元
――――（1892a）「獄事家懇話会に於ける内務省監獄課長小河滋次郎君の講話」『大日本監獄雑誌』53、10－17
――――（1892b）「大日本監獄協会第五回定期総会に於ける内務省警保局監獄課長小河滋次郎君の講話（1）」『大日本監獄協会雑誌』54、3－6
――――（1892c）「監獄ハ内務省ニ属スヘキヤ将タ司法省ニ属スヘキヤノ問題ニ就イテ」『監獄学雑誌』3（14）、8－14

――（1894）『監獄学』警察監獄学会

――（1895）「監獄協会第六回常集会にて小河滋次郎君の演説」『大日本監獄協会雑誌』82、9―18

――（1897a）「小河滋二郎氏の報告演説」『大日本監獄協会雑誌』108、3―48

――（1897b）「三好退蔵氏創立の感化学校に就て所感を記す（1）」『監獄雑誌』8（3）、1―2

――（1897c）「三好退蔵氏創立の感化学校に就て所感を記す（2）」『監獄雑誌』8（4）、4―9

――（1897d）「獄制論一班（5）」『監獄雑誌』8（11）、13―20

――（1897e）「教育と犯罪の関係」『上田郷友会月報』134、1―11

――（1897f）「留岡幸助『感化事業之発達』序文」留岡幸助『感化事業之発達』警醒社

――（1897g）「懐胎の婦女に就て」『監獄雑誌』8（9）、33

――（1897h）「監獄衛生に就て」『監獄協会雑誌』109、7―25

――（1897i）「携帯乳児の玩具」『監獄協会雑誌』111、43

――（1897j）「携帯乳児に就き」『監獄雑誌』8（9）、32―33

――（1898）「監獄学会雑誌について」『監獄雑誌』9（8）、20―26

――（1899）「小河講師演説」『監獄協会雑誌』130、16―19

――（1901）『獄事談』東京書院

――（1903a）『未成年犯罪者ノ処遇』磯村政富

――（1903b）「監獄の分類に対する所感を述べて幼年囚の処遇に関する立法、司法及び行刑上の希望に及ぶ（1）」『監獄協会雑誌』171、19―29

――（1908）「新監獄法第一条の規定に付て」『監獄協会雑誌』232、1―9

――（1912）『監獄法講義』巌松堂

――（1980）『小河滋次郎集』鳳書院

――（1989）『未成年者ニ対スル刑事制度ノ改良ニ就テ』（一九〇六年学位論文を復刻）五山堂書店

小原重哉（1882）『監獄則註釈』王香堂。

岡五朗（1938）「刑務協会五十年史」『刑政論集』刑務協会、515－636

奥村嗣次郎（1900）「法律第四号発布に就て」『監獄協会雑誌』134、29－31

小野修三（2011）『監獄行政官僚と明治日本――小河滋次郎研究』慶應義塾大学出版会

小野義秀（2002）『日本行刑史散策』矯正協会

――（2009）『監獄（刑務所）運営120年の歴史』矯正協会

小野田元熈（1889）『泰西監獄問答録』警視庁

――（1888a）「監獄事業（1）」『大日本監獄協会雑誌』4、1－12

――（1888b）「監獄事業（2）」『大日本監獄協会雑誌』5、1－15

大山英久（2005）「帝国議会の運営と会議録をめぐって」『レファレンス』55（5）、32－50

大坂府堺監獄支署詰女監取締某（1895）「女監取締の養成に就て」『大日本監獄協会雑誌』86、46－47

小山温（1908）「小山監獄局長演説（典獄会同席上に於て）」『監獄協会雑誌』236、3－14

――（1909）「小山監獄局長演説」『監獄協会雑誌』246、4－13

ラウンド（1893a）「犯罪ノ起因及ヒ犯罪ノ予防（1）」『監獄雑誌』4（7）、11－14

――（1893b）「犯罪ノ起因及ヒ犯罪ノ予防（2）」『監獄雑誌』4（9）、22－25

齋藤（田澤）薫（1994）「感化法成立の経緯」『人間文化研究年報』17、222－229

坂井勇（2012）『統計で見る平成年間の矯正』矯正協会

坂野潤治（2010）『近代日本の出発　1877－1914』新人物往来社

佐野尚（1894）「維新後の監獄沿革史（1）」『大日本監獄協会雑誌』69、5－14

佐々木繁典（1999）「佐野尚」法務省保護局更生保護誌編集委員会編『更生保護史の人びと』日本更生保護協会、120－126

ゼーバッハ・K・V（1890）「ゼーバッハ氏の談話筆記」『警察監獄学会雑誌』6、3－9

社会局編（1930）『感化事業回顧三十年』社会局

柴一郎（1997）「〈狂気〉をめぐる言説――〈精神病患者監護法〉の時代」『メディア・表象・イデオロギー――明治三十年代の文化研究』小沢書店、98－126
重松一義（1976）『少年懲戒教育史』第一法規出版
――（1984）『名典獄評伝――明治・大正・昭和三代の治績』日本行刑史研究会
――（2001）「警視監獄署の懲治人・幼年囚教育の系譜」『中央学院大学人間・自然論叢』14、185－200
――（2005a）『図説　世界監獄史事典』柏書房
――（2005b）『日本獄制史の研究』吉川弘文館
司法大臣官房文書課編（1904）『司法省第四回監獄統計年報』司法省
――（1905）『司法省第五回監獄統計年報』司法省
――（1909）『日本帝国司法省第九監獄統計年報　明治四十年』司法省
――（1910）『日本帝国司法省第十監獄統計年報　明治四十一年』司法省
――（1911）『日本帝国司法省第十一監獄統計年報　明治四十二年』司法省
――（1912）『日本帝国司法省第十二監獄統計年報　明治四十三年』司法省
司法省監獄局編（1913）『日本帝国司法省第十四監獄統計年報　明治四十五年大正元年』司法省
進藤正直（1903）「入監妊婦と監内出産と」『監獄協会雑誌』180、37－38
――（1904a）「在監人の懲罰」『監獄協会雑誌』190、53－56
――（1904b）「児童が如何なる罪科に陥り易きか」『監獄協会雑誌』186、23－27
――（1905a）「懲治人年齢級の大変化」『監獄協会雑誌』197、54－56
――（1905b）「監内に於て出生したる一紳士の手翰」『監獄協会雑誌』198、36－40
――（1906a）「未成年犯罪者と特別監」『監獄協会雑誌』214、47－50
――（1906b）「懲治場留置に対する司法当局者の有害無益論と懲治処分の趨勢」『監獄協会雑誌』217、41－46
庄司拓也（2007）「明治前期における感化院の処遇のあり方と海外情報の影響―東京感化院『神宮教院感化院規則』を

事例として」『東京社会福祉史研究』1、7－21
田口卯吉（1892）「監獄費に関する島田三郎氏の演説筆記を読みて」『大日本監獄協会雑誌』45、53－59
高口小太郎（1890）「監獄制度改良に就きて（1）」『大日本監獄協会雑誌』28、44－51
田中亜紀子（2005）『近代日本の未成年者処遇制度』大阪大学出版会
田中和男（2000）『近代日本の福祉実践と国民統合―留岡幸助と石井十次の思想と行動』法律文化社
田中太郎（1896）『犯罪救治論』教文館
田中康雄編（2012）『児童生活臨床と社会的養護―児童自立支援施設で生活するということ』金剛出版
田中嘉彦（2010）「帝国議会の貴族院――大日本帝国憲法下の二院制の構造と機能」『レファレンス』60（11）、47－73
寺原長輝（1897）「感化保護事業組織要項」『監獄雑誌』8（6）、2－8
東北辺人（1892）「感化院」『監獄学雑誌』3（15）、24
東海浪士（1894）「幼年監は特設を要す」『監獄雑誌』5（3）、31
東京府学務部社会課（1935）「在監婦女ノ携帯児取扱方ノ件」『社会調査資料第二三輯児童関係法規集』20
東京新報（1891）「閣議一決す」（1891.10.24）
東京都養育院（1953）『養育院八十年史』東京都養育院
留岡幸助（1894）「北米雑感（第二回）」『監獄雑誌』5（7）、42－47
――――（1895）「監獄学に関する数則（1）」『監獄雑誌』6（8）、48－50
――――（1897a）「犯罪人は改良せざる乎」『監獄雑誌』8（6）、11－19
――――（1897b）「感化院設立の急務」『監獄雑誌』8（1）、7－8
――――（1897c）「感化院と出獄人保護会の別」『監獄雑誌』8（2）、6－8
――――（1897d）『感化事業之発達』『留岡幸助著作集』1、162－171
――――（1897e）『感化事業之発達』警醒社書店
――――（1898）『慈善問題』警醒社書店

――（1899）「家庭学校設立趣旨書」同志社大学人文科学研究所編（1978）『留岡幸助著作集　第1巻』同朋舎、531―532
――（1900）「感化事業に就て」同志社大学人文科学研究所編（1978）『留岡幸助著作集　第1巻』同朋舎、539―543
――（1901）『家庭学校』警醒社書店
――（1904）「川越幼年監獄を観る」『監獄協会雑誌』188、1―22
――（1930）「故人の履歴」『人道』301、15
外山ひとみ（2010）『ニッポンの刑務所』講談社
坪井直彦（1937a）「刑務協会五十年を迎へ其前半生の回顧（上）」『刑政』50（5）、84―96
――（1937b）「刑務協会五十年を迎へ其前半生の回顧（完）」『刑政』50（6）、71―84
堤定次郎（1893）「感化制度設定の必要」矯正協会編（1984）『少年矯正の近代的展開』矯正協会、113―115
宇川盛三郎（1888）「大日本監獄協会創設の趣意」『大日本監獄協会雑誌』1、1―9
――（1889）「監獄の趣意」『大日本監獄協会雑誌』13、23―30
ワインス・E、神谷彦太郎訳（1885）『華氏監獄論　附マーク法』神谷彦太郎
――（1901）『欧米諸国児童感化救済制度概要』内務省地方局
若林栄一（1959）「『刑政』の七十年」『刑政』799、208―219
脇英夫（1985）「『防長婦人相愛会』の携帯乳児育児について」『草の根福祉』13、1―11
渡邊一弘（2006）『少年の刑事責任――年齢と刑事責任能力の視点から』専修大学出版局
山上義雄（1900）「山上整理委員報告演説速記」『監獄協会雑誌』136、8―10
山本徳尚（1898a）「未成年犯罪者及其救治策（1）」『監獄雑誌』9（2）、10―15
――（1898b）「未成年犯罪者及其救治策（2）」『監獄雑誌』9（3）、10―16
――（1898c）「未成年犯罪者及其救治策（3）」『監獄雑誌』9（4）、7―15
――（1898d）「未成年犯罪者及其救治策（4）」『監獄雑誌』9（5）、1―13

――（1898e）「未成年犯罪者及其救治策（5）」『監獄雑誌』9（7）、12−18
――（1898f）「未成年犯罪者及其救治策（6）」『監獄雑誌』9（8）、9−19
――（1898g）「未成年犯罪者及其救治策（7）」『監獄雑誌』9（9）、13−16
――（1899）「携帯乳児に付て」『監獄雑誌』10（1）、26−28
――（1900）「感化院教育に就て」『監獄協会雑誌』13（3）、26−38
山尾庸三（1889）「祝辞」『大日本監獄協会雑誌』13、40−41
山崎龍王ほか（2008a）「当院における受刑者の出産の検討」『矯正医学』56（2−4）、76−77
――（2008b）「当院における受刑者の分娩の検討」『矯正医学』57（1）、6−9
横浜監獄編（1908）『第二回　横浜根岸学校女子部報告書（明治四十一年四月）』横浜監獄
横田作蔵（1907a）『淡路島に於ける感化』神戸監獄
――（1907b）『第弐回　淡路島に於ける感化』神戸監獄
読売新聞社（1892）「女囚嬰児を殺す」『大日本監獄雑誌』49、35
吉田久一（1958）「自由民権運動と社会事業」『社会事業』41（3）、63−77
材木迂夫（1896）「監獄協会正会員諸君に忠言す」『大日本監獄協会雑誌』101、46−47

は

ま

や

ら・わ

さ

た

な

主要人名索引

ま

や

ら

な

は

さ

た

索引

主要事項索引

監獄《かんごく》のなかの子《こ》どもたち

――児童福祉史《じどうふくしし》としての特別幼年監《とくべつようねんかん》、感化教育《かんかきょういく》、そして「携帯乳児《けいたいにゅうじ》」

著者――倉持史朗
定価――本体四、二〇〇円＋税
発行日――二〇一六年一二月二〇日　初版第一刷
発行者――山本有紀乃
発行所――六花出版
〒一〇一-〇〇五一　東京都千代田区神田神保町一-二八　電話〇三-三二九三-八七八七　振替〇〇一二〇-九-三二三五二六
校閲――黒板博子
組版――公和図書デザイン室
印刷・製本所――モリモト印刷
装丁――臼井弘志
著者紹介――倉持史朗（くらもち・ふみとき）
一九七五年　名古屋市に生まれる
二〇一一年　同志社大学大学院文学研究科社会福祉学専攻博士後期課程　単位取得満期退学
現在　天理大学人間学部社会福祉専攻　准教授
カバー・表紙・本扉・各章扉＝写真提供――公益財団法人矯正協会
ISBN978-4-86617-022-0 ©Kuramochi Fumitoki 2016

既刊図書のご案内

編集復刻版　全10巻

『戦後初期人身売買／子ども労働問題資料集成』

第Ⅰ部人身売買編――女性や子どもの人身売買に関する雑誌記事や公文書資料を含む一九四五年より六〇年頃までの貴重資料を収録。

第Ⅱ部子ども労働編――年少労働と呼ばれた子ども労働の実態を明らかにすると同時に不当労働や脱法と呼べるような子ども労働の問題を示すパンフレットや書籍の資料を収録。

児童福祉史・児童教育史・女性史のみならず労働史・占領期研究等、人権の問題に取り組むすべての人々・研究機関に呈する。

●A5判（第1巻～第6巻）・A4判（第7巻～第10巻）・上製・約4、000ページ

●揃定価――196、000円＋税〈全3回配本〉

●編・解説――藤野豊：人身売買資料

石原剛志：子ども労働資料

●推薦――逸見勝亮、角田由紀子、岩田正美、増山均

精神病者と私宅監置

近代日本精神医療史の基礎的研究

日本の精神医療史にとってきわめて重大な問題である「私宅監置」すなわち患者の家族が警察に届けて自宅に患者を監禁してきたこと――についての初めての実証的研究。患者・家族・地域社会の視点から精神病者と看護者・地域・病院・行政の問題をとらえ直す。

●著――橋本　明

●A5判・上製・256ページ／定価4、000円＋税

DVD ある託児所の一日

近代日本ドキュメンタリー・アーカイブNo.3

昭和戦前期の社会事業「砂町友愛園」の日常を記録した幻のフィルムをDVDに収録！

記録された映像には、当時の子どもたちの生き生きとした姿やキリスト者による社会事業の苦悩が残されている。当時の状況を伝える映像から、近代日本の「保育」事業の実像と目指した希望が見えてくる。

●解説――松本園子／●推薦――汐見稔幸

●定価――10、000円＋税